ISBN 85-7478-200-9

Direitos desta edição reservados à:
MAUAD EDITORA LTDA.
www.mauad.com.br

Título *Cidades Quadradas Paraísos Circulares*

Autora *Verena Andreatta*

Asessoria e Colaboração *Manuel Herce Vallejo*

Projeto gráfico e Capa *Maria Pia Fontana e Miguel Mayorga*

Impressão *Sermograf*

Setembro 2006

CIP-BRASIL. CATALOGAÇÃO-NA-FONTE
SINDICATO NACIONAL DOS EDITORES DE LIVROS, RJ.

C51

Andreatta, Verena, 1957-

Cidades quadradas, paraísos circulares : os planos urbanísticos do Rio de Janeiro no Século XIX / apresentação Manuel Herce Vallejo. - Rio de Janeiro : Mauad X, 206 il.;

Conteúdo parcial: Os planos urbanísticos como suporte do processo de construção da cidade / Verena V. Andreatta, Manuel Herce Vallejo
Anexos
Inclui bibliografia
ISBN 85-7478- 200-9

1. Planejamento urbano - Rio de Janeiro (RJ) - História - Séculos XIX e XX. 2. Planejamento urbano - Rio de Janeiro (RJ) - Influência européia. 3. Renovação urbana - Rio de Janeiro (RJ). 4. Urbanização - Rio de Janeiro (RJ) - História - Séculos XIX e XX. 5. Administração municipal - Rio de Janeiro (RJ) - História. 6. Rio de Janeiro (RJ) - História. I. Andreatta, Verena V. II. Herce, Manuel. III. Título: Os planos urbanísticos do Rio de Janeiro no Século XIX.

06-3392.

CDD 711.4098451
CDU 711.4(815.31)

Manuel Herce Vallejo
Apresentação e colaboração

CIDADES QUADRADAS PARAÍSOS CIRCULARES

Os Planos Urbanísticos do Rio de Janeiro no século XIX

Verena Andreatta

Para Nina,

Aroldo (in memoriam) e Wylma.

Há um certo consenso entre moradores, políticos, empresários e imprensa cariocas cujo pressuposto é o de que a metrópole teria crescido sem qualquer planejamento e nem mesmo as mínimas medidas que garantissem a preservação e a conservação do seu patrimônio natural e histórico. Repetido *ad infinitum*, transformado em clichê e potencializado pela mídia, este pensamento se expandiu e passou a existir como verdade para a maioria da população da cidade.

Entretanto, fechados no âmbito das universidades e nos restritos círculos de profissionais que estudam a evolução da cidade, podem ser encontrados sérios e interessantes trabalhos de pesquisa e teses acadêmicas que comprovam a incorreção desta teoria de origem popular - provocada seguramente pela insatisfação com os rumos da cidade - que com o tempo acabou por se tornar uma "verdade social".

Os estudiosos que se dedicam há algum tempo à história do Rio de Janeiro não desconhecem a existência de pelo menos sete planos estruturadores que orientariam a expansão da cidade, todos eles realizados entre os meados do século XIX e os dias atuais, isto é, durante um período de menos de dois séculos. Este é o caso da arquiteta e pesquisadora Verena Andreatta, autora deste livro.

O presente texto dá destaque a três destes planos e sua maior contribuição está na apresentação e discussão daqueles documentos que poderiam ser considerados fundadores do planejamento urbano no Rio de Janeiro e que se mantiveram, alguns, por muitos anos totalmente ou quase completamente desconhecidos, até mesmo por parte de muitos pesquisadores. São eles: o Relatório Beaurepaire-Rohan, de 1843, o da Comissão Melhoramentos da Cidade, de 1875-1876 e, finalmente, o mais amplamente conhecido, o Plano de Melhoramentos, que inaugura o século XX e a entrada da cidade na era moderna, conduzido e implantado em grande parte pelo Prefeito Pereira Passos, em 1903.

O que se poderia subestimar, talvez, seria a eficácia destes planos. No entanto, um dos muitos méritos deste livro foi o de verificar e mapear o que de fato ocorreu entre o planejado e o executado, como bem ilustram os três mapas-síntese apresentados no final do documento.

É incontestável que a autora empreendeu um trabalho de fôlego ao buscar nas fontes primárias, e em outras fontes pesquisadas, a base de sustentação de seu livro e de suas reflexões. Seu maior mérito, entretanto, foi o de trazer à tona não apenas informações históricas sobre o planejamento urbano no Rio de Janeiro, mas principalmente o de associá-lo às correntes de pensamento que se desenvolviam, quase que concomitantemente, na Europa e nos Estados Unidos da América do Norte. Desta maneira, a autora conseguiu correlacionar e colocar num patamar de igualdade as práticas de planejamento urbano recém-introduzidas no Rio de Janeiro com aquelas resultantes do pensamento contemporâneo do chamado mundo desenvolvido.

A opção por esta abordagem agregou maior valor à presente obra, pois, além de apresentar novidades histórica e documentalmente lastreadas, introduz no texto uma rica reflexão acadêmica sobre a contemporaneidade e a sincronicidade do urbanismo carioca, enfatizando a contribuição das iniciativas locais para o estudo do urbanismo das metrópoles modernas.

Parabéns à autora pelo esforço e pelos resultados apresentados neste livro.

Augusto Ivan de Freitas Pinheiro

Arquiteto e Urbanista

SUMÁRIO

APRESENTAÇÃO

Manuel Herce Vallejo

Quando Verena Andreatta me solicitou assessoria para seu livro sobre o Rio de Janeiro, achei o pedido despropositado, porquanto seus conhecimentos sobre o tema ultrapassam bastante os meus. Não obstante, foi difícil resistir a embarcar nessa tarefa por muitos motivos; o primeiro por razões de amizade e companheirismo; o segundo porque me obrigava a indagar sobre uma cidade que considero minha segunda casa; e o terceiro pelos argumentos que ela utilizou no enfoque dos seus estudos e pesquisas.

Verena, como se comprova no seu livro, se centra nos acontecimentos urbanísticos que colaboraram para a construção dessa metrópole moderna, sobre a qual existe literatura mais abundante do que em relação à maioria das cidades. Seu interesse é analisar as influências que o pensamento urbanístico ocidental teve sobre as políticas urbanas da Cidade, e, o que é mais interessante, verificar como as políticas aplicadas a ela e suas conseqüentes realizações haviam, por sua vez, transformado esse pensamento influindo na evolução desse pensamento. Uma viagem de "ida e volta", como comenta acertadamente, demonstrando que o pensamento urbanístico ocidental não é patrimônio de uns poucos, mas que se configurou de forma dialética entre ambos os lados do Atlântico.

As cidades da América Latina têm sido o grande laboratório da Urbanística. Desde cedo, quando os reis das potências colonizadoras - Espanha e Portugal, mas também França, Holanda e Inglaterra - observaram que não era possível colonizar economicamente um território se não se estabelecessem cidades para o controle político do mesmo.

Suas primeiras cidades foram portuárias, como correspondia à função prioritária de extração de riquezas, mas logo começou a se configurar um sistema de cidades no interior que garantiria o governo do território, criando assim um peculiar sistema de cidades conforme foi colocado em destaque por Taafe, a cuja obra me remeto.

Essa fundação primitiva foi realizada pelos homens do Renascimento, os mais audazes e adiantados do seu tempo, aqueles cujas idéias era difícil que se aplicassem numa Europa inquisitorial e turbulenta. Daí o radicalismo do seu pensamento, daí também a eficácia e a grandiosidade com o que puseram em prática. As leis das Índias de Felipe II, as Ordenações de Ovando, as Ordenações Manuelinas portuguesas, são monumentos de traçado que aprofundam suas raízes no Urbanismo contemporâneo.

Fato que somente foi o início de um longo processo, porque também foi nas sociedades americanas onde se organizou fisicamente o ideário ilustrado, forjando a independência dos seus países, e onde o doutrinarismo liberal levou a cabo uma obra de tal grandeza que era impossível de ser realizada na convulsa Europa do seu tempo.

As redes de infra-estruturas e as instalações construídas na América adaptaram as aplicações tecnológicas idealizadas na Europa, mas com tal dimensão, com tal tamanho, com tal investimento de capital, que se pode sustentar ter sido ali, com poucas exceções, onde realmente se ensaiaram, consolidaram e desenvolveram. A substituição da Inglaterra e França por outra potência -os Estados Unidos- na transição do século XIX para o XX é uma conseqüência clara desse processo.

E mais recentemente, quando a velha Europa reinventa o Urbanismo da reforma urbana, do morfologismo e dos grandes projetos, não faz mais do que atualizar, impregnar de culturalismo práticas que vieram do outro lado do Atlântico, socializando o despiedado "urban renewal", aproveitando a reforma infra-estrutural que produzem as novas tecnologias para fixar estratégias urbanas, tingindo com um novo conceito de sustentabilidade as práticas de convivência com a natureza que se davam, não sem contradições e abusos, nos imensos territórios americanos (há pouco tempo um colega brasileiro me recordava a esse respeito que nós protegíamos pequenas lagoas, enquanto eles tinham "pantanais").

O imenso laboratório americano atraiu e atrai todos os urbanistas europeus, desde as alianças de Sitte e Unwin com Geddes e Mumford; desde os exilados do CIAM e da experiência soviética que concretizaram seu ideário nos grandes arranha-céus até os Brunner, Agache, Corbusier, Bauer e tantos outros que se atreveram a propor ali o que não lograram propor nos seus países. E, na atualidade, a imensa plêiade de consultores europeus que inundam as cidades latino-americanas.

O livro de Verena trata de toda essa problemática e por isso resulta tão interessante, já que não fica restrito ao olhar local, o que tantas vezes ocorre quando se escreve sobre a própria cidade. A visão de fora lhe permitiu superar a tentação de ficar somente no mimetismo a respeito dos modelos forâneos. Fala de influências sim, mas de influências mútuas, de trabalho em comum, de circulação de idéias.

A obra se inscreve assim em uma linha de pesquisa contemporânea sobre a "transculturação", a conformação de idéias sobre o intercâmbio, representada por S. Ward ou J. Nasr, e que alcança urbanistas de ambos os lados do Atlântico. Com todos os riscos que se correm ao citar alguns e esquecer outros, não posso deixar de fazer referências, pelos seus trabalhos e em alguns casos por relações de amizade, aos europeus Sabaté, Álvarez Mora, Roch, Corominas ou Portas, ou aos sul-americanos Almandoz, Hardoy, Chiavari, Rezende ou Novik.

Por tudo isso foi um prazer colaborar neste seu livro, mas ainda mais nas discussões com colegas daqui e dali onde se urdiram suas idéias. Discussões e polêmicas que, certamente, também provocará sua leitura, colaborando, espero, para o desenvolvimento de futuras investigações.

Barcelona, agosto de 2006

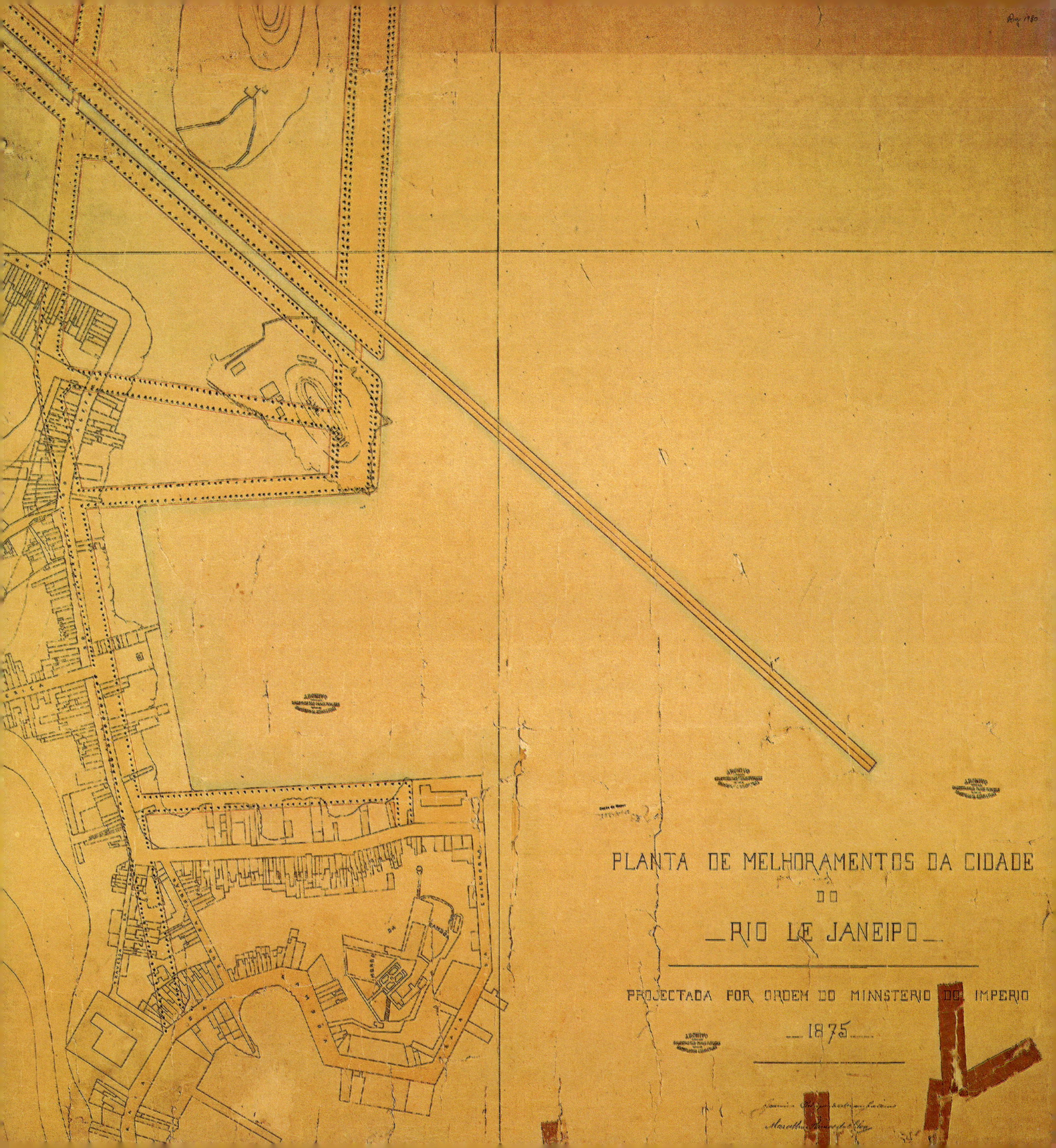
PLANTA DE MELHORAMENTOS DA CIDADE
DO
RIO DE JANEIRO
PROJECTADA POR ORDEM DO MINISTERIO DO IMPERIO
1875

INTRODUÇÃO

O título do livro adota uma metáfora do poeta Vazquez Montalbán, que explica bem a constante resposta do urbanismo carioca aos paradigmas urbanos modernos, à geometria redutora de planos, à idéia permanente de reticular a cidade. Uma resposta que aceita, digere, amplifica e deforma os modelos originais.

Este processo de influência e adaptação dura mais de quatro séculos; que começa com uma cidade colonial, acrópole de frente para o mar, no princípio em diálogo com as cidades hispânicas, as da ordem "filipina" com plantas em xadrez ("El sueño de un Orden"), e na atualidade com os mesmos processos de reforma da cidade construída levados a cabo nos países desenvolvidos do planeta. Foram os mesmos acontecimentos históricos que o urbanismo seguiu desde a revolução industrial, sempre com a peculiaridade do tropicalismo, da paisagem que se curva, da morfologia de um território construído, que paradoxalmente é considerado exemplo universal do "natural".

A partir deste panorama, o objetivo principal do livro é investigar a relação que existe entre as tranformações urbanas propostas pelos sucessivos planos urbanísticos formulados para a cidade do Rio de Janeiro e suas referências européias contemporâneas, das quais emergiram as idéias urbanísticas mais paradigmáticas. A história do Rio de Janeiro, desde sua ascensão como capital de um país independente, passou pelas mesmas transformações econômicas e sociais que as cidades que lhe serviram como espelho. Por isso, a cidade teve que recorrer, às vezes com certo atraso, aos mesmos modelos e às mesmas soluções.

Também se pretende uma análise crítica de como esses modelos têm sido amplificados. Tanto na importância dada às vezes às idéias, nas quais se quis encontrar uma capacidade de transformação da sociedade que talvez não tivessem, como na magnitude das intervenções espaciais que elas produziram, muitas vezes enormes se confrontadas com qualquer realização européia, o que as transformou no melhor laboratório daqueles modelos.

Junto com a magnificação com que se difundiram a ideologia urbanística e as suas realizações, também se quer fazer emergir elementos próprios da adaptação dessas idéias, que às vezes têm sido tão potentes que converteram o urbanismo e a arquitetura brasileira em uma referência mundial. Mostrando-se, portanto, a existência de um processo incessante de "ida e volta" desde os tempos que os europeus renascentistas "descobriram" (construíram) o novo mundo em torno das cidades.

O arquétipo desta adaptação talvez tenha sido a transformação da geometria plana e funcional do movimento racional, que no Brasil, com o nome de modernismo (o que, visto desde a Europa, é ambíguo ou equívoco) resultou em uma nova ordem mais organicista, em uma arquitetura que, sob os mesmos princípios, adotou a curva como diretriz; paraísos circulares que tipificam as arquiteturas de Reidy e Niemeyer ou a planta para a Baixada de Jacarepaguá de L. Costa. Adaptação que, no outro extremo, pode se achar também na solução aos processos informais, não projetados, de produção de cidade que são as "favelas" do Rio de Janeiro; retorcidas, crescendo sobre as curva dos morros, sem regularidades típicas desse mesmo processo noutras cidades latino-americanas.

A linha de argumentação deste livro acaba levando a três conclusões principais, que permitiram constatar as hipóteses prévias nas quais se baseou a investigação realizada para ele.

A primeira delas evidencia que a transformação do território do Rio de Janeiro, analisada através dos planos urbanísticos de cada época, tem sido influenciada, em maior ou menor medida, pelas sucessivas mudanças dos paradigmas da urbanística européia. Mas, enquanto na velha Europa as alterações na ideologia urbanística se desenvolveram ao abrigo das revoluções sociais, tecnológicas e ideológicas, no Rio de Janeiro sua importação parece mais caprichosa, mais pelo afã modernizador do poder, e só às vezes como conseqüência das suas próprias transformações sociais.

Por isso as idéias se transformaram, para se adaptar às condições sociais de um país caracterizado por uma forte estratificação social, uma estrutura da propriedade pouco fragmentada, pela abundância de território e por uma dependência tecnológica e, nem sempre, financeira.

A segunda demonstra que a utilização dos conceitos provenientes da ideologia européia não foi meramente mimética, ainda que só fora pela especial morfologia do lugar de implantação. Se a orografia da cidade parecia negar sua capacidade de crescimento físico, a permanente vontade de seus habitantes de "construir sua própria topografia" levou a um produto que constitui uma referência na história da urbanística.

A última, na que ambas se englobam, é que a influência recíproca entre a urbanística européia e a brasileira deve ser entendida como intercâmbio de conceitos, a partir da adoção no Rio de Janeiro de sucessivos paradigmas ocidentais, da adaptação deles às suas próprias características, e, como conseqüência, da criação de novas acepções daqueles conceitos. Pode-se falar, como já se enunciou, da existência de uma "viagem de ida e volta" na produção de idéias. É curioso constatar que muitas vezes foram as transformações das idéias originais as que ficaram na ideologia urbanística como modelo a considerar, ou, ao menos, que da mistura de conceitos saíram novas contribuições à cultura urbana.

Esta conclusão pretende ser, também, uma chamada a enfoques mais abrangentes em nossa produção crítica, com espírito menos dependente das análises do exterior, menos determinista do que mostram, muitas vezes, os textos que conformam o nosso pensamento cultural e científico; na linha das atuais correntes renovadoras da análise urbanística na América Latina, iniciadas nos anos oitenta e que agora começam a tomar força em âmbitos acadêmicos, tanto cariocas (grupo de pesquisa Solar Grandjean de Montigny, da PUC/RJ), como paulistas (Mª C. Leme, H. Angotti, etc.), ou portenhos (A. Gorelick, A. Novick, J. Tartarino e outros) e inclusive caribenhos (A. Almandoz).

A investigação se baseou igualmente em ampla literatura especializada sobre a evolução da urbanística e da história da cidade do Rio de Janeiro. Portanto, foram considerados autores contemporâneos que estudaram diversos aspectos dessa evolução, seus planos urbanísticos, os acontecimentos e as marcas deixadas na construção da cidade.

Sem ser exaustivos, dentro do âmbito carioca destacamos a obra de M. Abreu (1987), A. da Silva Telles (1998), F. Fridman (1999), E. Campos Coelho (1999), C. Kessel (2001), L. F. Vaz (2002), M. Pechman (2002), L. Silva (2003), N. Cavalcanti (2004), D. e R. Cardeman (2004).

Este livro analisa dez Planos Urbanos do Rio de Janeiro, aqueles que consideramos relevantes na formulação da urbanística carioca ou na construção da cidade. Dentro dos acontecimentos desse tipo ocorridos na cidade nos dois últimos séculos, podem se encontrar outros documentos de planejamento, poucos, como o "Projeto do Metrô", o "Plano de Linhas Coloridas", ou mais recentemente os Programas "Favela-Bairro" e "Rio-Cidade". Mas, na medida em que estes projetos fizeram parte das propostas conceituais contidas nos planos analisados, pode-se entender que se inscrevem na mesma filosofia destes.

A escolha desses dez planos urbanísticos se justifica, também, por outros dois critérios. O primeiro porque sendo documentos elaborados pelo poder público, são os autênticos certificados do desenvolvimento da cidade, o que exclui deste estudo múltiplas intervenções privadas realizadas na cidade que, não obstante, serão citadas ao longo do texto. O segundo porque essa decisão pública foi motivada, quase sempre, para atender necessidades específicas do momento: crescimento urbano acelerado, epidemias, falta de controle dos processos de urbanização e construção, deterioração das condições sociais, entre outros.

Uma questão ainda pouco aprofundada, porém importante, é que cada um deles foi escolhido pela Administração Municipal de sua época em concordância com o tipo de instrumento de intervenção dominante nesse mesmo momento nas cidades mais desenvolvidas.

Cabe ressaltar que este livro não pretende tratar da evolução urbana do Rio de Janeiro, ainda que os planos urbanísticos sejam analisados em ordem cronológica e cubram toda a sua história nos últimos dois séculos. Os diversos autores que trabalharam nessa concepção histórico-evolutiva da cidade e de sua Administração deixaram já publicações relevantes, como se pode comprovar nas notas bibliográficas que acompanham cada capítulo.

Pelo contrário, o livro tem um enfoque centrado na leitura dos planos urbanísticos, aprovados ou não. Porque são expressão autêntica da ideologia do poder, seu mero encargo é prova da utilidade que as idéias urbanísticas que chegam da Europa, fundamentalmente, tiveram para resolver os problemas que a cidade tinha a juízo do poder. Por isso, são os instrumentos mais adequados para a constatação das influências do ideário de cada época, das idéias que atingiram proeminência nas estratégias urbanas do momento, e também para ver a forma como estas idéias se aplicaram, transformaram e adaptaram à realidade carioca.

Cada um destes planos corresponde a uma etapa determinada da Urbanística contemporânea, e por isso é possível afirmar que cada um deles tem raízes nos paradigmas predominantes em cada época, ajudando a encontrar as respostas aos "como" e "porquê" da configuração do pensamento urbanístico carioca.

Para realizar a análise dos dez Planos foi necessário localizar os documentos considerados originais de cada um deles, muitos praticamente desconhecidos ou conhecidos parcialmente através de diferentes ensaios cujas interpretações não nos foi possível avaliar. A busca das fontes originais pretendeu, assim, fugir de opiniões já sacramentadas, conclusões que geraram um estado de conhecimento apreciável, e com muitas contribuições sugestivas, ainda que por vezes carentes de exatidão, fruto de um afã voluntarista, ou estão construídas sobre frases bem-sucedidas que colaboraram com tópicos consolidados no campo do conhecimento ("Pereira Passos um Haussmann carioca", "Le Cobursier introdutor da modernidade", "Rio cidade-maravilhosa, arquétipo de cidade adaptada à natureza tropical", etc.).

Os documentos originais, por estarem elaborados em diferentes épocas, são às vezes apenas textos, e alguns contêm documentação gráfica com diferentes técnicas de representação. Poucos destes planos urbanos se autodenominam como tal, outros só pretendem ser programas de obras não conscientes de seu imenso poder organizador da cidade. Sobre todos eles, independentemente do seu tipo de formalização, se realizou o mesmo tipo de análise, aplicando-lhes perguntas análogas, tratando-se de uniformizar sua leitura de modo a mostrar também sua variedade. Para isso, uma tarefa relevante foi a elaboração de um mapa interpretativo de suas propostas, realizado sempre sobre a mesma base, o mapa digital do município do Rio de Janeiro do ano 2000, com a finalidade, também, de poder comparar seu alcance territorial e identificar seus vestígios na cidade atual.

Estas tarefas se complementaram com esquemas e ilustrações que tratam de esclarecer a morfologia territorial da cidade em cada época, suas formas de crescimento, as tramas urbanas, os eixos de suporte, a rede de espaços livres ou das infra-estruturas que foram mais relevantes em cada etapa, desde a perspectiva do Rio atual. A comparação com o ideário urbanístico contemporâneo, a seleção de textos e projetos para buscar semelhanças e a atenção preferencial entre um ou outro aspecto daquele ideário são conseqüências óbvias do enfoque do livro, e por isso estão sujeitas ao risco do mesmo subjetivismo que antes foi apontado para outros estudos; risco que se quis evitar, ciente de que é inexorável a toda pesquisa.

Pretende-se publicar esta pesquisa em dois livros; o presente corresponde às origens do urbanismo carioca, aos três planos elaborados no século XIX e que configuraram um ideário que se estendeu até a década dos anos vinte do século seguinte; a nossa vontade é que a este siga outro que analisaria os planos urbanos do século XX. O fato de poder colaborar para o conhecimento e difusão da conformação do pensamento urbanístico carioca justifica, por si só, este esforço.

MORRO DA VIUVA
MORRO DO PASMADO

Capítulo I

RIO DE JANEIRO: A NATUREZA CONSTRUÍDA

Emil Bauch: "Entrada da Barra vista de Santa Teresa, Rua Aprazível" 1859. Museus Castro Maya, Rio de Janeiro

O LUGAR DE IMPLANTAÇÃO DA CIDADE E A ALTERAÇÃO DA MORFOLOGIA ORIGINAL

O Rio é uma cidade construída sobre um lugar magnífico, repleto de cenários que configuram o imaginário do natural. Imaginário que forma parte da visão conceitual que o mundo todo tem da cidade, e que impregna a vida de seus habitantes. A cidade do Rio de Janeiro é conhecida como paradigma de "natureza"; não obstante, não há nada mais artificial que o território sobre o qual interveio o homem para construir um determinado espaço, transformando a sua morfologia e aproveitando seus recursos potenciais. Em português a palavra território tem somente conotações de espaço físico, o que poderia levar a certa confusão, mas em outros idiomas, fundamentalmente no francês, a palavra território se refere somente ao espaço construído ou transformado pelo homem, e portanto, repleto totalmente de artificialidade.

Este capítulo pretende resumir alguns aspectos do processo de construção da cidade do Rio de Janeiro ao longo do tempo, aqueles que ajudaram a moldar a cidade atual, os que alteraram mais fortemente a morfologia original do lugar onde se implantou e também as circunstâncias da formação de seus espaços mais emblemáticos. Não se trata, portanto, de sintetizar a história da cidade, sobre a qual existe vasta literatura, destacando-se a obra de M. Abreu, e sim mostrar os diferentes saltos de escala havidos, tanto em tamanho quanto em complexidade, para desvendar neles a finalidade última dos planos de cada época e os porquês da recorrência aos instrumentos de intervenção que se utilizaram em cada caso e as suas características.

O Município do Rio tem hoje 1.255,28 km^2 de extensão, dos quais, aproximadamente, 63% estão urbanizados, e abriga quase seis milhões de habitantes. A fundação da cidade, como se sabe, ocorreu no interior da Baía de Guanabara, protegida do Oceano Atlântico pelas Serras da Pedra Branca e da Tijuca, que dividem as áreas sul e norte da cidade. Desde os finais do século XVI e durante dois séculos a cidade não saiu da estreita faixa retangular configurada entre os Morros do Castelo e Santo Antônio, a Praia do Peixe e a Rua da Quitanda, ocupando em princípios do século XVIII uma área de 0,5 km^2. O tamanho dessa superfície ocupada se multiplicou por mil e quinhentas vezes em dois séculos, o que significa um ritmo de progressão geométrica de duplicar-se a cada dezessete anos.

Este ritmo de crescimento é análogo ao produzido em todas as grandes metrópoles do planeta, em decorrência da revolução industrial e da conseqüente explosão demográfica; mas o que caracteriza esse processo no Rio de Janeiro é a constatação de uma vontade permanente de transformar o território original, de se construir contra a sua topografia, estendendo-se a cidade sobre limites que seriam impossíveis aos olhos dos homens do século XVII.

A topografia original do lugar da fundação marcou para sempre o processo de construção da cidade e de formação da sua paisagem; um processo que, em poucos séculos, suprimiu montes, aterrou lagoas e costas, e urbanizou morros de abruptas ladeiras, de formas impossíveis.

Esta característica distingue o Rio de Janeiro, porque as operações de transformação de seu território podem ser adjetivadas como desproporcionais em relação àquelas levadas a cabo em qualquer outra cidade. A partir da pequena fortaleza natural da colonização portuguesa, a ação de urbanização permitiu ocupar um território pouco propenso a isso, com operações que acabaram com quase todos os morros limítrofes, transformaram a maioria das suas praias urbanas, perfuraram túneis, e ademais incluíram a plantação artificial da sua floresta tropical; e o resultado foi de tal ordem que, paradoxalmente, a cidade é tida como exemplo de adaptação à natureza, e não, como realmente é: natureza construída.

A presença do mar tem sido o fator determinante nesse processo e a vontade de construir a sua fachada sobre ele é uma constante na história da cidade. O aterro de praias e manguezais alcançou uma superfície em torno de 50 km^2, que é algo mais que a metade da superfície de Lisboa ou de Barcelona.

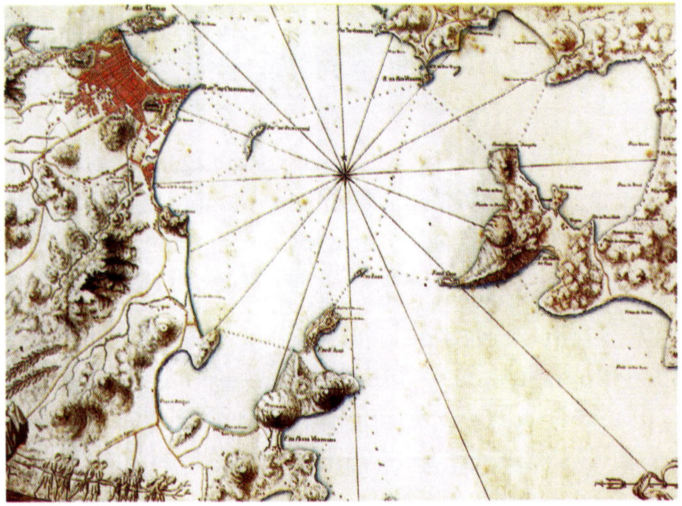

J. Funck: Plano da Cidade de S. Sebastião do Rio de Janeiro. 1796

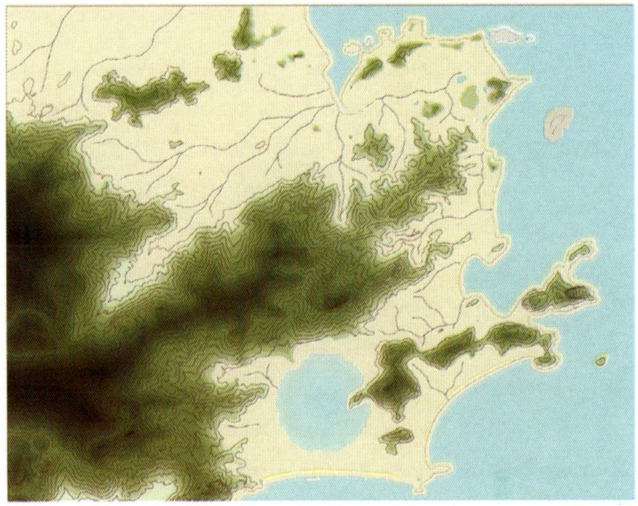

A topografia do território de implantação da cidade

O esforço investido nesse processo foi tão surpreendente quanto foi importante a acumulação do capital fixo gerado na construção de infra-estruturas tão potentes que não só são suporte físico da cidade, como também se tornaram, elas mesmas, elementos relevantes da paisagem.

De fato, na origem do próprio conceito de infraestrutura está uma vontade de permanência, de ser suporte de outras obras mais perecíveis, como as edificações; e disso vem seu caráter determinante na construção do território. Pela relativa irreversibilidade dos seus efeitos e pela importância que assumem na configuração da cidade, as infra-estruturas têm sido analisadas com atenção especial nos diferentes planos urbanos estudados neste livro.

Reveste-se ainda de maior propriedade o estudo das infra-estruturas se levada em consideração a importância destas na formação da mais-valia urbana. Para esclarecer esta afirmação, é preciso lembrar que a história da cidade moderna é também a história da formação da mais-valia no seu entorno. As cidades do século XIX se inventaram a si mesmas, aproveitam a acumulação de fatores produtivos nelas existentes para constituir-se em negócio, para tornar-se, pela primeira vez na História, objeto de transação comercial.

Se há algo que caracteriza o surgimento da cidade industrial, é que este foi inerente à tomada do poder por uma nova classe social, a burguesia, em cujo ideal estava o direito à propriedade.

A própria configuração da urbanística tem muito, ou quase tudo, a ver com a regulamentação desse direito de propriedade e com a maneira como a cidade recupera parte do alto valor monetário em que tal direito se traduz.

A possibilidade de incrementar esse valor nas proximidades da cidade e os altos benefícios que supõe a passagem do solo de valor rural a urbano têm sido fator determinante da contínua explosão da cidade sobre seu território limítrofe. Extensão cujo tamanho depende enormemente do poder de cada nova infra-estrutura para reduzir distâncias, aproximar o espaço adjacente ao centro em termos de tempo, mas também em termos de possibilidade de extensão dos novos serviços urbanos, inventados desde o início desse século a cada vinte ou trinta anos, de forma recorrente.

No princípio, essas infra-estruturas propiciaram um crescimento contínuo da cidade, correspondente à lógica de construção por estiramento dos primeiros serviços urbanos: redes de água, esgoto, gás ou bondes. Crescimento que passou a ser descontínuo com o aparecimento das estradas de ferro, que estabeleceram pela primeira vez um efeito túnel no território, sendo mais próximo o espaço servido pelas estações do que o espaço intermediário.

O crescimento das cidades se consolidou como descontínuo com o aparecimento do automóvel e da eletricidade desde que o sistema trifásico permitiu o transporte de grandes quantidades de energia; e assim se deu início à cidade construída por setores autônomos, às cidades satélites e aos subúrbios.

E, mais recentemente, com a difusão do telefone fixo, e, sobretudo com os celulares móveis e os seus efeitos combinados com auto-estradas e as tecnologias da informática, darão origem a formas mais dispersas de ocupação do território, a cidades-região onde centros e periferias se intercalam no espaço, formando-se cheios e vazios do ponto de vista da ocupação urbana.

Com esta perspectiva, este capítulo pretende destacar os fatos que tipificam os momentos de salto de escala da cidade e os processos de extensão urbana caracterizados por formas de ocupação distintas.

Operações de geração de cidade e construção de infra-estruturas se dão as mãos; e o ideário público, ou ao menos o expressado pelas camadas dominantes, se configura como compromisso entre a necessidade de resolução dos problemas da sociedade urbana e as estratégias derivadas da vontade de aproveitamento das oportunidades geradas pelas novas infra-estruturas.

A breve síntese da história da cidade que se aborda neste capítulo, e que serve de marco para a análise dos seus planos urbanísticos, contempla os projetos e realizações mais importantes, na certeza de que as cidades se constroem por acumulação, influindo-se idéias e realizações numa sucessão dialética; e, no tocante a isso, o Rio tem uma história potente e exemplar. Embora este enfoque possa parecer estranho em face de uma aparente mentalidade brasileira que parece mais centrada na "destruição do construído", ou no contínuo "começar do zero".

Os fatos resenhados também foram escolhidos em reforço das hipóteses manejadas neste livro, da existência de um paralelismo entre as políticas de cidades que tiveram análogas necessidades no seu transcorrer histórico, ou que simplesmente aproveitaram os mesmos instrumentos para o seu crescimento econômico, conformando o processo de circulação de idéias antes comentado.

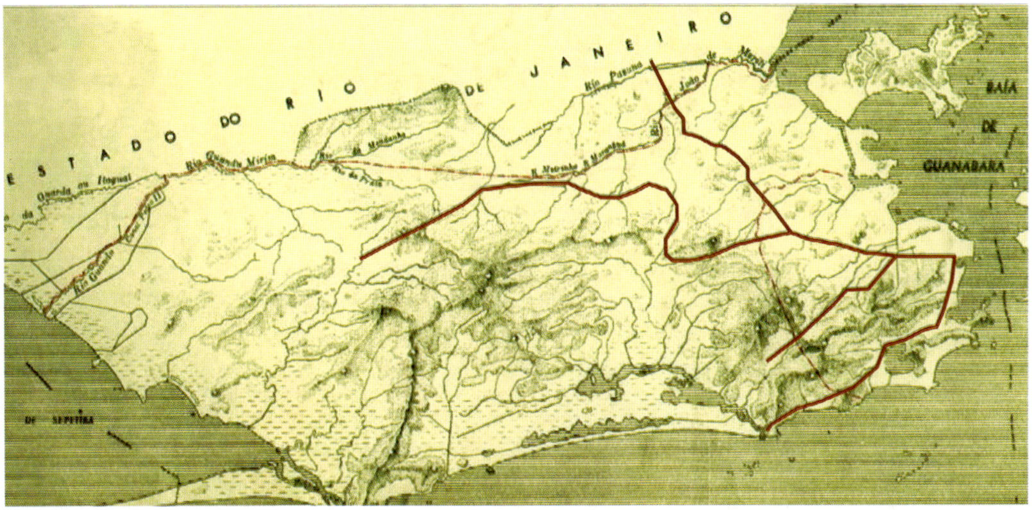

Caminhos do século XVII sobre mapa original de Eduardo Canabrava

Sem um enfoque deste estilo, os planos urbanísticos podem parecer mera e caprichosa importação de idéias externas, o que não são de modo algum. É com o enfoque proposto que se podem entender situações tais como as influências das distintas profissões em cada etapa do urbanismo moderno; como, por exemplo, o papel dos médicos na formação da opinião pública e a sua influência nas políticas da época do Império (que foi possivelmente menor do que se desejou ver), assim como seus enfrentamentos com a nova classe de engenheiros, organizados como grupo de pressão desde a fundação do Clube de Engenharia em 1870.

Ou também o poder destes últimos durante a época de consolidação do liberalismo e da construção das bases da cidade moderna, quando se produz a enorme expansão do Rio de Janeiro para o norte e o sul da cidade.

E ainda entender a perda do poder dos engenheiros a favor dos arquitetos (do que tanto se lamenta o Prefeito Carlos Sampaio nas suas memórias) quando o setor imobiliário ganhou presença na cidade, ao mesmo tempo que irrompeu na História uma nova classe social organizada, o proletariado, com reivindicações sobre a moradia e o emprego que propiciaram um novo urbanismo baseado no zoneamento do solo e na regulação da edificação.

Esta evolução da influência que as distintas profissões tiveram em cada época, e que alcançaria na atualidade também economistas e biólogos, é uma prova a mais de como o poder aproveita a formação disciplinar mais útil para ele em função dos interesses do momento, sendo causa também das próprias evoluções do pensamento urbanístico.

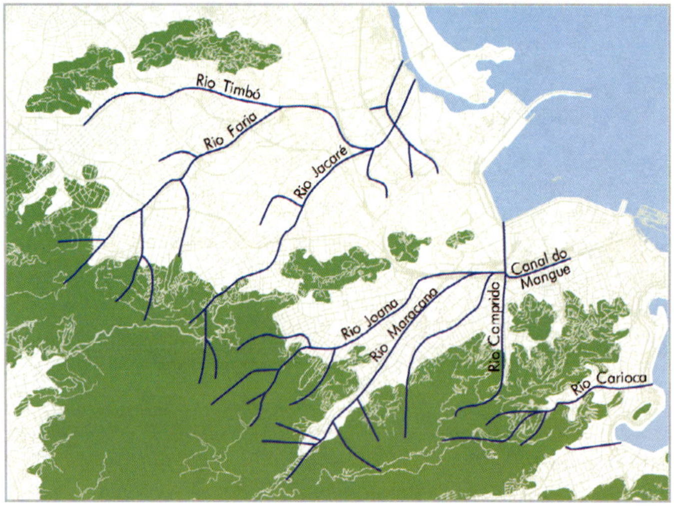

Esquema do sistema hidrográfico da Cidade do Rio de Janeiro

A EXTENSÃO SOBRE OS MANGUEZAIS COMO EXPANSÃO NATURAL DA CIDADE

A Baía de Guanabara tem tal riqueza morfológica que não foi reconhecida como tal pelos primeiros navegantes do século XVI; o português André Gonçalves a tomou por uma desembocadura de um rio quando de sua chegada a primeiro de janeiro de 1502, e, por isso, a chamou: "Rio de Janeiro".

A baía oferecia um excelente refúgio, fator básico em tempos de conquista colonial, com um litoral recortado e protegido por grandes escarpas que a separam do mar aberto. Na sua costa esquerda, vista desde o mar aberto, se fundou a cidade em 1567, e um pouco mais tarde, depois do traslado ao morro do Castelo, se desenvolveu ali uma cidade portuária fortificada, e parcialmente amuralhada, de onde se embarcaram os produtos considerados estrelas da história colonial do Brasil: açúcar, ouro e café.

Tal como se pode observar na excelente coleção de mapas do "Atlas da Evolução Urbana da Cidade do Rio de Janeiro", a morfologia desse espaço era altamente peculiar[1]. Os morros limítrofes pelo norte (São Bento e Conceição) continuavam ao longo da costa por uma cadeia montanhosa configurada também pelos morros de Providência, Pinto e São Diogo; por sua vez, os morros que limitavam a cidade pelo sul (do Castelo e do Senado) continuavam igualmente em uma sucessão de montes, como os morros do Senado, de Paula Matos e de Santos Rodrigues, que conformam o final da Serra da Carioca.

O amplo espaço intermediário entre essas cadeias montanhosas era, na sua quase totalidade, um espaço pantanoso, entrecruzado por rios e lagoas, que alimentavam o saco de São Diogo que, em forma de

J. Massé: São Sebastião do Rio de Janeiro e suas fortificações.1713

A. Vaz Figueira: Carta Topographica. São Sebastião do Rio de Janeiro. 1750

chifre, se conectava com o mar através do lugar chamado Bica dos Marinheiros. O saco era, aproximadamente, a área formada na atualidade pelas margens do canal do mangue (ocupadas pelo Gasômetro, a estação Leopoldina, a Rodoviária Novo Rio e as instalações da Companhia Docas), o Trevo das Forças Armadas, a Avenida Presidente Vargas até a Praça Onze e as zonas onde estão hoje as instalações do metrô e ferroviárias, até a borda do morro do Pinto.

Alimentado por esse sistema hídrico, existia o grande mangue de São Diogo (depois chamado da Cidade Nova), que continuava pelos alagadiços de Pedro Dias, encaixados entre os morros Santo Antônio, Santa Tereza e do Senado, até perto da cidade. Nesse espaço eram abundantes as lagoas, sendo as mais importantes a de Sentinela (entre a Rua de Santana e o atual Sambódromo), a do Desterro (entre a Praça Tiradentes e a Avenida Mem de Sá), a da Pavuna (entre o Largo São Francisco e o metrô Uruguaiana), a de Santo Antônio (do Largo da Carioca ao Teatro Municipal) e, já na costa, a do Boqueirão (onde está o Passeio Público, na Lapa).

Hoje, em torno da Baía da Guanabara vivem algo mais de 9 milhões de habitantes, sua população metropolitana. O enorme crescimento no período 1960-80 e a implantação de complexos petroquímicos em suas margens ocasionaram a quase total ocupação da faixa litorânea; a cidade se estendeu pelo interior da baía e sobre a costa do Atlântico em sucessivas operações de urbanização dos espaços existentes entre a cordilheira e o mar, de criação de novos territórios e de conexão entre eles evitando os acidentes geográficos.

Até inícios do século XVIII, a cidade não havia ultrapassado a vala de drenagem situada além da Rua da Quitanda, sendo a justificação oficial a necessidade de proteção do espaço circundante da muralha desenhada por J. Massé em 1713, muralha sempre inacabada e proibição de edificação tampouco respeitada, como explica, com propriedade, Nireu Cavalcanti[2]. Esse limitado espaço costeiro se ampliou sobre a costa durante a primeira parte desse século, dobrando-se a área entre a Rua Primeiro de Março e o mar, para desenvolver embarcadouros e espaços de mercados próprios do auge da economia de uma cidade voltada à exportação das riquezas do país.

Já em meados desse século começaram as operações de dessecação dos pântanos e manguezais situados no interior, a oeste da cidade. Quando a corte portuguesa se transferiu para o Rio de Janeiro, já haviam desaparecido algumas dessas lagoas e uma boa parte do mangue; em 1712 abriu-se uma rua, provavelmente a atual Rua 13 de Maio, no meio da lagoa de Santo Antônio, edificando-se suas margens ao longo do século; o aterro do Alagadiço de Pedro Dias se produz entre 1769 e 1779; e a lagoa do Boqueirão foi terraplenada em 1780 com as terras do desmonte do Morro das Mangueiras, e nela se construiu o Passeio Público.

Para melhor entendimento dos ritmos e acontecimentos dessa expansão da cidade a oeste, é preciso lembrar o complexo processo de formação da propriedade privada que se deu no mundo ao longo do século XVIII e se consolidou com as Constituições liberais. Processo pelo qual as doações e arrendamentos de terras da realeza, e muitas outras formas de domínio da terra, serão precedentes para consolidar a propriedade particular; e para o que também colaborou em muitos países a apropriação pelo Estado dos bens de parte da nobreza e das ordens religiosas, para serem depois leiloados entre particulares.

No Rio de Janeiro aconteceu um processo parecido, como o mostram os litígios pela legalidade e os limites das diferentes sesmarias concedidas pela Coroa, Governadores, Senado da Câmara ou pela Câmara do Rio. As sesmarias eram doações de terra, em princípio intransferíveis, e submetidas à prorrogação ou revogação, mas que logo foram se configurando como propriedades "de fato", com um notável valor justificativo da propriedade do solo exterior à cidade consolidada. Não só existiram conflitos importantes pela coincidência espacial entre as delimitações (como os que enfrentaram a Câmara e a Companhia de Jesus durante dois séculos), como também pelo fato de afetar freqüentemente a terras alagadas, com limites mutáveis e pouco precisos, tornou-se ainda mais complexo o esclarecimento das propriedades. O incêndio, em 1790, do prédio da Câmara do Senado, onde estavam depositados os documentos oficiais probatórios dessas sesmarias, colaborou para essa confusão[3].

Em 1834 promulgou-se a lei que conferia ao Município a propriedade dos manguezais, estabelecendo-se, portanto, uma possível fonte de ingressos sobre os foros das propriedades privadas e a possível disponibilidade de terrenos públicos, o que levou a uma óbvia cadeia de conflitos de limites entre os proprietários. Disputas de propriedade que não se esclareceram, pelo contrário, se complicaram com a aprovação da

Área aterrada sobre o mar, lagoas, pântanos e mangues sobre o Mapa da Cidade do Rio de Janeiro/2000

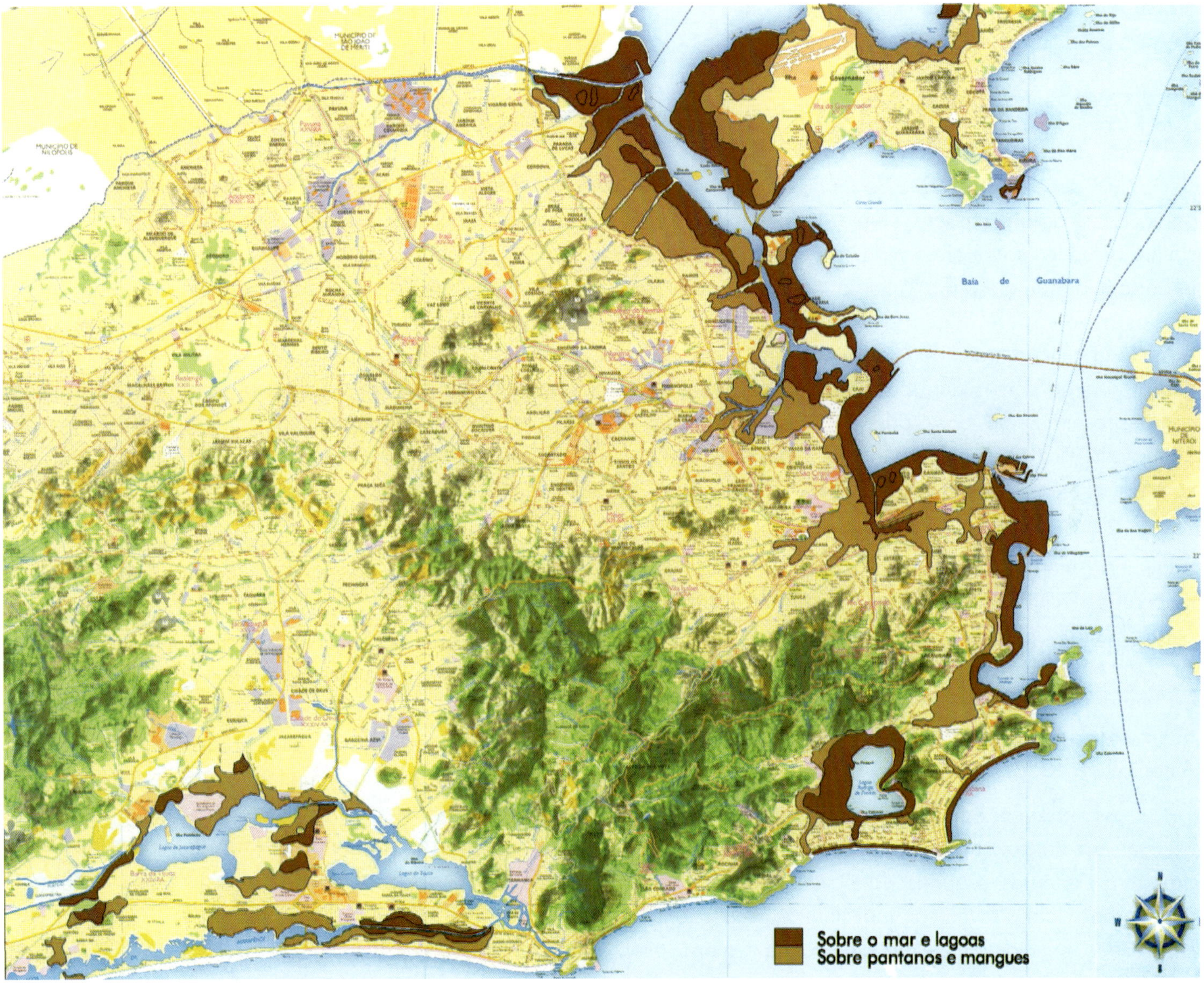

Lei de Terras de 1850, que permitiu que as terras devolutas e as sesmarias que não tivessem a propriedade comprovada fossem vendidas a particulares.

O fato de que a propriedade menos discutível da Câmara fora o mangue de São Diogo, que se prolongava até o já aterrado Alagadiço de Pedro Dias contornando o Campo da Cidade ou de Santana, explica a intencionalidade com que o Município abordou a expansão da cidade em direção a esse espaço.

Na necessidade, tanto do município quanto dos particulares, de um grande volume de terra para consolidar o espaço sobre brejos e lagoas se fundamenta a importância que adquiriu a idéia da derrubada de morros, revestida de exigência higiênica. Já em 1838 existe uma petição (de C.de Niemeyer e P. de Alcântara) de autorização para a derrubada do morro do Castelo com aproveitamento do produto resultante, da qual Beaurepaire faz eco no Relatório de Obras de 1843, como se comenta no capítulo seguinte.

Ao final do século XVIII, com o Vice-reinado, estavam já aterrados os alagadiços de Pedro Dias e a lagoa da Pavuna, com terras procedentes de um pequeno desmonte do Morro do Senado; método que a Câmara Municipal continuaria aplicando com o aterro do mangue da Cidade Nova completado em 1852 e que culminaria com a derrubada do Morro de Santo Antônio, em 1955.

As realizações da Época Imperial supuseram um salto de escala na cidade e significaram a introdução das infra-estruturas próprias do novo tipo de cidade configurado com a revolução industrial. A expansão do Rio se deu principalmente em direção ao Campo de Santana e à Cidade Nova, ocupando pouco a pouco todo o espaço pantanoso limitado pela serra da Carioca e o mar; e saltando, mais adiante, até o Campo de São Cristóvão e à Quinta da Boa Vista, até chegar aos terrenos do Engenho Velho, onde começou a se formar o bairro da Tijuca. A cidade também se estendeu pela costa para o sul, sobre os bairros da Glória, Laranjeiras e Botafogo.

A maioria dos espaços emblemáticos do centro atual tem pouco mais de dois séculos de antiguidade, porém é possível detectar a trama urbana do espaço colonial debaixo do atual centro de negócios do Rio, caracterizado por uma paisagem de superposição de obras de distintos períodos e de grandes operações de transformação. Dentre esses espaços se destacam aqueles cuja construção precisou, em maior medida, do aterro de zonas pantanosas ou de aplicar obras de infra-estrutura ousadas para aquela época.

Um dos espaços mais emblemáticos do Centro é a Praça XV, que foi construída junto à praia que servia de porto desde o século XVI, e estava protegida pelas baterias da Ponta do Calabouço, situadas no Morro do Castelo. Durante o século XVIII se implantou nela um cais portuário, que limitou a nova praça conformada ao estilo do Terreiro do Paço de Lisboa como mostra do poderio da cidade, associado ao ciclo do ouro. Para a construção desse dique, a cidade avançou sobre o mar, iniciando-se assim outra prática que também se tornou uma marca constante na extensão da cidade nos séculos seguintes. A praça foi remodelada, devido à construção do Palácio dos Governadores em 1743, e o dique acabado em 1789[4].

Thomas Ender: "Antiga Ponte dos Marinheiros"; c. 1818

Posteriormente, tanto durante o período em que a cidade foi sede da coroa portuguesa quanto na época imperial, o espaço sofreu diferentes alterações na sua urbanização, até ser remodelado pelo prefeito Pereira Passos, que a transformou numa praça de cidade moderna com iluminação, arborização, esculturas, etc.; tão moderna que a polícia proibia seu uso sem sapatos.

A praça atual, escondida entre o tecido da renovação da área central e as infra-estruturas da costa, foi profundamente modificada com a construção do viaduto da Avenida Perimetral, artéria construída nos anos sessenta e que, concebida como acesso ao centro, separou dele a frente portuária. Não obstante, o porto tinha-se deslocado para o cais de Gamboa em 1911, e nesse lugar o porto velho estava já destinado ao Terminal de barcas de passageiros.

O principal espaço central do Rio, o Largo da Carioca, foi construído sobre o aterro da Lagoa de Santo Antônio, entre o monte de mesmo nome e o do Castelo. Com a condução das águas trazidas desde o rio Carioca e a inauguração, em 1723, do chafariz ou fonte pública, trocou-se o nome de Campo de Santo Antônio pelo da Carioca. Neste largo foi construído em 1748 o Hospital da Providência e foi o ponto mais impor-

Projeto de Glaziou para o Passeio Público, de 1862

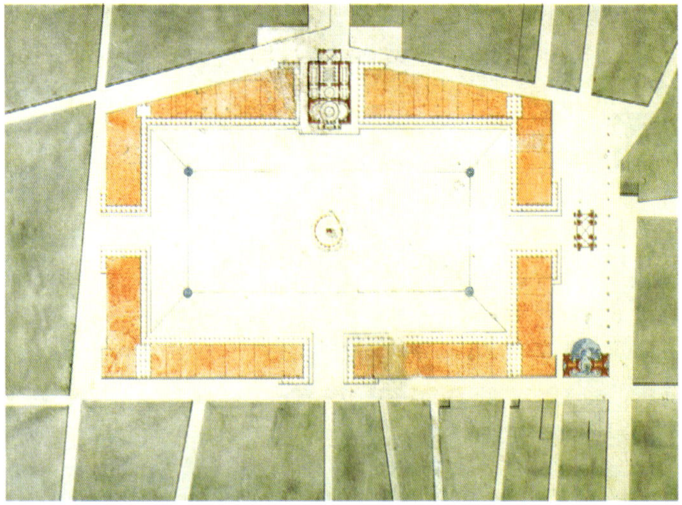

Projeto de Montigny para o Campo de Santana, de 1827

tante da cidade no século XIX, por abrigar o terminal das linhas de bonde. O largo foi remodelado por Pereira Passos, destruindo-se o novo chafariz e o hospital. Ali se localiza, hoje, a estação mais importante do metrô, e é espaço de acesso ao bairro construído sobre a esplanada produto da derrubada do Morro de Santo Antônio[5].

A total demolição do morro aconteceu em 1955, para a celebração do Congresso Eucarístico; sobre o espaço resultante, o arquiteto Affonso Reidy projetou o bairro citado com todos os ingredientes do movimento moderno; espaço degradado depois por intervenções arquitetônicas infelizes, como a Catedral metropolitana, ou prestigiado pelo projeto paisagístico de Burle Marx. Nele se construíram as sedes de importantes empresas e bancos nacionais (Petrobras, Banco Nacional de Desenvolvimento Social e o antigo Banco Nacional da Habitação).

Outra das praças importantes é o Largo da Lapa sobre a antiga lagoa do Desterro, espaço sobre o qual se construiu em 1750 o aqueduto da Carioca, de 42 arcos, de 270 metros de comprimento e 18 de altura, que forma parte do acervo patrimonial da cidade. A cidade se estendeu desde esse espaço, que era uma rótula de passagem desde o Passeio Público ao Campo de Santana, unindo-se ambos os espaços depois da derrubada do morro. A Lapa segue sendo um bairro central que no imaginário dos cariocas concentra a vida noturna e boêmia, e o antigo aqueduto serve para a passagem do bonde que circula em direção ao bairro de Santa Teresa[6].

Sobre o já mencionado aterro da lagoa do Boqueirão surgiu a obra mais emblemática do Rio de Janeiro do século XVIII: o Passeio Público. Obra destinada especificamente ao lazer, concebida como espelho dos parques da metrópole Lisboa. Foi inaugurada em 1783,

Géza Heller: "Sem título". Bico de pena sobre cartão. 1937

Géza Heller: "Rua São José". Gravura em metal. 1966

com o projeto do Mestre Valentim, e é considerada o primeiro projeto paisagístico do Brasil. O parque existente na atualidade se deve ao paisagista francês Glaziou, que em 1875 trocou o desenho geométrico anterior por outro de concepção romântica[7]. Recentemente foi remodelado pela atual Administração da cidade.

Como já se disse, além da Cidade Velha estava o Campo de Santana (atual Praça da República), que era chamado assim pela construção em 1735 da capela de Santa Ana.

Campo aberto, fora do perímetro urbano, onde durante muito tempo era reunido o gado para o Matadouro; espaço também de tratantes e escravos. Espaço que tinha sido recortado pelas chácaras estabelecidas no entorno como consolidação das sesmarias, que foi durante muito tempo o lugar de vertido dos resíduos fecais e o lixo da cidade.

O Conde de Resende, Vice-Rei na virada para o século XIX, mandou regularizar o campo, aterrou as bordas alagadas e fixou os alinhamentos das edificações em seu entorno, começando assim seu formato como praça. Em 1811, nela se construiu o chafariz que, embora provisório, era um dos mais importantes da cidade, e em 1818 foi inaugurado um novo chafariz de pedra. O campo foi objeto de um projeto de ordenação de Montigny, de 1827, que não chegou a ser construído.

O Campo de Santana ganhou importância com a inauguração da estação central da estrada de ferro de D. Pedro II, sobre o espaço ocupado pela capela na sua esquina noroeste; e sobre o espaço restante se construiu em 1875 o Parque, também obra de Glaziou que até hoje permanece quase inalterada, embora tenha sofrido uma redução com a construção da Avenida Presidente Vargas em meados da década de 1940[8].

1565 Fundação Cidade de São Sebastião.
1567 Transferência ao morro do Descanso.
1575 Engenho do Rei (Lagoa de R. Freitas).
1582 Fortificações de Batista Antonelli.
1590 Data aproximada descida à Várzea.
1594 Construção caminho a Botafogo.
1603 Fortaleza Santiago (Ponta Calabouço)
1605 Capela de N.Sª. da Candelária.
1615 Convento Santo Antonio nesse morro.
1641 Mosteiro de São Bento nesse morro.
1707 Engenho Novo da Cia. de Jesus.
1702 Construção do cais da Alfândega.
1713 Muralha da cidade de João Massé.
1723 Chafariz campo de Santo Antonio.
1750 Remodelação do Largo do Carmo.
1743 Construção Paço imperial.
1750 Aqueduto da Carioca em Lapa.
1753 Divisão Copacabana em chácaras.
1759 Confisco propriedades Cia. de Jesus.
1762 Construído o Arsenal de Marinha.
1767 Teatro carioca, a Casa da Ópera.
1779 Aterro da lagoa da Sentinela.
1780 Primeiras mudas de café na cidade.
1783 Passeio Público na lagoa Boqueirão.
1789 Cais do Terreiro do Paço (Praça XV).
1789 Ponte sobre o rio Faria.
1790 Ponte de São Cristóvão.
1797 Traçado Caminho Velho Botafogo.
1800 Caminho Novo de Botafogo.
1811 Chafariz do Campo de Santana.
1813 Inaugurado o Teatro São João.
1815 Início passeio do Campo de Santana.
1816 Chegada da Missão Francesa.
1818 Novo chafariz Campo de Santana.
1819 Horto Real ou Real Jardim Botânico.
1831 Mercado Escravos Praia do Valongo.
1839 Mercado Candelária Praia do Peixe.
1840 Abastecimento de água em carroças.

1842 Cais do Valongo (ou da Imperatriz)
1843 Serviço de barcos Botafogo-Centro.
1851 Início cais do porto junto à Alfândega
1852 Aterro do mangue da Cidade Nova
1853 Mudança matadouro a São Cristóvão
1854 Serviço de iluminação pública a gás.
1854 Canalização do Canal do Mangue.
1854 Instalado o Telégrafo.
1858 Adotado sistema macadam nas ruas.
1858 Trecho Estrada Ferro até Petrópolis.
1862 Serviço regular barcas com Niterói.
1868 Bondes do Jardim Botânico.
1865 Reforma Passeio Público.
1864 Rede esgoto no centro da cidade.
1866 Casa da Moeda no Campo Santana.
1870 Bondes ao Rio Comprido e Tijuca.
1872 Ferrocarril de Santa Teresa.
1873 Loteamento Vila Isabel e bondes.
1875 Concessão túnel Morro São Bento.
1875 Concessão túnel Morro Livramento.
1875 Finalização plantio Floresta da Tijuca.
1875 Remodelação Campo Santana.
1878 Estrada ferro Deodoro-Santa Cruz.
1880 Ramal da Estação Marítima.
1880 Novo sistema abastecimento de água
1883 Estrada de Ferro Rio D'Ouro.
1885 Estrada de Ferro Corcovado.
1887 Início desmonte Morro do Senado.
1888 Jardim Zoológico.
1888 Estação Méier da Estrada de Ferro.
1890 Canalização rios Cabeça e Macacos.
1891-1901 Desmonte do Morro do Senado.
1892 Túnel Velho Copacabana.
1892 Primeira eletrificação de bondes.
1892 Derrubado cortiço Cabeça de Porco.
1895 Autorização para o cais da Urca.
1896 Bondes no Aqueduto da Lapa.

1899 Primeiro sistema telefônico da cidade.
1903 Início Desmonte Morro do Castelo
1905 Avenida Central.
1906 Avenida Beira-Mar.
1906 Primeira galeria do Túnel Novo.
1908 Primeira linha ônibus Av. Rio Branco.
1909 Inaugurado o Teatro Municipal.
1910 Biblioteca Nacional.
1912 Primeira iluminação elétrica das ruas
1911 Inauguração Porto Cais Gamboa
1916 Estrada encosta Morro Dois Irmãos
1919 Remodelação da Avenida Atlântica.
1920 Loteamento Vila América na Barra.
1922 Último desmonte Morro do Castelo
1922 Início aterro para bairro da Urca.
1931 Estátua do Cristo Redentor.
1938 Aeroporto Santos Dumont.
1944 Avenida Presidente Vargas.
1946 Conjunto Habitacional Pedregulho.
1948 Túnel do Pasmado Botafogo- Leme.
1952 Conjunto Habitacional da Gávea.
1958 Museu de Arte Moderna.
1962 Túnel Santa Bárbara.
1960 Avenida Perimetral.
1965 Parque do Flamengo.
1965-70 Conjuntos Habitacionais COHAB.
1968 Túnel Rebouças dà zona norte a sul.
1969 Auto-estrada Lagoa-Barra.
1971 Ampliação Praia de Copacabana.
1974 Abertura da Ponte Rio-Niterói.
1979 Inauguração do Metrô do Rio
1992 Projeto Rio Orla, do Leme ao Pontal
1984 Linha Vermelha.
1996 Primeira Inauguração do Rio-Cidade
1997 Primeira Inauguração Favela-Bairro
1998 Linha Amarela.
2005 Cidades do Samba, da Música, etc.

Esquema da estrutura urbana e dos caminhos na metade do século XIX e projeto de canais

A FORMAÇÃO DA CIDADE INDUSTRIAL E A OCUPAÇÃO DA BAIXADA DE INHAÚMA

A ocupação do espaço da Cidade Nova foi rápida, segundo se deduz das plantas elaboradas pela Comissão de Melhoramentos de 1875-76, reproduzidas neste livro, embora, como assinala M. Abreu, tenha sido fundamentalmente ocupada por comerciantes, artesãos e uma incipiente classe média urbana. As classes populares seguiriam no centro em cortiços e outras formas de moradia adensadas e insalubres[9].

As novas elites sociais optariam pelas chácaras e quintas periféricas no espaço além da ponte dos Marinheiros. Essas amplas propriedades procediam da venda, pela Coroa, das terras confiscadas dos jesuítas pelo Marquês de Pombal em 1761; da enorme sesmaria já comentada de propriedade da companhia religiosa desde o início da Colônia, e que compreendia os atuais bairros de Engenho Velho, Engenho Novo, São

Cristóvão, Tijuca e Andaraí, indo além dos morros de Pedregulho e da Serra do Engenho, e, possivelmente, contendo lavouras sobre o rio Jacaré.

O caminho do Engenho dos Padres através do mangue de São Diogo (chamado primeiramente Capueruçu e depois das Lanternas ou do Aterrado) foi o eixo ou diretriz da primeira expansão da cidade, e havia de ser este caminho a São Cristóvão, através da citada ponte sobre a Aguada dos Marinheiros construída em 1790, o que ajudou a ocupação dessa área durante a época imperial.

Esse mesmo caminho, construído pelos jesuítas, conectava São Cristóvão com Santa Cruz, através de uma ponte sobre o rio Faria, construída em 1789, passando pela fralda da Serra da Misericórdia e adentrando-se pelas terras do Rei em Irajá e Campo Grande e pela sesmaria dos religiosos do Carmo e do Campinho, até a Fazenda dos Jesuítas em Santa Cruz (mais tarde Fazenda Imperial de Santa Cruz). Também chamado caminho dos Guaianases, está descrito no Relatório de Obras de Beaurepaire de 1843.

Morales de los Rios cita os nomes dos proprietários daquelas chácaras, em sua maioria membros destacados da nova burguesia mercantil da Corte: os Araújo, de Brás, de Alencar, os novos nobres como a condessa de Belmonte, o Visconde do Bom Retiro, o Barão de Uruguaiana, e inclusive a família do Visconde de Beaurepaire (que morava na zona do Engenho Novo), destacando entre essas propriedades a Quinta da Boa Vista cedida a Dom João VI por Elias A. Lopes. A decisão do Rei de morar lá acelerou a dessecação dos manguezais do rio Maracanã e motivou a construção, em 1854, do canal do Mangue desde a Praça Onze até a ponte dos Marinheiros[10].

No último período do império, o Rio experimentou transformações importantes que o colocaram no caminho da modernidade, com grandes obras públicas e intensos intercâmbios técnicos e culturais com a Europa. Construíram-se as linhas férreas, se instalaram a iluminação pública a gás, a canalização de águas e a rede de esgotos.

Cabe destacar que nas obras de transformação ou de expansão da cidade no século XIX, se desenvolveu uma tradição de projeto que combinava o ideal paisagista anglo-saxônico com a tradição formalista francesa, tendo a vegetação como elemento de projeto, como é próprio de um país tropical. Porém, o que realmente se consolidou foi uma engenharia de alteração da topografia, drenagem de lagoas e brejos, demolição de montes e grandes obras de condução de águas, estradas de ferro e urbanização.

Assinala M. Abreu que: "*Durante algum tempo São Cristóvão foi o grande rival de Botafogo como área residencial das classes abastadas, por ter melhor serviço de água potável e esgotos. Porém pouco antes da proclamação da República, a localização na área de indústrias que procuravam a proximidade dos eixos ferroviários e do porto, mudou a situação*", *para o que colaborou também* "*o estilo de vida à beira mar que proclamavam empresas como a Jardim Botânico*"[11].

As causas principais da mudança assinalada no parágrafo anterior seriam a chegada, em 1870, da estrada de ferro D. Pedro II, a instalação em 1859 da fábrica de gás e a chegada da linha de bondes, que favoreceram a criação de loteamentos como o de Vila Isabel efetuado pelo Barão de Drummond sobre a fazenda do Macaco adquirida à Coroa em 1872, e, principalmente, o deslocamento da população menos favorecida provocado pelas obras do prefeito Pereira Passos em inícios do século XX. Estes feitos marcariam o destino industrial e popular dos bairros da zona norte no futuro.

Para a consolidação desse destino colaborou, também, a construção das quatro estradas de ferro que cruzaram a zona norte; em 1890 se ampliou a de D. Pedro II até Madureira, em 1883 se inaugurou uma nova linha (a do Rio D'ouro) que tinha a finalidade de transportar material para a nova rede de abastecimento de água da cidade, mas que depois passou a transportar passageiros; de 1886, é a linha da Leopoldina até Duque de Caxias, e, finalmente, em 1893, a da Empresa Melhoramentos do Brasil, depois chamada Linha Auxiliar.

O crescimento dessas áreas ao norte, primeiro sobre a rede de bondes e, mais tarde, sobre a de trens, se fez com um padrão de ocupação que categorizou o caráter suburbano que tem aquelas zonas desde então, e com o qual se estendeu, mais tarde, sobre a Baixada Fluminense. O traçado das linhas de trem dificultou a continuidade das tramas viárias, o que se traduz sempre em geração de zonas marginais, com perda do valor do solo; e a instalação de indústrias gerou durante certo tempo a formação de vilas operárias que consolidaram este caráter popular dos seus bairros.

Pereira Passos abriu ruas paralelas às linhas de trem entre as estações do Engenho Novo e Méier, e, com vistas à Exposição do Centenário, construiu a importante artéria urbana que é a Avenida Maracanã. As canalizações do rio Comprido pelo Prefeito Frontin e do rio Maracanã por Sampaio foram fatos que colaboraram para a ocupação dessa zona.

Mas o fator desencadeante principal do destino da área havia sido a construção, no início do século, do cais portuário da Gamboa desde a Praça Mauá até o canal do Mangue, trecho que se arrematou com a construção da atual Avenida Francisco Bicalho.

As obras portuárias supuseram uma operação enorme de transformação da cidade, tendo-se ganho ao mar, com terras procedentes da demolição do Morro do Senado, uma superfície de 170 hectares diante dos morros do Livramento, Conceição, Providência e Saúde. Porto moderno que, quase em seguida, vinte anos mais tarde, se ampliaria sobre São Cristóvão, e seguiria depois para o Caju, até conformar o porto atual.

O fator definitivo da extensão dessa enorme área até Campo Grande seria a construção da Avenida Brasil em 1946. Às indústrias localizadas junto às linhas férreas, se uniria logo um desenvolvimento do mesmo tipo promovido pelo Governo de Getúlio Vargas, que em 1933 também criou a Comissão de Saneamento da Baixada Fluminense com propósito de realizar tarefas necessárias de retificação de leito de rios com a conseqüente consolidação dos terrenos lindeiros. No ano de 1937 se aprovou o Código de Obras do Distrito Federal, primeiro documento de zoneamento de todo o município e que definiu esta zona como de uso industrial, consagrando esse processo a vocação atual dos bairros da zona norte[12].

Emil Bauch: "Panorama da Cidade do Rio de Janeiro" (fragmento).1873. Museus Castro Maya, Rio do Janeiro

A vocação industrial e portuária do setor norte junto à Baía de Guanabara se rompe mais tarde com o projeto da Cidade Universitária, com a idéia da construção de um campus único que concentrasse todas as atividades da universidade. Portanto, outra mudança na morfologia deste litoral foi necessária; a Ilha do Fundão corresponde a um dos maiores projetos de aterramentos de áreas marítimas realizados na cidade, a partir da aplicação de aterro a um pequeno arquipélago, resultando na interligação de nove ilhas. Também a Ilha do Governador foi acrescentada em uma superfície de seis hectares, aproximando-a ao continente para a construção das pistas do Aeroporto do Galeão (na atualidade, Tom Jobim). Posteriormente a construção da Linha Vermelha interligou essas ilhas e acabou por constituir a frente marítima atual do espaço existente entre a Avenida Brasil e o mar. Rematou-se deste modo o processo de criação de uma orla artificial da Cidade, porém, neste caso, por motivos ligados à implantação de instalações de transporte regional.

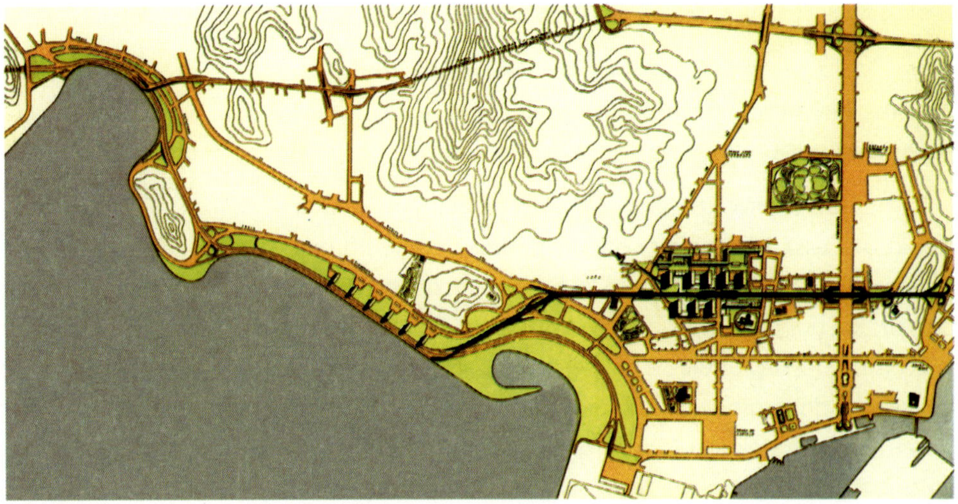

Projeto de Reidy para Urbanização da Esplanada de Santo Antonio. 1949

A EXPANSÃO DA CIDADE PARA O SUL E A FORMAÇÃO DA SUA FACHADA MARÍTIMA

O início da expansão para o sul aconteceu igualmente na primeira etapa da época imperial. Desde a Cidade Velha saía outro caminho chamado da Carioca, porque levava ao rio desse nome, caminho que continuava até Botafogo. Os vales daquele rio e do rio Berquó, que formavam o vale de Botafogo, foram espaços privilegiados para a instalação de engenhos de cana (como o famoso Engenho do Rei ou o do Vicário Geral Martins Mato), que pouco a pouco iriam dando lugar a chácaras e inclusive a algumas fábricas, como as olarias do rio Carioca ou a fábrica de pólvora mandada instalar pelo rei Dom João VI junto à lagoa de Sacopenapã (hoje Rodrigo de Freitas).

Já em 1740 havia se construído a Igreja de Nossa Senhora da Glória, que deu nome ao outeiro onde se localizou, fato que haveria de colaborar para o prestígio da zona e para o início da edificação em seu entorno. Alguns membros da Corte instalaram sua residência na zona sul, em consonância com a mudança da rainha para Botafogo na primeira etapa do Império; dessas construções permanecem o palácio do Marquês de Leão, o do Comendador dos Santos (atual Faculdade de Medicina) e o do Barão de Friburgo (Palácio do Catete), entre outros.

A leitura do Relatório de Beaurepaire, de 1843, demonstra a existência de uma incipiente trama regular em Botafogo, entre as Ruas São Clemente e São Joaquim (hoje Voluntários da Pátria); e já o mapa de linhas de bondes da Companhia do Jardim Botânico, de 1870, mostra uma ocupação relevante do entorno da estrada da Carioca no Flamengo e da Rua São Joaquim em Botafogo. A instalação na Lagoa Rodrigo de Freitas, entre 1817 e 1820, do Horto Real (posterior Real Jardim Botânico) contribuiu também para esse desenvolvimento urbano.

São muitos os fatores e acontecimentos que apoiaram esse processo contínuo de deslocamento das classes de renda alta para o sul: a extensão e eletrificação dos bondes, a promoção imobiliária ligada a ela, a construção de túneis para o automóvel, e o aterro e formação de praias. Quaisquer que sejam os motivos originais, todos eles colaboraram para um processo de valorização progressiva de espaços cada vez mais ao sul, ao qual não tem sido alheia a auto-segregação espacial de determinadas classes sociais, que se deslocaram cada vez mais longe segundo iam irrompendo no seu espaço atividades produtivas e outras classes sociais. Fenômeno próprio da evolução da maioria das cidades ocidentais, mas que na América Latina tem mostrado maior crueza.

Os serviços de bondes urbanos começaram em 1868, sendo a citada Companhia do Jardim Botânico a que teve maior presença, quase única, nessas zonas, com extensão desde seu trajeto inicial que ligava o Centro com o Largo do Machado, primeiro até a Gávea e logo até Copacabana, em 1892. Esta Companhia foi a primeira que eletrificou suas linhas, em 1892, chegando a Ipanema e Leblon em 1914[13].

Na transição de século, diversos contratos estabelecem os compromissos dessa empresa e as suas associadas (Empresa de Construções Civis, Vila Ipanema, empresa de Ludolf, etc.) com a Prefeitura, acordando percursos de linhas, abertura e traçado de algumas ruas e comprometendo-se a Companhia com a construção do túnel debaixo do morro do Barroso, o Túnel Velho. Processo de urbanização que foi consolidado com a construção do Túnel Novo em 1906 e com a construção da Avenida Atlântica em 1919 (o Túnel Velho foi ampliado em 1922).

Dentro da obra transformadora de Pereira Passos, há que destacar o impulso dado à expansão para o sul com a construção da Avenida Beira Mar e da enseada da Glória, e a urbanização e ajardinamento da praia de Botafogo.

Criou-se, assim, uma tensão sobre o espaço intermediário do Flamengo, que concentrou a atenção de sucessivos prefeitos sobre este litoral, freqüentemente ameaçado pelos temporais marítimos, problema que gerou a solução reconhecida na Urbanística como a mais brilhante: o conjunto parque-praia sobre o aterro do Flamengo, primeiro para a exposição da Independência de 1922 e logo com terras do desmonte do morro de Santo Antônio por motivo do Congresso Eucarístico de 1955.

Outra notável transformação da cidade associada à Exposição Nacional de 1908 advém do arquétipo dessa cidade que vai construindo sua própria morfologia sobre o mar. Para instalar a Exposição criou-se uma praia artificial, a Praia Vermelha, com terras extraídas do Pão de Açúcar, unindo este com a cidade. A exploração de uma pedreira permitiu também a terraplanagem de quase 2 km^2 de superfície, feita por uma empresa privada que por sua vez exerceu a função de operador imobiliário do bairro da Urca. O que tem de singular esta obra é o atrevimento de introduzir uma prática de ocupação do mar pela edificação privada.

J. Batista: "Desmonte do Morro do Castelo"; c. 1922. MHN, IPHAN

D. Parreiras: "Enseada da Glória". 1935. Instituto Moreira Sales

O morro do Castelo, sede da fundação da cidade, foi demolido, para a celebração da Exposição comemorativa do Centenário da Independência de 1922, o que constitui um sério paradoxo. Foram removidos 4,5 bilhões de m^3 de terras e ganhada ao mar uma superfície de 67.000 m^2 de solo, onde se celebrou a Exposição; e mais tarde, nos anos quarenta, se construiu junto a esse espaço o Aeroporto Santos Dumont, na borda do mar.

Com as terras provenientes do Morro do Castelo também se levou a cabo, ao redor de 1930, outra das grandes operações de construção da cidade: o saneamento e urbanização das margens da Lagoa Rodrigo de Freitas; com esta obra se criou uma ampla plataforma de cidade, e para ela se canalizou o braço de água que unia a lagoa com o mar, formando o atual Jardim de Alah[14].

Antes de prosseguir a descrição dos acontecimentos e obras que permitiram o salto da cidade para além do maciço da Tijuca, convém também recordar uma operação levada a cabo na época imperial que marcou definitivamente a paisagem tropical carioca, constituindo desde então o melhor pano de fundo da progressiva qualificação da sua orla marítima.

A plantação da Floresta de Tijuca reveste de maior propriedade a expressão "construção da natureza" aplicada ao Rio de Janeiro. A cidade, levada por interesses econômicos da época colonial, havia ocupado vales altos do maciço da Tijuca e desmatado a floresta tropical Atlântica para plantar café, tendo sido financiado seu plantio com a venda da madeira e carvão desse desflorestamento. O efeito sobre a cidade foi muito negativo porque a seca das fontes do maciço contribuiu para a escassez de água potável no centro.

A arborização da Serra da Tijuca foi realizada na segunda metade do século XIX, por iniciativa do Imperador, e sob a responsabilidade do major Archer, ajudado apenas por cinco escravos. Entre 1860 e 1874, plantaram-se cerca de 100.000 árvores na área anteriormente desmatada para o café. Os trabalhos também envolveram o paisagista Glaziou que projetou com estilo romântico diversas áreas da floresta, organizou grutas, caminhos e passeios, construiu "belvederes" e valorizou córregos e cascatas[15].

Hoje a Floresta está incorporada definitivamente dentro da cultura de lazer e esporte da população. Em meados do século XX sofreu também transformações, e das mais conhecidas foi a implantação da estátua do Cristo Redentor em 1931. Atualmente está catalogada como parque nacional urbano de 33 km^2, protegida por lei e foi declarada Reserva da Biosfera pela UNESCO em 1991.

Voltando ao tema do Parque do Flamengo, vale destacar que foi inaugurado em 1964 dentro do intenso programa de urbanização e saneamento promovido por C. Lacerda, primeiro governador eleito para o Estado da Guanabara depois da transferência da capital federal para Brasília. Engenheiros, arquitetos e paisagistas colaboraram neste projeto dando-lhe um tratamento quase perfeito, que compatibilizou diferentes usos viários com um imenso parque litoral, que criou amplos espaços para o desporto e lazer do cidadão, e foi o marco de obras arquitetônicas e paisagísticas emblemáticas[16]. Uma curiosidade é que foi tombado pelo órgão do Patrimônio Histórico somente um ano depois de construído.

Dentro do mesmo programa de obras, completado por seu sucessor, se inscreve a criação artificial da praia de Copacabana, com construção do interceptor da rede de esgotos, do emissário submarino e do passeio marítimo com a obra paisagística de Burle Marx.

É tão impressionante a paisagem resultante deste processo, que a transformação da morfologia costeira da Baía de Guanabara está proibida nada menos que pela Constituição Federal de 1988, proteção que se reforça por diversos decretos municipais de preservação ambiental sobre a orla marítima. Proteções acordes com o seu alto valor paisagístico e ambiental, mas que não deixam de criar certo paradoxo com o feito de que sejam resultados, precisamente, de grandes intervenções de transformação.

E assim é o Rio, uma cidade construída ao longo de poucos séculos, uma mescla eclética de estilos, uma paisagem urbana celebrada universalmente por suas condições naturais, quando, como foi dito antes, poucas cidades do mundo tiveram uma alteração tão grande de sua topografia original[17]. Uma pergunta que sempre faz o taxista que leva do aeroporto aos bairros do sul é altamente reveladora: "pelo túnel ou pelo aterro?"; alternativas de rotas que, sempre sobre territórios construídos, são amostras de uma cidade que domesticou a sua natureza.

Este processo de deslocamento para o sul se completou com a construção da Avenida Niemeyer, em 1920, com as melhoras da Estrada do Joá no final dos anos trinta, com a ponte sobre a Lagoa da Tijuca, de 1939, que deram origem aos primeiros loteamentos dessa zona (Tijucamar e Jardim Oceânico), e, sobretu-

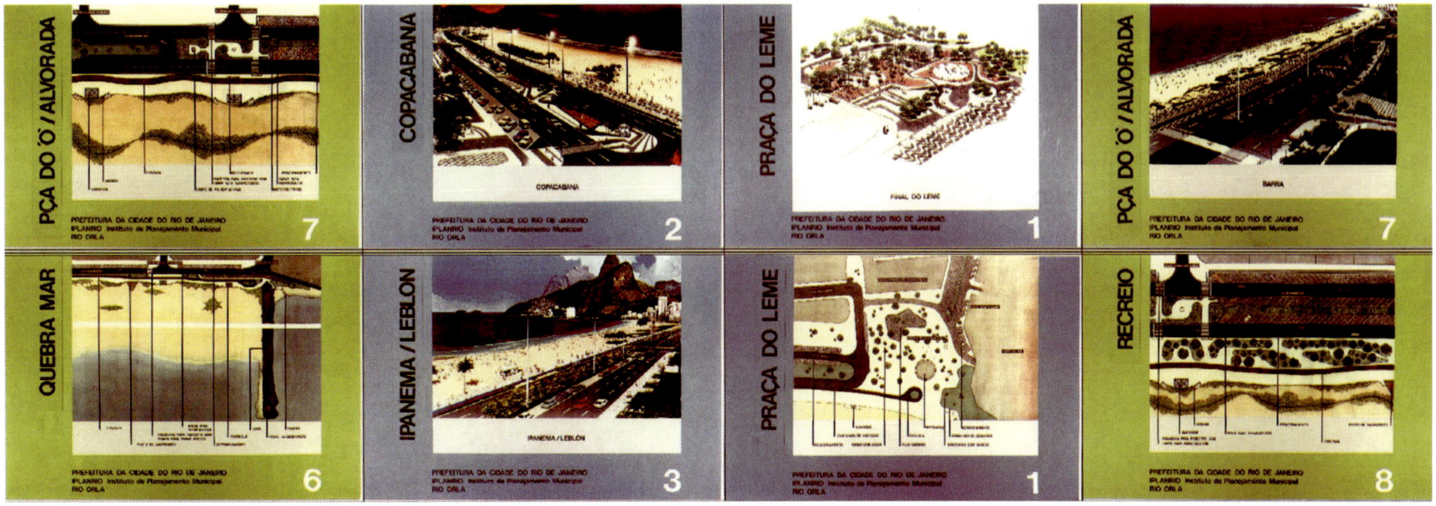

Projeto Rio Orla de Sérgio Moreira Dias. IPLANRIO, 1990

do, com as obras do engenheiro P. Soares: túneis do Morro Dois Irmãos e de São Conrado e o Elevado do Joá, obras inauguradas em 1974 como conseqüência da aprovação do Plano Piloto de Lúcio Costa para a Baixada de Jacarepaguá.

Estas obras se incluem numa etapa rodoviária iniciada com o Plano Qüinqüenal de Vias Arteriais do Departamento de Estradas do Estado (1961-65), e que são próprias de uma época de "boom imobiliário" em todo o mundo ocidental, centrado sobre a geração de valor nos territórios periféricos das cidades utilizando para isso a construção de redes arteriais viárias. Período que na América se caracterizou, ademais, porque a colonização de novos territórios significou o abandono da cidade construída.

A última realização daquele Plano foi, em 1984, a Linha Vermelha que ligou o túnel Rebouças com o Aeroporto Internacional e a Rodovia de São Paulo (Via Dutra), que, apesar dos benefícios de conexão da cidade, significou a deterioração da área imperial de São Cristóvão. Também tem origem nesse plano a Linha Amarela construída em 1997, porém com outro enfoque urbanístico.

Nas últimas décadas, pode-se verificar no Rio de Janeiro uma decidida vontade de dignificar o espaço público, como lugar de cidadania, novo símbolo da prosperidade social e do bem-estar. São frutos dessa vontade diversos programas enquadrados na mesma política urbana, como os emblemáticos programas Rio-Cidade e Favela-Bairro.

O programa Rio-Cidade tem recuperado os principais espaços públicos da cidade, suas ruas e avenidas, numa superfície de quase um milhão de metros quadrados. O Programa Favela-Bairro foi desenhado para integração da outra cidade, da qual não se fala e que faz parte também da paisagem universal do Rio: a cidade dos pobres, da autoconstrução, a cidade das favelas, na qual vivem um milhão de habitantes.

E também projetos sobre espaços de alto valor simbólico, como a reforma da Praça XV, as de melhoras na urbanização da Avenida Brasil, a recuperação do Morro da Conceição e outros; ademais, é forçoso referir-se aos projetos de recuperação da fachada marítima executados desde 1990, dentro do Programa Rio-Orla. No início foram objetos de intervenção trinta quilômetros, praticamente toda frente urbana junto ao Atlântico desde o Leme até o Recreio dos Bandeirantes, onde foi construído um passeio marítimo, com ciclovia à beira-mar, serviços diversos, quiosques e com uma cuidadosa urbanização.

Esse programa foi seguido, ao final dos anos noventa, pelo Projeto Rio-Mar de recuperação do Parque do Flamengo; foram plantadas cerca de 6.000 espécies arbóreas, restaurados os seus espaços e edifícios singulares, e instalada uma nova iluminação que destaca a beleza do Parque. Projeto que também se estendeu a outros espaços da orla marítima.

Dessa forma, toda orla marítima da cidade tem sido objeto de recuperação, estando pendente a recuperação dos cais desde Gamboa até São Cristóvão, segundo as atividades portuárias possam ser deslocadas para o novo porto de Sepetiba, ao sul do Estado.

Com a finalidade de recuperar parte desse espaço, o atual governo da cidade redigiu o projeto de "Recuperação e Revitalização da Região Portuária" que contempla toda a área da Gamboa desde o pier Mauá até o Canal do Mangue; projeto que propõe a recuperação dos armazéns do porto para usos culturais e de lazer, assim como o prolongamento da ciclovia desde o aeroporto Santos Dumont, e a urbanização dos bairros e favelas próximas. Dentro do escopo do programa foram já inauguradas nesse lugar a "Cidade do Carnaval" e uma "Vila Olímpica".

Concluindo, a história da configuração do Rio de Janeiro segue uma trajetória de grandes transformações, em contínuo diálogo com as montanhas e a orla do mar. Uma história, como todas, cheia de acontecimentos, muitas vezes inspirados em realizações européias, mas sempre com uma magnitude espacial muito superior, quase uma desproporção que só encontra rival na magnitude da sua paisagem. É, em suma, uma história complexa na qual se abraçam as técnicas de engenharia e do urbanismo contemporâneo, e que tem deixado inestimáveis referências, também, na história da Arquitetura.

NOTAS

1 Canabrava Barreiros Eduardo: *Atlas da evolução urbana da cidade do Rio de Janeiro: 1565-1965*. Instituto Histórico e Geográfico Brasileiro, Rio de Janeiro, 1965.

2 Cavalcanti, Nireu: *O Rio de Janeiro Setecentista. A vida e a construção da cidade da invasão francesa até a chegada da Corte*. Jorge Zahar Editor. Rio de Janeiro, 2004.

3 Fridman, Fania: *Donos do Rio em nome do rei: uma história fundiária da cidade do Rio de Janeiro*. Jorge Zahar Editor. Rio de Janeiro, 1999.

4 Sobre a Praça XV existe uma ampla bibliografia. Destacamos Ferrez, Gilberto: *Praça XV de Novembro: antigo Largo do Carmo*. Riotur. Rio de Janeiro, 1978; Cavalcanti, Lauro: *Paço Imperial*. Ed. Sextante Artes. Rio de Janeiro, 1999; e também a publicação do Núcleo de Memória Urbana: *Praça XV, 1580/1988*. IPLANRIO. Rio de Janeiro, 1988.

5 Nunes Perera C. G: *Largo da Carioca: 1608-1999. Um passeio no tempo*. Ed. Guta Studio. Rio de Janeiro, 1999; e também Bonduki, Nabil e Ferraz: M.C. *Afonso Eduardo Reidy*. Editorial Blau Ltda. Lisboa, 2000. Sobre o projeto paisagístico de Burle Marx ver Macedo, Silvio Soares. *Quadro do Paisagismo no Brasil*. FAUUSP. São Paulo 1999.

6 Cezar, P. Bastos: *Arcos da Carioca em cinco momentos de sua história*. IPLANRIO/Editora INDEX. Rio de Janeiro, 1988.

7 Edmundo, Luiz: *O Rio de Janeiro no tempo dos Vice-Reis*. Ed. Xenon. Rio de Janeiro, 1932.

8 Lima, E. F. Werneck: *Avenida Presidente Vargas: uma drástica cirurgia*. Secretaria Municipal de Cultura, Turismo e Esportes. Rio de Janeiro, 1990.

9 Abreu, Mauricio: *Evolução Urbana do Rio de Janeiro*. IPLANRIO - Jorge Zahar Editor. Rio de Janeiro, 1987.

10 Morales de los Rios Filho, Adolfo: *O Rio de Janeiro Imperial*. Topbooks Editora. Rio de Janeiro, 1946.

11 Abreu, Op.cit. nota 9

12 Roxo, E. de Alencar e Ferreira, M. "O saneamento do meio físico", em: *Rio de Janeiro em seus quatrocentos anos*. Ed. Record. Rio de Janeiro, 1965.

13 Weid, Elisabeth V.D: *O bonde como elemento de expansão urbana*. Fundação Casa de rui Barbosa. Rio de Janeiro, 1996.

14. Nonato, J. A, e Santos, N. Melhem: *Era uma vez o Morro do Castelo*. IPHAN. Rio de Janeiro, 2000.

15. Cezar, P. Bastos e Ribeiro de Oliveira, R: *A floresta da Tijuca e a cidade do Rio de Janeiro*. Ed. Nova Fronteira. Rio de Janeiro, 1992.

16. Costa, Lucia M: *Parque do Flamengo: a construção cotidiana de um espaço democrático*. Ensaios Paisagem e ambiente. São Paulo, 1995

17. Telles, Augusto C. Da Silva: "O Rio de Janeiro e sua Paisagem" Em: *Rio de Janeiro 1862-1927 Álbum fotográfico de formação da Cidade*. Instituto Moreira Salles. São Paulo, 1998

Capítulo II

OS PLANOS URBANÍSTICOS COMO SUPORTE DO PROCESSO DE CONSTRUÇÃO DA CIDADE

Âmbito territorial dos Planos Urbanos do Rio de Janeiro: (1) Beaurepaire, (2) Comissão de Melhoramentos, (3) Pereira Passos, (4) Agache, (5) Comissão da Cidade, (6) Doxiadis, (7) Baixada de Jacarepaguá, (8) PUB-Rio, (9) Plano Diretor e (10) Plano Estratégico

O PLANEJAMENTO COMO CRISOL DE IDÉIAS E REFERENTE DA IDEOLOGIA DO PODER

A cidade do Rio de Janeiro é amplamente conhecida como crisol das arquiteturas mais representativas da idade moderna, dos estilos próprios de cada período da evolução da cidade desde o século XIX, sendo algumas dessas obras ícones da arquitetura. A este respeito é abundante a literatura especializada sobre o tema, a crítica arquitetônica e os catálogos de edifícios, espaços e monumentos da cidade.

As correntes arquitetônicas são também reflexo das profundas transformações estruturais ocorridas na história do mundo ocidental. Transformações muito freqüentemente traumáticas que precisaram de alterações das estruturas sociais e econômicas, quando não de revoluções políticas que mudaram as relações de poder. Por este motivo, os edifícios mais emblemáticos de cada período correspondem a suas propostas mais radicais, as elaboradas mais cedo, anteriores àquelas que se enfraqueceram no suceder da História em uma fusão eclética com aquilo que combateram previamente.

Pelo contrário, é curioso comprovar como a literatura brasileira especializada tem se esforçado pouco no estudo dessas transformações através da evolução dos planos urbanísticos da cidade, o que é surpreendente, posto que se existe um documento que seja a expressão sintetizada do poder em sua vontade de organizar e controlar um território, este é o plano urbanístico de cada época[1]. Como foi exposto na introdução, no caso do Rio de Janeiro podemos encontrar até dez destes planos, que são, um a um, certidão autêntica da evolução da cidade e da sua sociedade. Conjunto que merece ser estudado, ainda que seja só pelo fato de que essa quantidade é significativamente maior do que a dos planos urbanos de muitas cidades ocidentais, que têm lugar de destaque, com justiça, na história da Urbanística moderna.

O mais interessante é comprovar, através da leitura e comparação dos planos, que cada um deles é reflexo de uma época de mudança no pensamento ocidental; idéias que têm sido, às vezes, aplicadas à cidade com uma força e um radicalismo que não se encontram nos países, geralmente europeus, onde se formularam essas correntes de pensamento[2].

A América Latina foi o laboratório onde se aplicou a idéia formulada no Renascimento de uma ordem de cidade, a partir da simetria e da geometria euclidiana, mas também se pode afirmar que as revoluções na concepção da cidade moderna tiveram, freqüentemente, mais repercussão na formação das cidades americanas do que nas cidades onde se produziram. Possivelmente porque as suas sociedades estavam mais liberadas de condicionantes históricos, e mais submetidas, por sorte ou por azar, ao afã transformador e colonizador do homem contemporâneo.

O escopo principal deste livro é mostrar que cada um dos Planos Urbanos do Rio de Janeiro reflete o contexto ideológico da época, e apontar os paralelismos entre as preocupações do poder e a utilidade dos instrumentos utilizados nos contextos de referência.

Porém o mais importante é comprovar como esses instrumentos não foram meramente importados, senão que se adaptaram a uma realidade obviamente distinta. Realidade com suas próprias pautas de organização social, sua particular estrutura de poder; com características de uma cidade que não pode considerar-se industrializada até o século XX, com uma estrutura de propriedade muito menos fragmentada que a européia e com abundância de território da coroa no princípio da sua história moderna. Cidade com enorme capacidade para angariar empréstimos externos e atrair investimentos de capital, o que explica, possivelmente, a enormidade de suas obras em comparação às análogas na Europa.

Uma leitura atenta dos paralelismos em sincronia com a evolução do pensamento urbanístico ocidental permite mostrar, a respeito dos Planos do século XIX, como o ideário do movimento higienista apareceu no Rio com o Plano Beaurepaire de forma quase simultânea com o informe de Chadwick, apesar da grande distância que existe entre o suporte científico de um e do outro. Ou mostrar também que o Plano da Comissão de Melhoramentos de 1875-76 contém uma

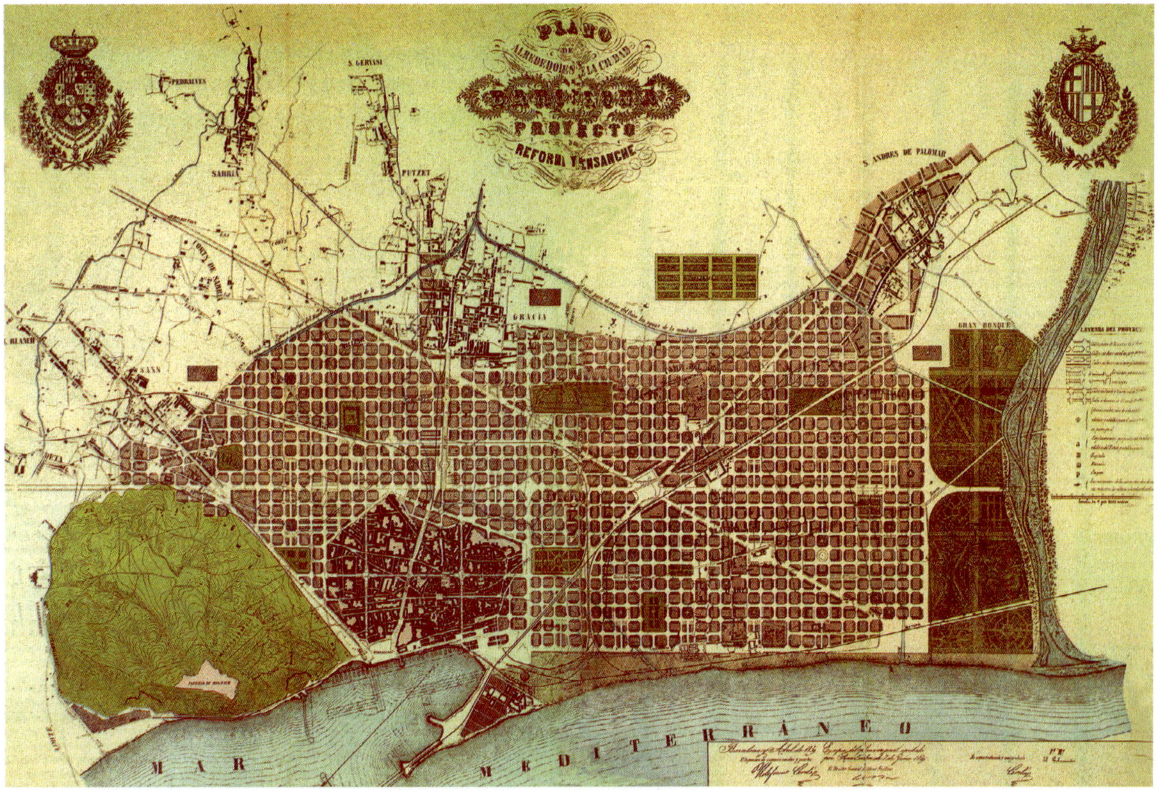

Proyecto de Ensanche de Barcelona, de Ildefons Cerdà. 1859

tentativa de introdução da normativa de alinhamentos, que era o grande debate da urbanística européia ligado aos procedimentos para garantir o espaço viário, embora os conflitos relativos às obrigações dos proprietários fossem menores no Brasil, onde o debate estava centrado nas conseqüências da Lei de Terras de 1850, e onde as atribuições do Imperador permitiam um manejo da propriedade distante das disputas legais e das contradições do liberalismo europeu.

No último dos planos desse século (na realidade, formulado em princípios do seguinte) pode-se verificar que, além do anacronismo subjacente à oportuna imagem de comparação com Haussmann, o Plano de Pereira Passos se inscreve mais nitidamente nas estratégias imobiliárias de recuperação dos centros urbanos que se haviam configurado nas práticas norte-americanas até desembocar no movimento da "City Beautiful" nascido em Chicago, na mesma época que

Planos urbanos do Rio de Janeiro: bases cartográficas de análise e correntes de pensamento que os influenciaram

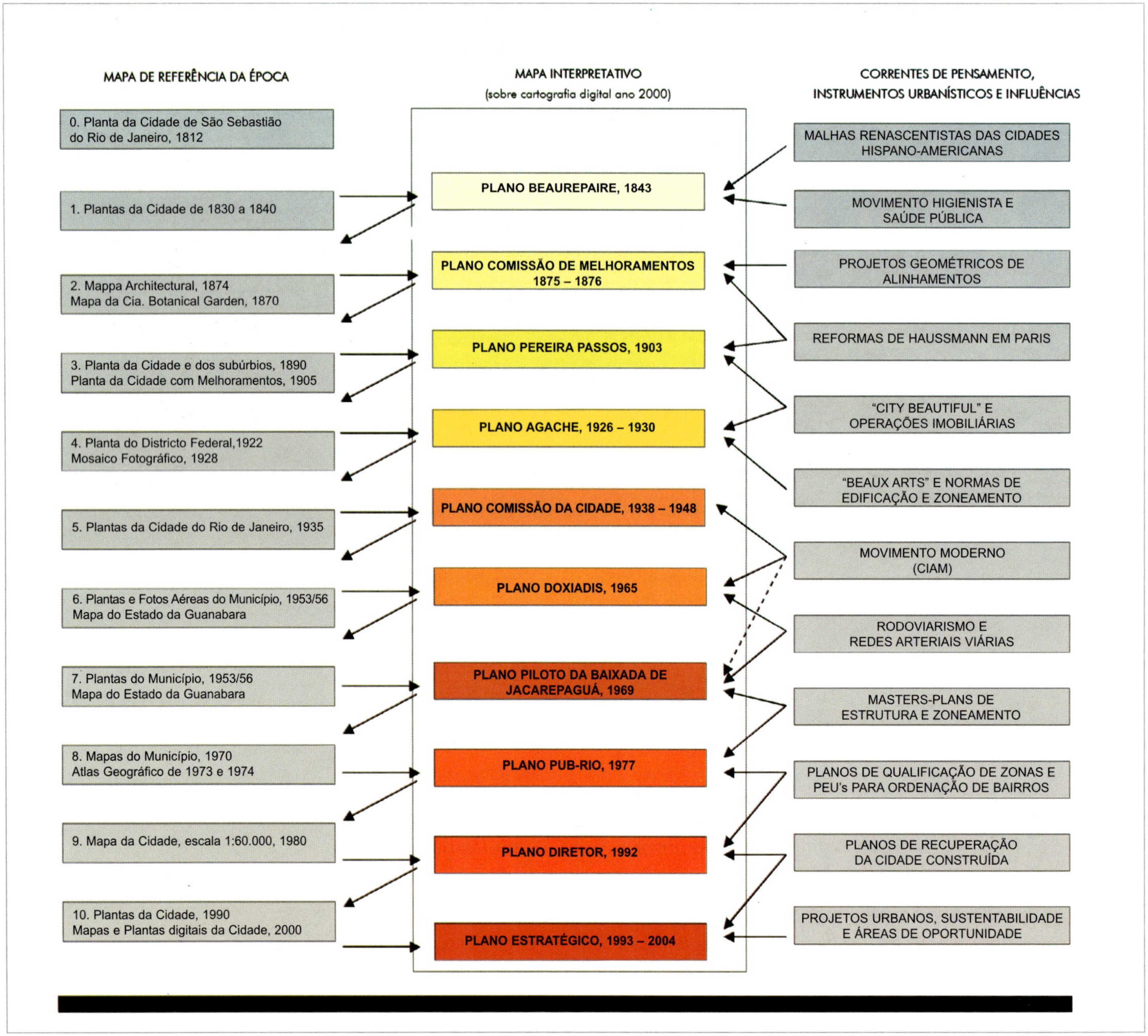

foi aberta a Avenida Layetana de Barcelona e outras análogas em diversas cidades européias; o que não houvera sido possível sem a prévia explosão da cidade sobre os bondes e os serviços urbanísticos, tal e como ocorreu também nas cidades de referência.

Paralelismos que também se podem encontrar nos demais Planos do século XX, cuja análise detalhada não é objeto deste livro.

Assim, o Plano Agache pode parecer uma tardia introdução das técnicas morfologistas de planejamento das "Beaux Arts" francesas e das soluções da cidade-jardim anglo-saxônicas, mas quando se comprova o que na realidade ficou do Plano Agache na legislação da cidade (o sistema viário básico do Plano Piloto dirigido por Reidy e o zoneamento como base das normativas de edificação e de uso do solo) se torna patente a forte influência do movimento moderno, que era contemporâneo, como tão claramente ficou refletido no Plano de Reidy para o Centro da cidade.

E também se pode verificar que o Plano Dioxiadis de 1965 representa o mesmo tipo de instrumento com o qual a urbanística ocidental inaugurou uma época de expansão metropolitana, com ênfase no rodoviarismo. Época de crescimento da cidade por setores com lógica autônoma, como o foi a urbanização de Jacarepaguá sob o Plano Piloto de L. Costa de 1969; época também de "master plans", de "schémas directeurs" ou "planos diretores", repletos de informação pouco pertinente para a elaboração de suas propostas e tendo a modelística quantitativa como álibi. Fase também representada no Rio pelo plano urbanístico denominado PUB-Rio de 1977[3].

A partir do Plano Diretor da Cidade, de 1992, pode-se comprovar a influência da nova urbanística de recuperação da cidade construída. Apesar de ser um plano que mantém a visão tradicional de estrutura e zoneamento, se alinha ao mesmo tempo com a nova cultura de projetos de recuperação do centro histórico (Corredor Cultural) ao estilo iniciado com o Plano do Centro de Bolonha de 1971, de projetos de qualificação do espaço público (Rio Orla, Rio Cidade), e de programas de gestão urbanística aplicada à redistribuição da renda urbana e à integração social (Favela-Bairro). Essa política de grandes projetos urbanos se ampara no Plano Estratégico, um processo contínuo iniciado em 1993 que supõe a inserção total nas correntes mais modernas do pensamento urbanístico.

Portanto, não existe melhor crisol da configuração do pensamento urbanístico carioca que o conjunto desses Planos, nem melhor fonte de análise que suas memórias justificativas, os desenhos dos seus mapas e os instrumentos de intervenção que propõem. É possível que esses planos não abarquem a totalidade das correntes de pensamento urbano existentes até agora, e outras menores fiquem fora de seu conteúdo; porém são eles, aprovados ou não, os que influenciaram as diferentes disposições legais, decretos e regulamentos que constituíram as sucessivas políticas urbanas aplicadas à cidade[4].

Desde a antiguidade tem sido assim; os planos urbanos sempre foram expressões do poder, ou de pactos sociais inerentes ao seu exercício. Por isso a história da Urbanística começa pelas cidades construídas para o controle das sociedades teocráticas de base agrária, nas quais os instrumentos de expressão e transmissão do poder serão a escrita, restrita a poucas mãos, a criação de estruturas administrativas especializadas (burocratas e sacerdotes) e as infra-estruturas hidráulicas; cidades-monumento religiosas, cidades sede do poder sobre territórios agrícolas que se estendem por Anatólia, Mesopotâmia, Irã ou Egito.

Seguem-se as cidades da democracia limitada aos seus cidadãos, a pólis grega que vai provocar a primeira reflexão sistemática envolvendo república, sociedade e cidade; depois transmitida ao ideário ocidental pelo Império Romano no seu ingente papel de construtor de cidades entendidas como instrumentos de controle territorial, que entronizam o plano como expressão espacial de uma ordem política.

A cidade do Rio de Janeiro foi fundada na efervescência do Renascimento, a grande revolução social e cultural da História que voltou a colocar o espaço e a terra ao serviço do homem. Coincide, portanto, com a reflexão sobre "a ordem da cidade", com as propostas das "cidades ideais", onde a ordem geométrica chega a transformar-se em instrumento de poder. Idéias que levaram à construção das novas cidades de Palmanova e Zamosç, que já se havia aplicado nas Bastilhas francesas e alemãs e na cidade-acampamento de Santa Fé de Granada. Mas a experiência importante, na realidade, se deu na imensa tarefa de construção da rede de cidades da América espanhola, onde não existiram muralhas (restringidas a algumas cidades portuárias) que limitassem o crescimento da cidade, e a malha reticular pôde expressar a sua utilidade para organizar o espaço circundante.

Na mesma época da fundação do Rio, foi construída, na Pérsia, Isfahan, cidade pensada para

"Prospecto da cidade de São Sebastião do Rio de Janeiro" de 1775; Notícias Soteropolitanas, 1803. Biblioteca Nacional. Rio de Janeiro

abrigar a "maior cidade do mundo", num gesto de ostentação e poder ligado a um enorme território, fundada na consciência do novo papel que as cidades jogavam com a criação de mercados e rotas comerciais. Esta função vai marcar a transformação das grandes cidades européias durante o período Barroco, a Amsterdã dos "Três Canais", a Roma dos Papas, a São Petersburgo de Pedro o Grande, a Paris do Rei Sol, e também as refundações de Oslo e Londres depois de seus incêndios, de 1642 e 1666 respectivamente, como também a reconstrução de Lisboa por Pombal após o terremoto de 1755, que tanta influência terá na configuração posterior das cidades brasileiras.

O Rio de Janeiro não teve um plano de ordenamento na sua fundação; há de se levar em conta, como já se expôs no capítulo anterior, que a cidade foi concebida pelos portugueses como um porto fortificado, defendido por sua baía e seus morros, e para eles não era importante definir um projeto de cidade, como o foi nas fundações espanholas, senão escolher o sítio mais apropriado para manter o domínio da costa e proteger o comércio com a metrópole.

Depois da mudança do assentamento primitivo do morro Cara de Cão para o de São Januário (denominado depois morro do Castelo pelas fortificações nele realizadas), a cidade começou logo a expandir-se sobre a várzea, seguindo uma trama de regularidade relativa que muito possivelmente se deve ao engenheiro militar Batista Antonelli, que esteve no Rio em 1582 durante o reinado em Portugal do rei espanhol Felipe II[5]. Assim, pois, caso fora encontrado, o "Mapa topográfico do Rio de Janeiro" de sua autoria poderia ser considerado como o primeiro plano urbanístico elaborado para ordenar a planta da cidade.

Proposta de remodelação da Cidade, de Fernando Xavier da Silveira, 1924

Pouco se pode falar da existência de planos de ordenação da planta da cidade posteriores. Tem-se conhecimento do encargo do Rei ao engenheiro francês Michel de Lescolles de "fazer a planta da cidade", em 1650, mas seus trabalhos não foram tampouco encontrados até hoje.

Em 1713, outro francês, J. Massé, ao receber o encargo da construção da muralha entre os morros da Conceição e do Castelo, elaborou simultaneamente a primeira planta conhecida da cidade, que reflete a trama viária existente dentro da muralha, na qual se pode comprovar como a forma regular da trama que terminava na Rua da Quitanda havia sofrido já deformações, como a provocada pela construção da edificação em ambos os lados do divergente caminho da Conceição.

Todos os projetos elaborados ao longo do século XVIII se referem às fortificações, e os planos da cidade que os acompanham são simples levantamentos do que já existia. A respeito disso, Paulo Santos assinala que, apesar do exemplo de regularidade da Baixa de Lisboa reconstruída por Pombal em 1756, o Rio não teve mais que "*uma regularidade relativa, possivelmente pela existência de brejais não dessecados*" no seu desenvolvimento detrás do espaço da inacabada muralha[6].

O período de início dos estudos deste livro evidencia que o Rio de Janeiro era um porto defensivo do império colonial, distante da grande revolução tecnológica e social que deu origem ao capitalismo e à formação da cidade industrial, de uma cidade nova, diferente, que concentrará os meios de produção pela primeira vez na História.

OS PRIMEIROS PLANOS URBANOS: DO IMPÉRIO À REPÚBLICA

Nenhuma transformação significativa foi gerada quando da passagem da cidade à posição de capital do reino com a mudança dos Bragança de Lisboa para o Rio, fugindo de Napoleão. D. João VI estava pressionado pelos acontecimentos europeus, pela possibilidade de voltar à metrópole e pelas perturbações no país por revoltas separatistas; portanto, as mudanças no Rio de Janeiro se limitaram ao aspecto exterior das edificações, ao incremento na quantidade e qualidade do comércio, e ao início de uma expansão desordenada da cidade, mas realmente não há constância de nenhuma obra pública modernizadora nessa época[7].

Não é casual que o surgimento do Rio moderno coincida com o período do apogeu do império de Dom Pedro II que se deu a partir de 1850, depois da transformação em capital de um império independente logo após a abdicação de D. João VI e a declaração de independência em 1822.

Na primeira metade do século XIX, o mundo ocidental esteve imerso em convulsões que duraram quase meio século; que se iniciaram com a revolução inglesa, continuaram com a independência dos Estados Unidos e alcançaram o seu auge com a revolução francesa; revoluções que também forjaram a independência dos países latino-americanos. Época de contradições, que teve como resultado a conversão de uma nova classe social, a burguesia, em classe dominante, consolidando-se seu papel na História.

A história da nova sociedade industrial e capitalista configurada no ocidente está estudada até à saciedade. Não obstante, é interessante remarcar nessa história o papel que adotam as cidades como aglutinadoras de um novo sistema; cidades que pouco têm a ver com as homólogas de épocas anteriores, que começariam a concentrar novos modos de produção, que atrairiam capital e mão-de-obra a ritmos desconhecidos até então e que se converteriam em negócio em si mesmas, gerando mais-valia urbana no território adjacente mediante a urbanização; conceito novo associado aos serviços urbanos que foram se sucedendo desde meados do século.

Embora o Rio de Janeiro não se incorpore plenamente a este processo até finais do século, sua vontade de reforma e modernização acontece desde cedo, como mostra o Informe de Obras do engenheiro H. de Beaurepaire de 1843, verdadeiro plano urbanístico, o primeiro da história do Rio de Janeiro. Obra de um engenheiro militar, formado na tradição sólida de um corpo técnico do século XVIII, aperfeiçoado nas obras de fortificações, de navegação e na cartografia, e que se consolidou com a criação da Academia Real Militar em 1810 (quase a data de nascimento de Beaurepaire).

O *Relatório apresentado a ilustríssima Câmara Municipal pelo Visconde de Beaurepaire-Rohan,* em 1843, é um documento muito pouco conhecido, está reproduzido na Separata da Revista do Instituto Histórico e Geográfico Brasileiro, publicada pelo Departamento de Imprensa Nacional em 1967, na Revista Municipal de Engenharia, nº. 1/4, volume XLII, de dezembro de 1992, e no anexo deste livro.

Como se descreve no capítulo seguinte deste livro, o Relatório de Obras teve por finalidade programar a abertura e pavimentação de algo mais de cinqüenta ruas e praças, escolhidas em relação a uma estrutura nova potente proposta para a trama urbana da cidade, que também deveria servir de suporte para a sua expansão ao oeste, para além do Campo de Santana. Junto a esse escopo principal, trata de incorporar à cidade as novas técnicas de drenagem de Guatier e de pavimentação de Mac Adam, recomenda obras em quase uma centena de pontes e mostra uma surpreendente preocupação pela saúde e higiene pública, tanto a respeito da drenagem quanto em matéria de matadouros, hospitais, cemitérios e arborização.

A história da transformação da engenharia militar em engenharia civil urbana está profundamente ligada à proeminência que teve o pensamento utilitarista neste período e tem ligações com a filosofia do positivismo de Augusto Comte. A engenharia jogou o papel protagonista na criação de uma nova sociedade, de um novo espaço urbano que permitira à burguesia gerar um marco de desenvolvimento e bem-estar; são provas desse compromisso os distúrbios havidos na criação da L'École de Ponts e Chaussés francesa ou as continuadas aberturas e fechamentos da Escuela de Ingenieros de Caminos, Canales y Puertos na Espanha, com os vaivéns absolutistas ou liberais do governo de Fernando VII[8].

Não se pode categorizar Beaurepaire como um técnico plenamente integrado nessa renovação de idéias, o que resultaria surpreendente num Brasil ainda fechado culturalmente ao exterior. Mas ele age com as mesmas preocupações dos técnicos da Ilustração pelas estradas que dariam unidade ao país, pelos descobrimentos geográficos e pela cartografia. É também evidente a influência de seus professores franceses nas novas preocupações a respeito da drenagem e da pavimentação, com técnicas ensaiadas na construção de bulevares depois da derrubada das muralhas de Paris. E não deixa de ser vanguardista sua genérica chamada à necessidade de um conhecimento direto e mais aprofundado das condições sociais, cinco anos antes do famoso e muito mais abrangente informe de Engels sobre a situação da classe trabalhadora na Inglaterra e dez anos antes que Cerdà convertera a estatística social em instrumento de trabalho para seu "Proyecto de Ensanche" de Barcelona[9].

As propostas de Beaurepaire constituem um autêntico plano para a cidade, e não parece errado pensar que conhecia as técnicas de potabilização e construção das redes de abastecimento de água de Londres ou Paris contemporâneas, embora o Rio não tivesse uma rede de abastecimento domiciliar até 1876. Do mesmo modo não é arriscado supor que ele tivesse certo conhecimento das preocupações de Chadwick sobre saneamento e saúde pública, porque ainda que o famoso Informe sobre as condições sanitárias da popu-

Mapa Interpretativo do Plano Beaurepaire de 1843 sobre a base digital atual da Cidade do Rio de Janeiro (detalhe)

lação da Grã-Bretanha venha a ser publicado em 1842, eram sabidos seus escritos prévios. Iniciar-se-ia assim a preocupação brasileira pela higiene pública.

Até a publicação dos dois *Relatórios da Comissão de Melhoramentos da Cidade*, de 1875 e 1876, não iria ocorrer a incorporação à cidade das novas técnicas urbanísticas elaboradas na Paris de Haussmann, cristalizadas depois na "Teoría General de la Urbanización" de Ildefons Cerdà, e aplicadas nas reformas e planos de expansão das principais cidades européias e americanas.

Estes relatórios estão reproduzidos em sua totalidade na Revista Municipal de Engenharia, nº 1/4, volume XLII, de dezembro de 1992, e no anexo deste livro. Seus originais estão no Arquivo Nacional do Rio de Janeiro, consultáveis em cópia digital autêntica dos documentos originais e têm sido objeto de estudo detalhado por J. Benchimol, e por M. P. Chiavari, entre outros, em publicações citadas no capítulo destinado a este plano.

Estes autores classificam as propostas do Plano das Comissões em três blocos temáticos: saneamento, estrutura viária e valorização de áreas de expansão urbana. É certo que esses objetivos podem ser encontrados entre as justificações destes relatórios, mas não é o conteúdo principal do Plano.

Uma leitura atenta deste, e sua comparação com referências européias da época, obrigam a destacar dois aspectos fundamentais que é preciso trazer à tona: a introdução das técnicas de alinhamentos e normativa das edificações sobre eles, e a programação de grandes operações urbanas a cargo do setor privado pelo regime de concessão.

Ambos formam parte das preocupações urbanísticas da época, o que situa o Plano das Comissões no seu verdadeiro contexto. A técnica de alinhamento foi usada na ordenação de Paris desde meados do século XVIII (o primeiro plano deste tipo data de 1766), já se havia consolidado na França a partir da napoleônica Lei de alinhamentos de 1811, na Espanha desde 1846, quando uma Real Ordem obrigava ao levantamento de Planos Geométricos (nome transformado em alinhamentos em 1859) e na Alemanha desde o mesmo ano do primeiro dos Relatórios, 1875.

O segundo dos aspectos está na linha da grande reforma de Paris de Haussmann, cidade à qual se faz referência expressamente junto a Londres, Bruxelas e Viena, e se centra na gestão das obras de reforma urbana. No anexo do primeiro relatório está minuciosamente estudada a gestão operacional da cidade, a concessão privada que propõe para a realização das obras; e assim, detalha custos de desapropriação de propriedades particulares, cessão de propriedades nacionais, custos de urbanização e estimativas sobre o ressarcimento com a posterior edificação e com os recursos provenientes do uso das instalações. No capítulo oportuno serão comentadas as semelhanças e diferenças com as experiências que serviram de modelo, mas o aspecto relativo a gestão ganha uma importância primordial quando se analisa a obra de Pereira Passos, um dos membros da Comissão de Melhoramentos, empreendida no período republicano.

Ao contrário, a preocupação higiênica contida nos Relatórios não é tão importante, e pouco acrescenta às considerações formuladas por Beaurepaire, em todo caso são só

Mapa Interpretativo do Plano da Comissão de Melhoramentos de 1875 e 1876 sobre a base digital atual da Cidade do Rio de Janeiro (detalhe)

recomendações sobre as instalações sanitárias das moradias. Tal característica está na mesma linha do que estava acontecendo nas principais cidades européias do final do século, onde o discurso do saneamento público serviu, em grande medida, para a introdução de instalações higiênicas nas casas burguesas, muito antes de se completarem as redes públicas de esgoto.

É certo que nos relatórios há uma exaustiva descrição das obras necessárias para a finalização e prolongamento do canal do Mangue, porém nos argumentos justificativos se misturam os motivos de saneamento com os de preparação de terrenos para expansão urbana; e considerações análogas poderiam efetuar-se com relação às suas propostas de derrubada dos morros de Santo Antônio, do Senado e do Castelo.

Há outro aspecto do Plano da Comissão de Melhoramentos pouco comentado; o que se refere à confiança em que a expansão urbana provocada pelos bondes construídos até então teria um duplo efeito: a revalorização dos terrenos suburbanos, o que possibilitaria as concessões para urbanização, e a renovação da área central pelo deslocamento fora dela das classes populares. Bom olfato sobre o que seria uma realidade em poucos anos!

Nessa confiança, propõe a abertura de amplas avenidas, a construção de canais, aterros e drenagens, a criação do jardim zoológico no limite oriental da expansão da cidade, a construção do primeiro túnel sob o Morro do Livramento, e embarcadouros portuários na Gamboa, assim como umas normas de edificação tendentes a um tipo de habitação mais ampla e saudável, mais apropriado à emergente burguesia urbana.

Mas é preciso lembrar que para chegar ao nível das propostas contidas nestes Relatórios a sociedade carioca precisou de uma profunda renovação, que consolidaria uma nova classe capitalista em torno da construção de estradas de ferro, da introdução de iluminação pública a gás, da criação de bancos e de sociedades por ações, iniciando-se nesse período uma fase de industrialização que se cristalizaria no século seguinte. O nome do Barão de Mauá e as suas relações com o Banco Rothschild cobrem uma época[10]; mas, no outro extremo, também convém deixar constância da crescente importação de mão-de-obra, principalmente para a indústria cafeeira, que começou a chegar em massa como conseqüência das medidas promovidas em 1870 pelo governo imperial, que resultou em 800.000 imigrantes no país no último quarto desse século[11].

O Rio de Janeiro do advento da República (1889) era uma cidade superpovoada, com infra-estruturas precárias, ainda que já dispusesse de rede de abastecimento de água potável, de redes de esgoto, de uma incipiente telefonia e de quatro estradas de ferro. Quando começou o declínio da indústria cafeeira na cidade, todavia não se havia consolidado um setor industrial de importância, o que não ocorrerá até aproximadamente 1915. Nessa época o desenvolvimento urbano já alcançava os bairros de Copacabana e o interior de Laranjeiras e Cosme Velho, depois da construção em 1887 do túnel no morro de Santa Teresa, e inclusive chegava até a Gávea pelo sul, e estendia-se ao norte sobre as linhas de trem em São Cristóvão, Méier e Maria da Graça; mas a maior parte da população continuava morando no centro, com ocupação desordenada e densidade excessiva. Não se pode falar,

Mapa Interpretativo do Plano Pereira Passos de 1905 sobre a base digital atual da Cidade do Rio de Janeiro (detalhe)

ainda, da existência de uma camada ampla de burguesia urbana, nem de um setor imobiliário pujante, mas ambos começavam a fazer sentir sua presença.

O terceiro dos planos urbanísticos dessa época é, possivelmente, o mais conhecido; trata-se do Plano de Melhoras Urbanas do Prefeito Pereira Passos, levadas a cabo por ele e pelos seus sucessores durante o primeiro quarto do século XX. *A Planta de Melhoramentos da cidade projetados pelo Prefeito* foi publicada na Gazeta Municipal de Notícias de setembro de 1903, está no Arquivo Geral da Cidade do Rio de Janeiro, em cópia consultável, reproduzida em sua totalidade por Giovanna Rosso Del Brenna no livro "O Rio de Janeiro de Pereira Passos" de 1985 e no anexo deste livro. O plano tem sido muito estudado, destacando-se junto a este livro o de J. Benchimol, e mais recentemente o do Laboratório de Políticas Públicas da UERJ.

Pela magnitude da sua obra reformadora, pelo método empregado nela, e pelo fato de que o prefeito, nomeado pelo presidente da nova República do Brasil,

Rodrigues Alves, gozara de plenos poderes, tem sido, freqüentemente, comparado com Haussmann. O capítulo dedicado no livro a este Plano analisará a importante obra de Pereira Passos, mas tratará de centrá-la num contexto evidentemente distinto daquele da emblemática obra de reforma de Paris, desenvolvida quase cinqüenta anos antes.

No transcurso do tempo decorrido entre a Paris de Napoleão III e o Rio de Janeiro da República sucederam-se fatos importantes que mudaram o contexto social e cultural no qual se inscrevem ambos os planos. No início do século XX, o mundo ocidental está sofrendo uma mudança significativa: o surgimento do proletariado como nova classe social organizada, que reclama seu papel na história; que dará espaço a grandes revoluções que terão lugar nos começos desse século. Nesse período o urbanismo teria trocado a sua preocupação de reforma interior de cidades pela de extensão sobre trens e estradas, com novos padrões de organização segundo o modelo de "ciudad lineal" de A. Soria ou da "garden city" de E. Howard.

As novas tecnologias da estrutura metálica, do elevador, do contador domiciliar e, sobretudo, da eletricidade e do automóvel anunciavam o modelo de cidade fragmentada, que abrirá caminho à grande revolução conceitual que propôs o movimento moderno, poucos anos mais tarde[12].

Em todo caso, uma vez contextualizada a reforma de Pereira Passos, vale a pena destacar o enorme impulso que se deu à consolidação do Rio moderno, não só fisicamente, como também com a formação de novos setores industriais e imobiliários.

Entre as Exposições Universais celebradas na cidade em 1908 e 1922, construiu-se a Avenida Central (atual Rio Branco), a Avenida Beira Mar, o túnel de Copacabana e os acessos a Botafogo recortando os morros litorais; começou o saneamento do entorno da Lagoa; colonizou-se definitivamente o Campo de São Cristóvão com a demolição do Morro do Senado; e criou-se um novo porto, incorporando as ilhas de Moça e Melões, com novos eixos de acesso pelas novas ruas Rodrigues Alves e Francisco Bicalho. A Exposição de 1908, por sua vez, iniciou o processo de incorporação da Urca à cidade.

A maior parte dessas obras foi realizada pelo setor público, mediante desapropriações de grandes espaços, financiadas com empréstimos ingleses contra a garantia do café; a venda posterior de terrenos apoiou a formação de um forte setor imobiliário que alcançaria sua plenitude na década seguinte.

A obra de Pereira Passos (1902-1906) teve continuidade na gestão dos prefeitos P. Frontin (1919) e C. Sampaio (1920-22); dentre as obras deste último, cabe destacar o desmonte desafortunado do Morro do Castelo, a urbanização do Bairro da Urca e do entorno da Lagoa, bem como o fomento da ocupação de Copacabana.

Durante esse período consolidou-se também uma "maquinaria" de funcionários municipais, ao estilo das existentes em Paris e Berlim, que obviamente precisou estar influenciadas por Henard e Stübben como figuras destacadas do final do século, tal como mostram os programas dessa época do ensino da Escola Politécnica do Rio de Janeiro[13].

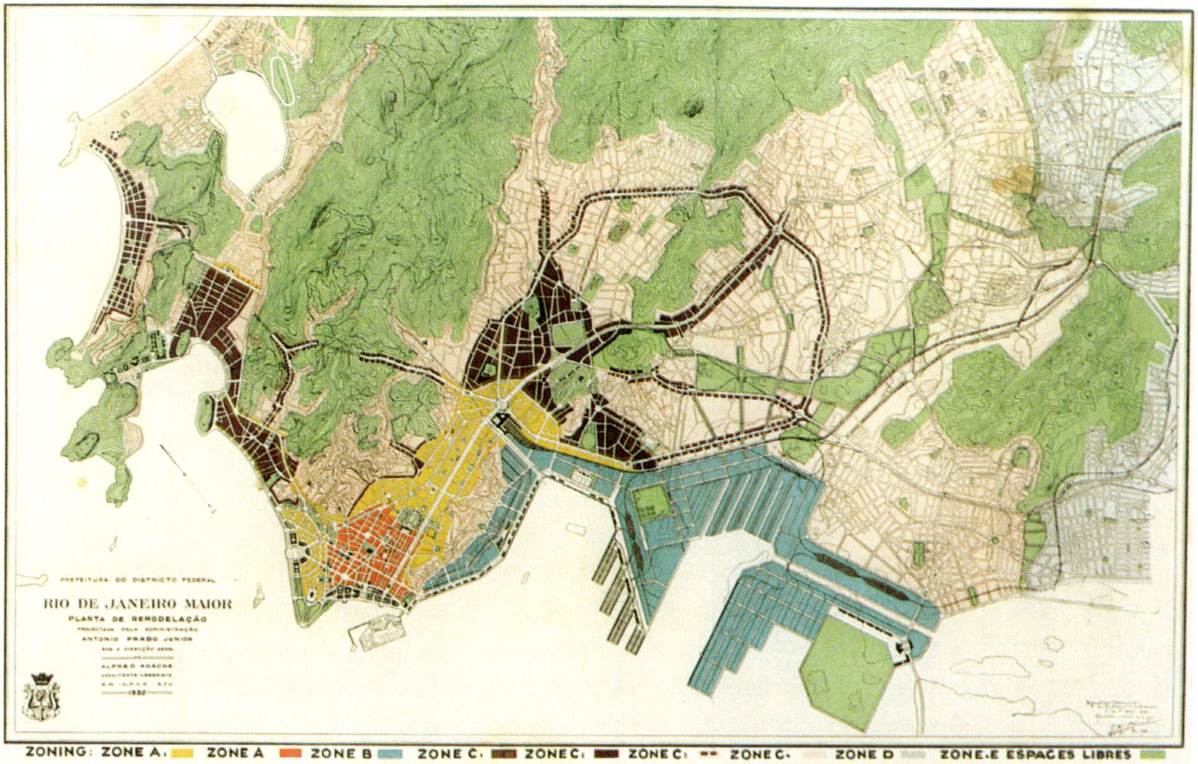

Plano Agache, 1930: Esquema do zoneamento

OS PLANOS PARA A CONSTRUÇÃO DA CIDADE NO SÉCULO XX

O que pode ser considerado como o primeiro Plano da cidade, em seu sentido mais estrito, é o plano do arquiteto francês A. Agache que, com o nome *Cidade do Rio de Janeiro, Organizações projetadas pela Administração A. Prado Júnior*, sob a direção geral de Alfred Agache, pode ser consultado no Arquivo Geral da Cidade do Rio de Janeiro e foi publicado em sua totalidade por Ed. Foyer Brésillien, Paris, 1930.

Contratado em 1926, seu plano projeta uma visão global da cidade, talvez pela primeira vez, buscando dar coerência formal ao que já era um fato físico; aborda as infra-estruturas, a circulação, os serviços urbanos, os espaços de costura entre bairros, o zoneamento de acordo com a morfologia do território e, inclusive, os mecanismos de erradicação das favelas, já abundantes na cidade.

Este plano se ajusta aos cânones da "École de Beaux Arts" francesa e aos esquemas de organização formal da cidade do movimento americano da "City Beautiful", também influenciados por aquela escola, numa comunhão cujas origens cabem buscar nas Exposições Universais de Chicago em 1892 e Paris em 1889. O plano define uma estrutura viária potente para toda a cidade, e, sobre ela, incorpora um novo instrumento de categorização em zonas dos diferentes usos de solo da cidade, com normas para cada tipo de edificação previsto, entre os quais incorpora modelos de cidade-jardim, fatos inéditos até aquele momento nas políticas urbanas da cidade.

Embora o Plano de Agache não viesse a ser aprovado nunca, ficou dele um diáfano esqueleto viário que iluminaria algumas das realizações posteriores, incorporadas ao Plano Piloto do Rio de Janeiro de 1938. Um dos aspectos que menos se tem destacado do Plano de Agache é que da sua proposta viária saíram os trajetos da rede posterior de auto-estradas conhecidas como "linhas coloridas". Observe-se o paralelismo com o Plano que seu colega Jaussely propôs, um pouco antes, para Barcelona e do qual somente ficou, na prática, o traçado das atuais Rondas (auto-estradas que formam o anel viário da cidade). Destaca-se, também, a tardia introdução do conceito de cidade-jardim no Rio, embora se limitasse a pequenas operações sobre fábricas obsoletas na década dos anos trinta em Laranjeiras (fábrica Corcovado) e no Jardim Botânico.

O Plano Agache não foi oficialmente aprovado, o que não é estranho se levada em conta a extemporaneidade relativa à grande revolução que estava acontecendo no urbanismo dessa época: a provocada pelo advento do movimento moderno em torno dos congressos do "CIAM" (o primeiro é de 1928) com o impulso da Bauhaus fundada por Gropius em 1927.

É um fato suficientemente conhecido que esse movimento se forjara na padronização de soluções construtivas para um novo modelo de edificação em altura em bloco aberto, na preocupação social sobre a definição de unidades mínimas de habitação, arejadas e higiênicas. Mas tem sido menos estudada a influência que teve sobre aquele movimento a nova engenharia do automóvel, com a criação do "Bureau of Public Roads" e o boom da produção padronizada de automóveis nos Estados Unidos, que culminará no pavilhão da General Motors da exposição de Nova York de 1939. Neste sentido, resulta curioso que o plano seja quase simultâneo à apresentação das propostas de Le Corbusier para o centro de São Paulo ou do viaduto-edifício para o Rio de Janeiro.

É preciso destacar que o Plano Piloto do Rio de Janeiro elaborado pela Comissão do Plano da Cidade e aprovado em diferentes decretos de 1938 a 1948 extraiu do Plano Agache tudo o que fazia referência aos eixos viários arteriais da cidade.

Este Plano Piloto não possui, provavelmente, um grande interesse do ponto de vista da teoria urbanística, mas suas realizações terão uma grande influência na criação do Rio atual, e com ele se inicia uma etapa de construção de túneis, viadutos e estradas que marcará a expansão da cidade durante cinqüenta anos.

Plano Piloto do Rio de Janeiro, 1938: artérias viárias principais, e projetos da Avenida Perimetral e da Avenida Guanabara

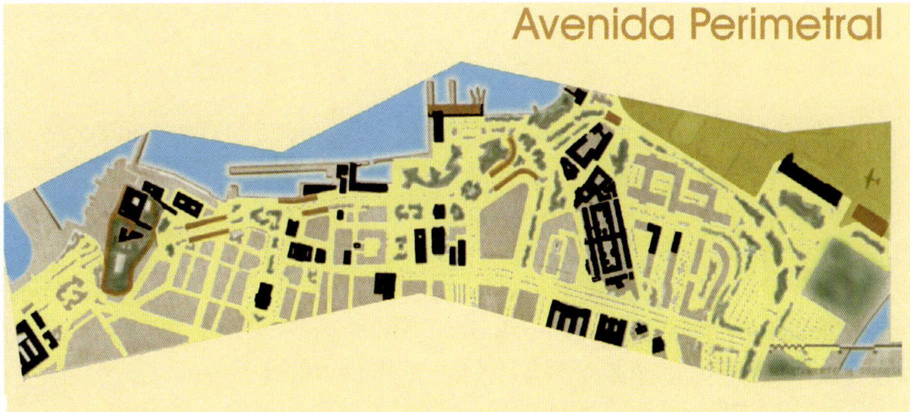

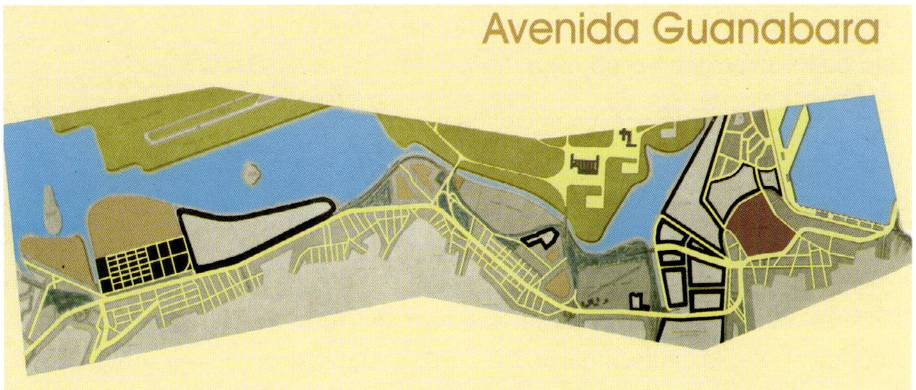

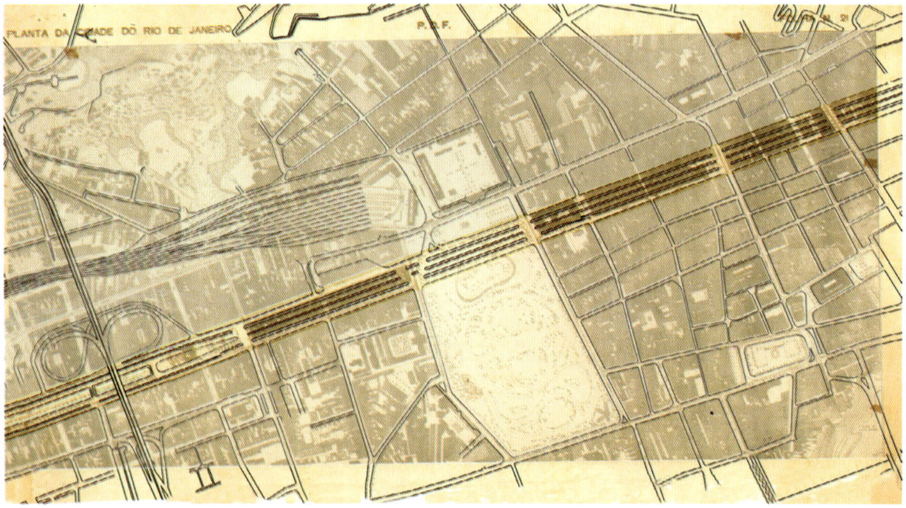

Esquema da implantação da Avenida Presidente Vargas sobre Planta da Cidade de 1935

Esse plano, denominado *Prefeitura da Cidade do Rio de Janeiro, Comissão do Plano da Cidade: Plano Piloto do Rio de Janeiro,* e que engloba diversos documentos elaborados ao longo do período de 1938-48, está no Arquivo Geral da Cidade do Rio de Janeiro, e está publicado parcialmente na Revista Municipal de Engenharia - volume VIII, nº 4, 1941 e volume nº. 3, 1943 e no livro de Yves Bruand: "Arquitetura Contemporânea no Brasil", publicado em São Paulo pela editora Perspectiva no ano 1999.

O Plano Piloto é essencialmente um plano de estradas para a expansão da cidade, mas expressa também uma vontade de articular o norte e o sul evitando o congestionado centro de negócios. É uma nítida expressão de uma política desejosa de acabar com decisões de embelezamento, e que confia mais no automóvel e na industrialização para melhorar as condições de vida da população. Uma discussão que escapa do objeto deste livro é a de elucidar em que medida essas preocupações foram populistas ou simplesmente produto de políticas de tipo "keynesiano" para a criação de emprego através dos investimentos em infra-estruturas.

Para melhor entender a virada dada nas políticas urbanas da cidade, há de se ter em conta as notáveis mudanças acontecidas na sociedade brasileira. Os ecos da depressão de 1929 fizeram aflorar reivindicações sociais e políticas que vinham se acumulando na última década, dentre as que são produto a fundação em 1921 do Partido Comunista Brasileiro, influenciado pelos peruanos Mariategui e Haya de la Torre, a criação em 1929 da Confederação Sindical Latino-Americana, o fracassado golpe esquerdista de Luiz Carlos Prestes e, sobretudo, as revoltas paulistas e mineiras que deram

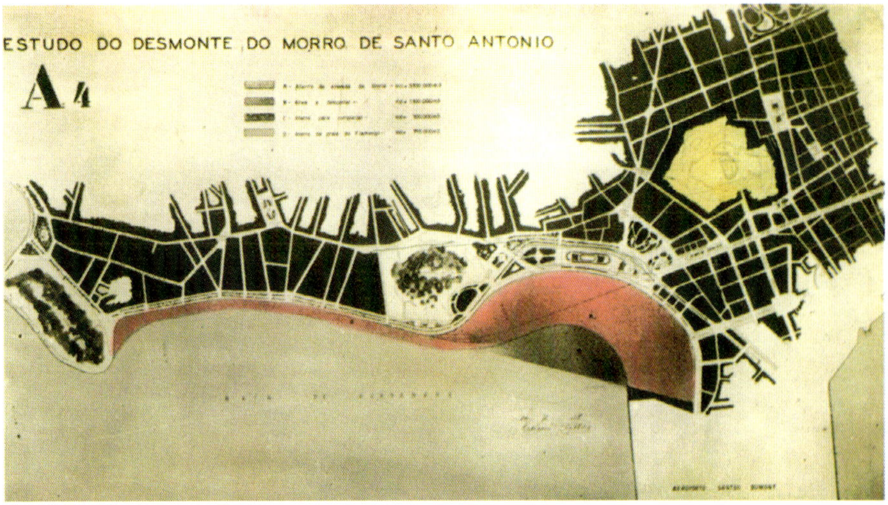

Estudo do desmonte do Morro de Santo Antonio, de Reidy. 1948

origem ao Estado Novo de Getúlio Vargas depois do golpe de estado de 1937. Entre 1920 e 1940, a contribuição da indústria ao PIB brasileiro passou de 20% a 43%, dado representativo da perda do poder dos coronéis fazendeiros e do fim da dependência das exportações de café e algodão, fato que viria acompanhado da substituição do capital inglês pelo norte-americano como principal investidor no país.

A criação da Avenida Presidente Vargas em meados dos anos quarenta, segundo o traçado de Agache, mas quase dobrando sua largura, e a construção da Avenida Brasil, em 1946, como integradora dos bairros industriais do norte, são os melhores exemplos da associação entre Estado e Indústria, para apoiar o desenvolvimento ao norte da Baía de Guanabara.

Esta estratégia, associada à forte imigração produzida pelo desenvolvimento industrial, colaborou com a expansão do fenômeno das favelas durante a década dos anos quarenta, fundamentalmente sobre o espaço da Baixada Fluminense onde proliferaram as urbanizações sem aprovação oficial. Desenvolvimento urbano que se estendeu até São João do Meriti, Duque de Caxias e São Gonçalo, para além dos limites municipais. A instauração da tarifa única ferroviária em todo o município também colaboraria grandemente para esse fenômeno. Esta onda imobiliária também implicou no crescimento em altura do bairro de Copacabana, com a passagem das casas de três andares para edifícios de 10 e 12 andares e uma progressiva transformação do bairro em um novo centro urbano dedicado ao setor terciário e comercial.

Se a argumentação seguida até agora parece ter deixado uma sensação de mimetismo com a urbanística exterior no modo em que se conformou esta técni-

Plano Piloto de Lucio Costa para Urbanização da Baixada de Jacarepaguá. 1969

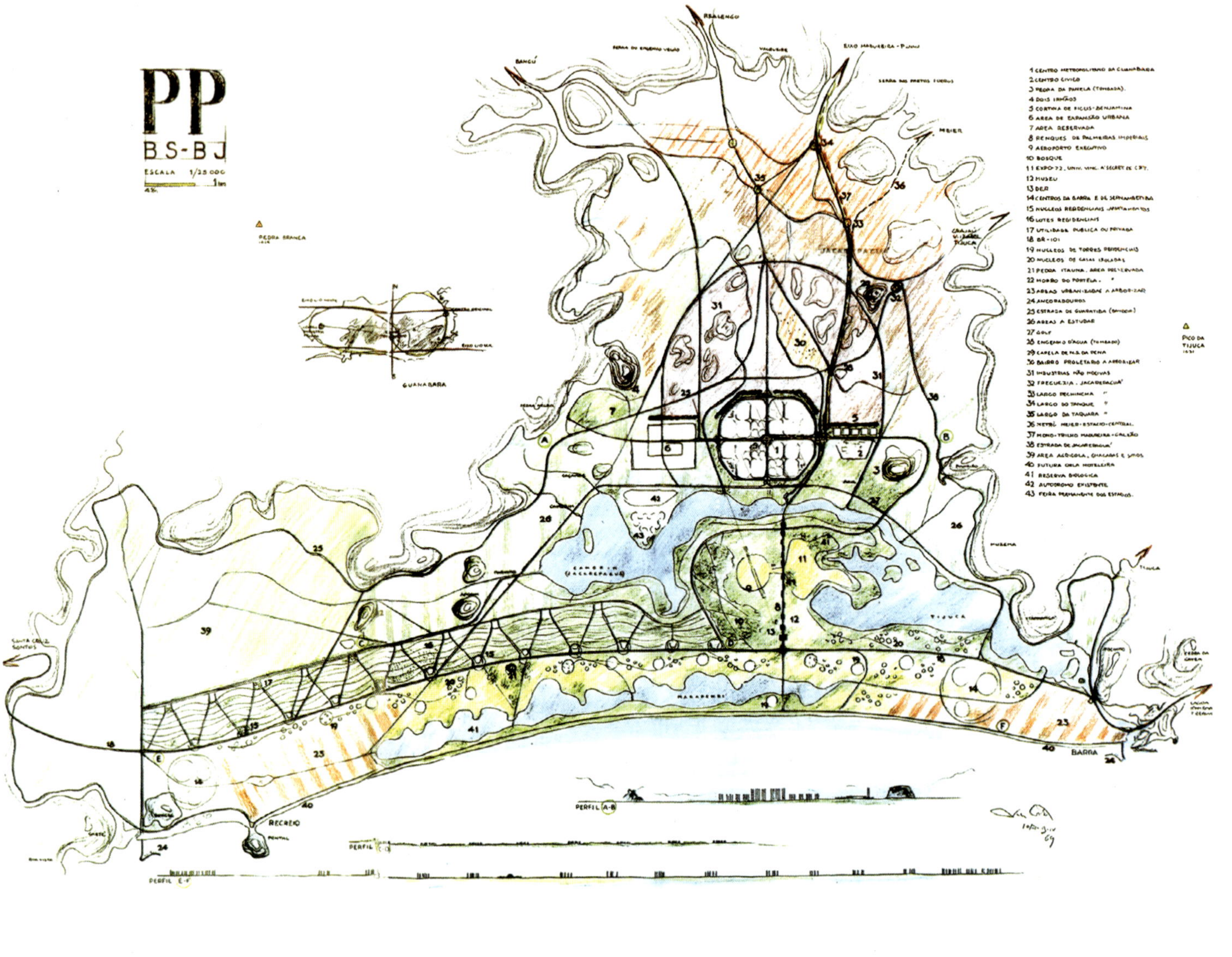

ca no Rio de Janeiro, cabe aqui remarcar que não foi de fato tão simples; até agora, as transformações das idéias originais podem ter parecido fracas, mas serão enormes na brilhante adaptação com que o movimento moderno se deu no país; o que reforça a hipótese de idéias compartilhadas, de circulação de idéias, que neste livro se defende.

O pensamento do movimento moderno irá se aplicar, de forma generalizada, na reconstrução das cidades européias depois da segunda guerra mundial, mas o mundo todo reconhece que suas realizações mais emblemáticas se deram nas cidades brasileiras, culminando com a construção da nova capital federal, Brasília, em 1960. Desde 1938, Affonso E. Reidy foi o arquiteto do Serviço Técnico do Plano da Cidade, e, mesmo que tenha sido colaborador de Agache, reformulou as propostas deste imbuindo-as do ideário do movimento moderno. Como tal foi autor, nesse mesmo ano, do famoso projeto da Esplanada do Castelo, onde se agrupam os novos modos construtivos da edificação com as primeiras propostas de auto-estrada urbana elevada, a Avenida Perimetral.

Depois da queda de G. Vargas em 1945, se criará o Departamento de Urbanismo da Cidade, do qual Reidy será diretor em várias etapas. De 1946 é o seu projeto do Conjunto Habitacional de Pedregulho, primeira das realizações do Departamento de Habitação Popular da Prefeitura; é de 1948 o seu projeto para o Centro da cidade, que contém a ordenação da Esplanada de Santo Antônio; de 1951 o Conjunto Habitacional das Catacumbas na Lagoa; de 1952 o da Gávea; e de 1954 o Museu de Arte Moderna, entre outros projetos e edifícios. Reidy colaborou também com Le Corbusier, sob a direção de Lúcio Costa, no projeto do Ministério da Educação, onde também colaborou com Oscar Niemeyer, outro dos grandes arquitetos racionalistas brasileiros.

Mas não só são surpreendentes essas obras arquitetônicas, como também as obras de engenharia dessa época, destacando-se o Aeroporto Santos Dumont e o Viaduto das Canoas de finais dos anos trinta, o túnel do Pasmado entre Botafogo e Leme de 1948 e os túneis de Santa Bárbara e Rebouças, já no final da época, e, sobretudo, a magnífica obra do Parque do Flamengo, acabada em 1964.

Deve-se a estas obras a imagem de "Cidade Maravilhosa", como arquétipo de harmonização com a natureza, que se difundiu no mundo. Já tem sido remarcado o paradoxo que supõe que esta imagem se fabricara precisamente sobre obras de tão grande envergadura e artificialidade, lembrando a feliz premonição do poeta romano Rutilio Namaciano: "*Urbem feciste quod primus orbit eras*" (fizeste uma cidade do que antes era mundo)[14].

Os dois planos seguintes a comentar representam um período menos brilhante na configuração do Rio de Janeiro atual; correspondem a uma época de exacerbação do rodoviarismo, com a construção de auto-estradas, que teve como resultado a expansão da cidade de forma descontínua sobre São Conrado e Jacarepaguá, o que gerou uma cidade segregada espacialmente na localização de diferentes classes sociais. Estes planos são: o Plano de Desenvolvimento Urbano de C. Doxiadis, de 1965, e o Plano Piloto para a Baixada de Jacarepaguá de L. Costa de 1969.

O primeiro tem por nome: *Prefeitura da Cidade do Rio de Janeiro - Plano de Desenvolvimento da Guanabara, 1965*; foi publicado pela Secretaria de Governo do Estado da Guanabara, com o nome: *Plano Doxiadis (Guanabara: um plano para o desenvolvimento urbano)*, e pode ser consultado na biblioteca do Instituto Municipal de Urbanismo Pereira Passos.

O segundo se chama: Governo do Estado da Guanabara: *Plano Piloto para urbanização da Baixada compreendida entre a Barra da Tijuca. Pontal de Sernambetiba e Jacarepaguá, e a Expansão Urbana da Cidade do Rio de Janeiro, 1969*, e foi publicado pela Secretaria Municipal de Planejamento e Coordenação do Rio de Janeiro, 1976, podendo ser consultado na mesma biblioteca.

As realizações que levaram a termo as prefeituras à sombra do golpe militar de 1964 continuaram a política urbana do ex-governador Carlos Lacerda, tendo deixado também importantes obras de arquitetura e engenharia em nossa cidade. Além desse fato cabe ressaltar que representam uma época de confluência de interesses entre os setores automobilístico e imobiliário, de forma análoga à que vai se dar em quase todas as cidades ocidentais, embora, como se disse no capítulo anterior, com um matiz próprio das cidades latino-americanas: a colonização de novos territórios e o abandono da cidade construída.

Se no período que vai de 1940 até 1964 haviam-se construído cinco túneis para o sul, totalizando 2.500 metros de galerias, neste período se incrementará fortemente o ritmo de investimentos em auto-estradas urbanas, desde a construção da arrojada estrada da Lagoa-Barra da Tijuca pela encosta do Joá, acabada em 1974, até o viaduto de Niterói construído nesse mesmo ano. Por isso, não teria sentido comentar esses planos, sem buscar suas coincidências com o Plano Qüinqüenal (1961-65) de Vias Arteriais do Departamento de Estradas do Estado e suas sucessivas revisões, obras realizadas, na maior parte, por uma competente equipe de engenharia dirigida pelo Secretário Municipal R. Paulo Soares, que havia coordenado as obras de aterro da Praia do Flamengo[15].

O urbanismo que se desenvolvia nesse momento no mundo se movia com os mesmos parâmetros: o abandono das preocupações formais sobre a cidade e a ênfase colocada na tipologia das denominadas redes arteriais viárias, cuia construção permitiria estimular a expansão urbana e gerar valor nos territórios periféricos. Trata-se de um urbanismo que se apóia em novos instrumentos de planejamento, como os chamados "Schémas Directeurs e Master Plans", que relegam o modo como se organiza a forma urbana a instrumentos posteriores e que se apóiam em novos conceitos tais como a estrutura territorial, articulação do espaço, padrões de ocupação, etc.

Não se podia encontrar melhor profeta dos novos tempos que o grego formado em Oxford Constantino Doxiadis, que chegou a denominar a nova prática urbanística como "ekística", para colocar em relevo que seu objeto de trabalho era outro diferente da cidade tradicional, à qual denomina "estática" em contraposição à nova realidade, que ele chama "dinápolis", e que outros chamaram megalópoles, áreas metropolitanas ou conceitos análogos.

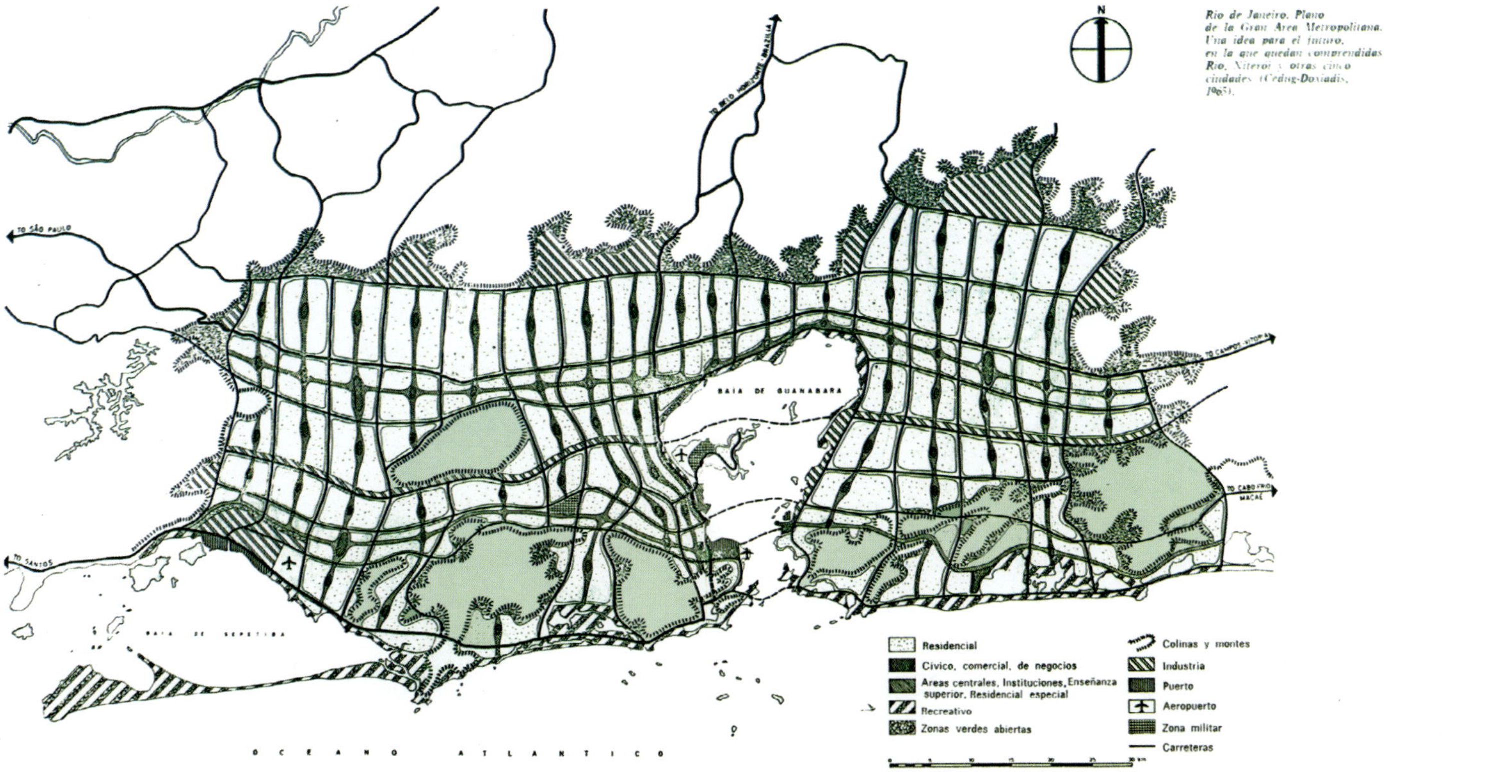

Plano Doxiadis para a Grande Área Metropolitana do Rio de Janeiro. 1965

Dentro dessa concepção propôs um modelo análogo tanto para Acra (em Gana) quanto para Atenas, Nairobi ou Rio de Janeiro, passando por outras cidades no mundo inteiro. Modelo caracterizado por uma malha de vias rápidas que criaria condições para um crescimento potencial em todas direções e quase infinito, e potencializaria assim setores urbanos autônomos da cidade que, mais cedo ou mais tarde, serão absorvidos pelo crescimento.

O esquema que propõe para o Rio de Janeiro segue estas pautas, com uma rede viária enorme que cobre todo o território municipal e os municípios da Baixada Fluminense, e se estende em igual dimensão sobre o outro lado da baía; malha viária retangular apenas deformada pelos fortes acidentes topográficos do território. Segundo ele, esta malha de expansão urbana continuaria, com menor densidade de ocupação, até unir-se no transcurso do tempo com um esquema análogo que propôs para São Paulo. Aliás, o Plano contém uma enciclopédica e caótica quantidade de dados estatísticos de todo tipo, exemplificando um enfoque tecnocrático que caracterizará durante algum tempo o planejamento urbanístico no mundo.

A este plano, que nunca chegou a ser aprovado, pode-se tributar a justificação conceitual das políticas urbanísticas e viárias levadas a termo até finais da década seguinte, residindo aí sua importância. Para unir os espaços exteriores da malha urbana validou-se a idéia de um Anel Viário que rodearia todo o território municipal, similar ao executado nas Redes Arteriais viárias de quase todas as grandes metrópoles ocidentais contemporâneas, seguindo o velho esquema idealizado por Adams já em 1929 para o Plano Regional de Nova York. Anel que, por exemplo, foi o pretexto alegado para demonstrar a necessidade da auto-estrada Lagoa-Barra, sobre um falso problema de tráfico, dado que o Estado do Rio teria em 1960 apenas 150.000 veículos para uma população de 3.500.000 habitantes, o que prova que a finalidade real era a colonização dos territórios do sudoeste como símbolo do domínio de toda a área do município.

A noção de anel implica um salto de escala na ocupação do território da cidade: já não haveria um só centro do qual saem todos os caminhos, mas qualquer ponto bem conectado do anel poderia ser central. Assim o justifica e o aproveita o próprio Lúcio Costa na memória do seu Plano para a Baixada de Jacarepaguá; a centralidade que o espaço de Jacarepaguá tem dentro dessa nova escala de município será motivo da criação de um "centro metropolitano" que organizaria a extensão da cidade sobre os territórios abertos pela auto-estrada Lagoa-Barra.

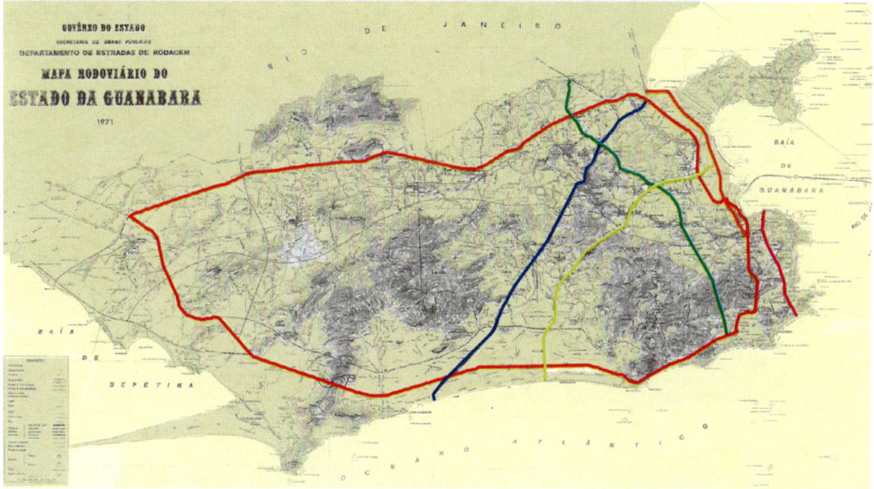

Mapa Rodoviário do Estado da Guanabara, com expressão das Linhas Coloridas de 1968

A proposta de Costa se inscreve, também, na corrente da geração de cidades satélites iniciada pela lei inglesa de "New Towns" de 1946, corrente na que se haviam baseado também os esquemas de expansão metropolitana de Paris propostos no seu "SDEAU" (plano diretor) de 1964 e os de Estocolmo de 1959 e de 1968; mas é uma curiosidade a sua coincidência temporal com o fracasso da última experiência deste tipo, a nova cidade inglesa de Milton Keynes, de 1971.

A superfície da área da nova cidade proposta por L. Costa era de 105 km^2, quando a totalidade do Rio de Janeiro urbanizado nessa época era de algo mais de 300 km^2. Vale a pena comentar, também, a memória justificativa do projeto, por seu interesse e contradições; apesar de sua pretensão de criar uma cidade autônoma, limita-se a aceitar só usos recreativos, residenciais e turísticos; quer dizer, construção de condomínios residenciais para rendas médias e altas, alijados da cidade e do emprego, o que terminará por ser causa dos "commutings" do tráfico e da congestão viária na zona sul, como paradoxo a respeito do argumento em que se sustentou a necessidade da auto-estrada à Barra.

As políticas desenvolvimentistas de urbanização marcaram toda uma época que terminará com a primeira crise mundial do petróleo de 1974, embora a introdução oficial das prescrições do Plano Piloto de Costa nos regulamentos de zoneamento e edificação da cidade tenha sido posterior, por Decreto do Prefeito de 1976. O grande investimento estatal em estradas, água e esgotos e gás nesse período se concentrou também no mesmo objetivo de expansão para aquele espaço, com a exceção do importante programa de contenção de encostas e morros que se seguiu às tristes inundações de 1966-67.

Portanto, não é possível sustentar que o plano de Doxiadis, como na sua época o de Agache, deu em nada, pelo fato de não ter sido aprovado; os efeitos mostrados nas políticas expansionistas da cidade são a melhor prova da importância dos planos urbanos como crisol e modelo de referência das idéias. São momentos simbólicos que permitem inscrever as políticas urbanas nas correntes do pensamento urbanístico das suas épocas, justificando-se assim mudanças de estratégias políticas. Ao mesmo tempo esses planos servem para comprovar as mudanças havidas nos instrumentos de intervenção sobre a cidade.

Se os investimentos na extensão das redes de infra-estruturas serão instrumentos comuns na formação das áreas metropolitanas nas décadas de sessenta e setenta, nas cidades latino-americanas será mais fácil o crescimento imobiliário pela inexistência de um marco urbanístico legislativo nacional. Acresça-se a esta facilidade a faculdade que têm os prefeitos de fixar, por decretos do Poder Executivo, as condições de edificação de cada zona, que no caso do Rio de Janeiro somente após a Lei Orgânica do Município do Rio de Janeiro de 1990 precisaram da aprovação da Câmara Municipal.

O Decreto-Lei de julho de 1975 fixou que a ação do Poder Executivo municipal se baseará no planejamento como método de governo. Daí sairá o Plano seguinte a comentar, o denominado PUB-Rio (Plano Urbanístico Básico) de 1977; publicado com o título: *Prefeitura da Cidade do Rio de Janeiro - PUB-Rio Plano Urbanístico Básico da Cidade do Rio de Janeiro*, que pode ser consultado na biblioteca do Instituto Municipal de Urbanismo Pereira Passos.

O plano foi resultado de um convênio entre o Governo Estadual e o Municipal, num processo de

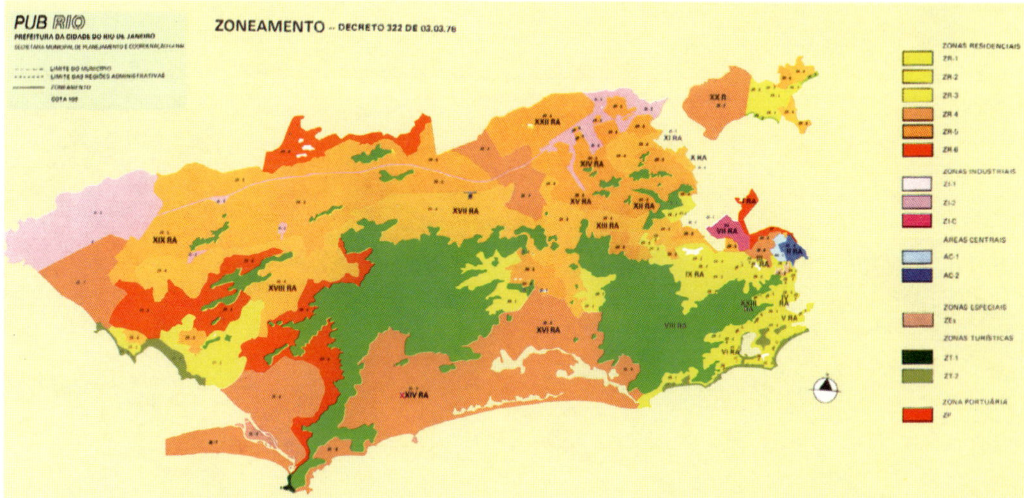

Plano Urbanístico Básico da Cidade do Rio de Janeiro, PUB-Rio: Esquema de Zoneamento.1977

delimitação de funções entre governos cujo território de atuação havia sido modificado após a perda da sede da capital federal: em 1975 se fundiram os Estados da Guanabara, antigo Distrito Federal, e do Rio de Janeiro, passando a cidade a ser capital de um único Estado.

Os compromissos com o Governo Federal para descentralizar os investimentos públicos trouxeram como conseqüência a criação nesse mesmo ano da Companhia do Metropolitano, que elaborou o Plano de Transporte Integrado "PIT-Metrô"[16]. É interessante comparar a filosofia urbanística oficial de expansão da cidade, refletida no PUB-Rio, que inclusive programará novos crescimentos nas áreas de Santa Cruz e Campo Grande, com a política de centralização, de reforço das áreas centrais, subentendida na construção do metrô.

O PUB-RIO é um produto que se inscreve na mesma lógica dos planos diretores antes comentada, e cujo conteúdo responde a ela: uma informação estatística exaustiva, melhor sistematizada que a do Plano Doxiadis, um esquema de ocupação territorial de todo o município e uma lista de diretrizes para a elaboração de instrumentos posteriores de intervenção e regulação.

Dele se podem extrair metas e objetivos análogos aos de qualquer dos planos do mesmo tipo de outras cidades ocidentais: o Rio como pólo da região metropolitana, criação de uma estrutura urbana eficiente, assentamento das bases de uma maior produtividade ou fomento do bem-estar social. Apesar da falta de execução das propostas do plano, é forçoso inscrevê-lo na lista dos planos da história oficial urbanística da cidade, embora a história real transcorra pela seqüência de decretos do Poder Executivo, sobre projetos de alinhamento das ruas, os planos de zoneamento particularizados e as condições ligadas a cada licença.

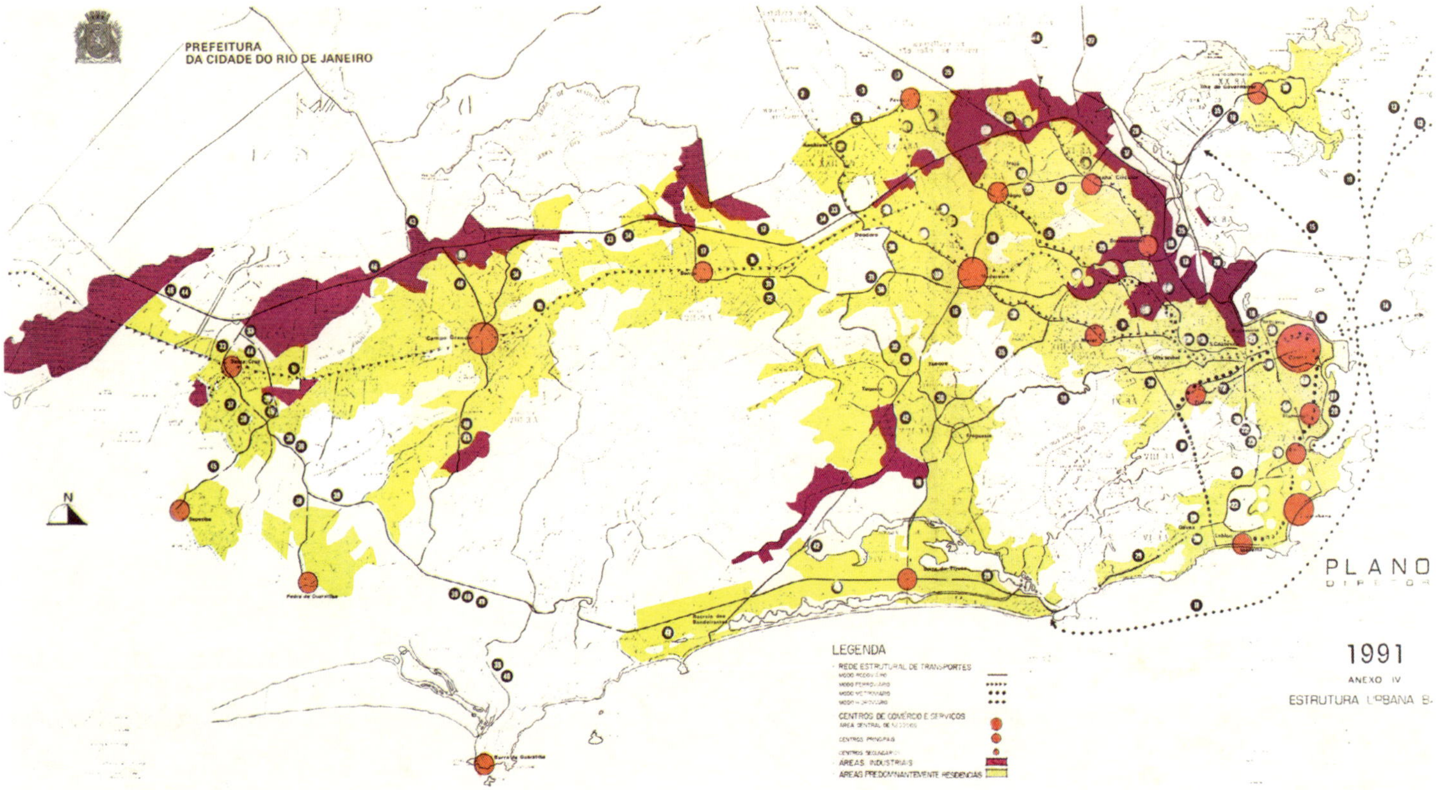

Plano Diretor Decenal da Cidade: Estrutura Urbana Básica.1992

De fato, simultaneamente à redação do PUB-Rio, se produziu o Decreto 322, de 1976, que é o regulamento de edificação e de uso da cidade.

Mas há alguns aspectos que revestem este documento de interesse especial. A vontade de ordem e sistematização manifestada na fixação de seis áreas de planejamento, às quais se unirá mais tarde a área especial servida pelo metrô, a serem ordenadas e reguladas mediante Projetos de Estruturação Urbana (PEU's) independentes, que começaram a ser desenvolvidos e aprovados a partir de 1985, e o fato de que o PUB-Rio tivera influência no debate sobre a organização política da cidade numa região metropolitana (que recorda tantos debates da época) em outros contextos, e inclusive no intento frustrado de configurar uma legislação nacional de desenvolvimento urbano.

Finalmente, não deve ser considerada como anedota sua sugestão de não remoção das favelas, pois iniciou uma nova visão urbanística sobre esta forma de habitação popular.

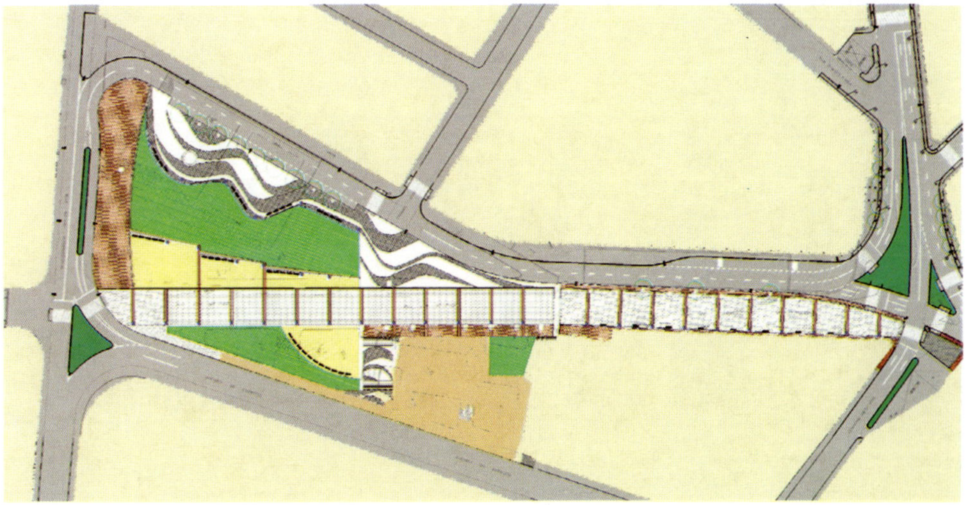

Projeto Rio Cidade São Cristóvão-Benfica (F. Luz, M. Herce e T. Holtzman). 1998

A INSERÇÃO NOS NOVOS PARADIGMAS DA RECUPERAÇÃO DA CIDADE CONSTRUÍDA

Em meados da década de setenta se deu uma revolução conceitual no urbanismo ocidental, que no caso do Rio, assim como em Portugal ou na Espanha, coincidiu com as lutas sociais pela reinstauração da Democracia. Nela vai confluir um interesse pela recuperação da cidade construída, representado pelos movimentos italianos da "urbanistica dell'austerità" e da "tendenza", com o fortalecimento da crítica marxista ao desenvolvimentismo, contida nas obras de Lefèvre, Touraine ou Castells, e inclusive com um novo modo de pensar a cidade como compromisso entre interesses contraditórios surgidos em torno do radicalismo do "advocacy planning" norte-americano e dos movimentos sociais urbanos. Esta revolução conceitual vai coincidir no Brasil, também, com um grave período de crise econômica, no que se iniciou o processo de desindustrialização e se formaram os grandes partidos de esquerda, que um pouco mais tarde ascenderam ao poder nas cidades mais importantes.

O novo pensamento urbanístico se concretiza no Rio de Janeiro na linha condutora que vai do Plano do Corredor Cultural de 1984 para revitalização do Centro histórico aos Planos Estratégicos iniciados em 1994, passando por suas realizações paralelas: o Plano Diretor de 1992, que apesar de seu nome é um plano de zoneamento e regulação do solo, e os importantes programas Rio-Orla, Rio-Cidade, Favela-Bairro e outros projetos urbanos.

Este período é de difícil classificação na evolução da urbanística, pela escala espacial muito diferente dos próprios planos e dos instrumentos usa-

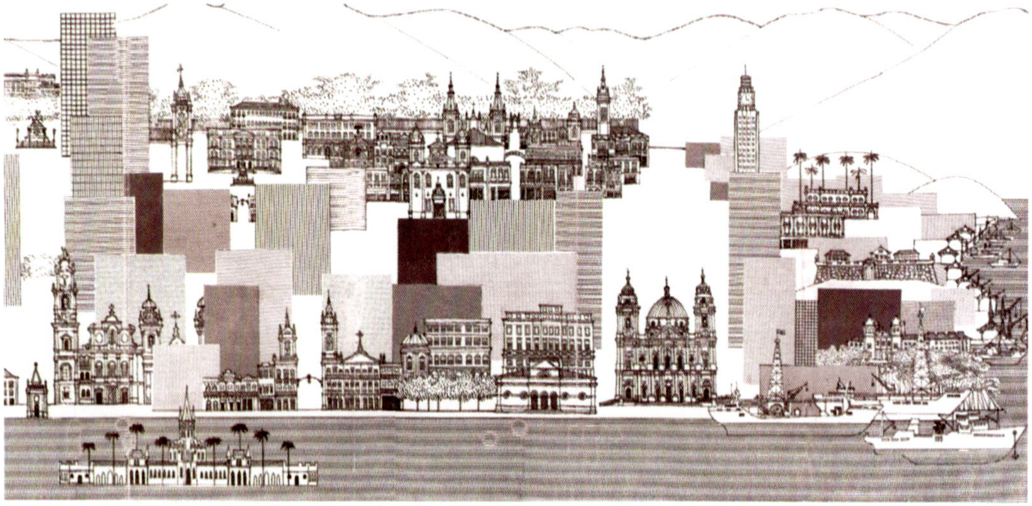

Augusto Ivan de Freitas Pinheiro: Guia histórico do Centro da Cidade do Rio de Janeiro. Corredor Cultural, 1985

dos. O primeiro deles é o *Plano Diretor Decenal da Cidade, da Prefeitura da Cidade do Rio de Janeiro, 1992-2002*, publicado parcialmente, sem mapas, pela Secretaria Municipal de Planejamento do Rio de Janeiro, em 1993, e cujos mapas originais foram gentilmente cedidos à autora deste livro por um de seus coordenadores, F. Cavallieri.

A redação do Plano Diretor, de 1992, coincidiu com a época de formação da consciência ecológica no mundo e seu reflexo no urbanismo. Não é por acaso que seja o ano de sua aprovação o mesmo da realização da Conferência Mundial Rio-92, que sancionará as políticas ambientalistas e dará origem à proliferação da "Agenda 21" em todo o mundo ocidental. Urbanismo que pode ser qualificado, portanto, de "ida e volta", nunca antes tão claramente verificável, num mundo cada vez mais globalizado.

Mas a ênfase no urbanismo ocidental, e também no do Rio de Janeiro, já não estava na regulação do uso do solo urbano e num tipo de planos urbanísticos pensados mais para o crescimento que para a melhora das condições de vida na cidade existente. Uma nova cultura do projeto urbano de grande escala iria tomar seu lugar ao longo dos anos oitenta.

Essa nova cultura foi conseqüência da contradição existente entre o tipo de plano urbano oficial em todo o mundo (que limitava seus conteúdos aos grandes esquemas territoriais, baseados em abstrações quantitativas e com referências temporais em longo prazo) e as necessidades concretas das cidades de melhorar suas infra-estruturas básicas e seus equipamentos sociais. Cultura que levará à configuração de um novo período na urbanística, que recupera os aspectos morfológicos e formais nas propostas de intervenção e colo-

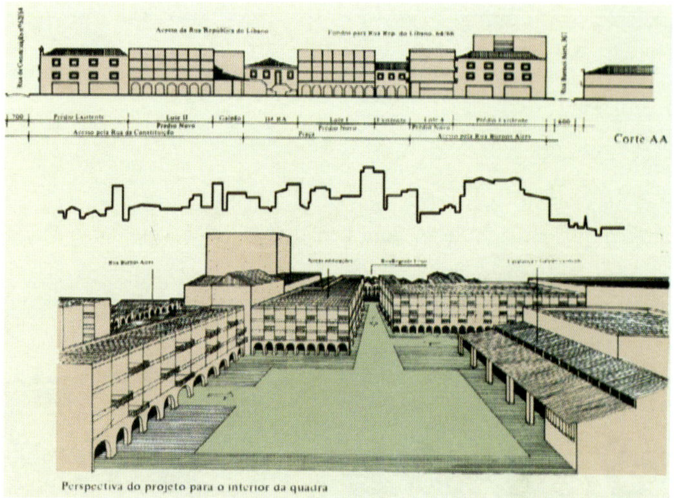

Projeto Corredor Cultural: interior de quadra na área do Saara. 1985

ca ênfase nas realizações concreta e na gestão dos projetos urbanos como garantia da sua execução[17].

Esta dicotomia entre plano e projeto urbano veio acompanhada, em todo o mundo ocidental, pela lógica polêmica que congrega as grandes mudanças conceituais. No mundo dos urbanistas do Rio de Janeiro esta polêmica se amplificou, porque a necessidade de um marco claro de regulação do solo, e não mutável por sucessivos decretos municipais, era uma velha reivindicação. Frente a ela, esta cultura do projeto urbano parecia desatar o "fantasma" das antigas práticas de relação entre o poder e o capital, fundamentalmente nos círculos acadêmicos e na esquerda mais doutrinária.

Em 1984 coincidem o projeto do Corredor Cultural, o programa de preservação da área portuária e seus bairros, o início do desenvolvimento dos PEU's e o Projeto de Lei Municipal de Desenvolvimento Urbano. Este propõe uma mudança de filosofia sobre o regulamento de 1967, sobretudo no que se refere à política de favelas, as quais entraram oficialmente no Cadastro entre 1979 e 1983[18].

Oscilando sua dedicação entre o Plano Diretor e os PEU's, de um lado, e os programas de intervenção concreta em grandes projetos, por outro, o Poder Executivo Municipal tem desenvolvido, desde 1992, dois programas emblemáticos para a cidade: Rio-Cidade[19] e Favela-Bairro[20].

Para o primeiro, o modelo foi a cidade de Barcelona, cidade onde se iniciou a cultura do projeto urbano em meados dos anos oitenta até acabar por converter-se no principal instrumento de uma transformação urbana exemplar, que culminaria nos Jogos Olímpicos de 1992.

Projeto de Fernanda Salles para Urbanização da Favela Santa Marta (Programa Favela Bairro).2000

Projeto para Remodelação da Avenida Brasil (M. Herce, G. Vegas e J. Franklin). 1998

O segundo se inscreve nas práticas dos anos setenta das Nações Unidas de preocupação com a habitação popular, mostradas nas conferências "Habitat", que pouco mais tarde confluiria com a crescente organização da população das favelas em movimentos sociais reivindicativos de melhores condições de vida, iniciados no final dessa mesma década, movimentos que influenciaram as propostas de regulação da propriedade contidas no Plano de Desenvolvimento Econômico e Social do Rio, de 1984 e no citado respaldo do Plano Diretor de 1992.

A novidade do programa Favela-Bairro, de 1994, é que acrescenta às tradicionais preocupações pelas condições da habitação uma nova visão, centrada em sua inserção na estrutura urbana, em normalizar suas infra-estruturas básicas com soluções satisfatórias de baixo custo e em melhoras sociais e ambientais.

Neste sentido, o programa pode ser adjetivado como um grande projeto urbano da cidade, pelo qual o Rio de Janeiro se converte na referência mundial destas políticas, premiado pelo BID, órgão financeiro e co-patrocinador, como o seu melhor programa contra a pobreza na América Latina. Criou uma metodologia de intervenção nos processos informais de produção de cidade, que tem inspirado outras cidades da Argentina, Chile, Bolívia, Colômbia e inclusive da África, como Yaoundé em Camarões e Tetuan em Marrocos.

O último dos planos a citar, como resumo de uma etapa do pensamento urbanístico, é o *Plano Estratégico da Cidade do Rio de Janeiro RIO SEMPRE RIO*, do Consórcio do Plano Estratégico da Cidade do Rio de Janeiro. Está publicado em diferentes informes elaborados pelo Consórcio do Plano Estratégico no Rio de Janeiro entre 1995 e 2004.

A simultaneidade entre o Plano Diretor Decenal e o Plano Estratégico e os seus projetos urbanos não representa nenhuma contradição, porquanto os seus objetivos e instrumentos são muito diferentes e, de algum modo, se complementam.

O primeiro é um instrumento de fixação da estrutura urbana da cidade e de zoneamento extensivo dos usos do solo e dos tipos de edificações; é, por assim dizer, o código urbanístico da cidade que fixa o regime jurídico do solo e o conteúdo do direito de propriedade.

O segundo não tem finalidade jurídica nenhuma, a não ser a de propor um método de aproximação sucessiva para detectar carências e necessidades da cidade, para sugerir intervenções e projetos sobre os espaços de oportunidade e impulsionar processos socioeconômicos que levem a melhorias na cidade. Confrontar ambos os tipos de planos, que buscam objetivos muito distintos, constitui um erro epistemológico.

O fato de haver optado a Prefeitura por um Plano Estratégico continuado, constituindo um Consórcio com a sociedade civil para impulsioná-lo, é uma aposta decidida pela intervenção ativa na cidade através de programas integrados que têm uma finalidade concreta: Rio-Orla, Rio-Cidade, Favela-Bairro, Anel Viário, Cidade do Samba, Porto do Rio, etc. E permite também inscrever o urbanismo carioca num novo paradigma que combina uma visão do território como recurso que tem que ser manejado desde as premissas da sustentabilidade com o aproveitamento da reforma das infra-estruturas da cidade para a geração de riqueza e para a sua redistribuição.

Concluindo, a análise dos planos urbanos citados é uma amostra da forma como penetraram na cidade do Rio as idéias e propostas da urbanística ocidental, às vezes com o lógico atraso temporal de suas fases de desenvolvimento econômico, e outras com uma força radical própria que conduziu essas idéias para realizações inesperadas.

Uma cidade construída a partir de Planos, às vezes não aprovados, e de decretos municipais, em que se podem encontrar reflexos contraditórios entre um desejo de ordem e modernização e práticas continuadas de apropriação privada do espaço urbano. Uma cidade que se debate entre o desenvolvimento econômico e a desigualdade social, entre o primeiro e o terceiro mundo, entre a necessidade de gerar riqueza e de acabar com a pobreza.

Mas também, a análise destes planos mostra como a permeabilidade a conceitos externos não tem sido meramente mimética, mas possibilita a geração de novos modelos e formas diversas de organização urbana como mostra sua aplicação ao Rio de Janeiro. Conclusão que se reforça com os argumentos expostos, como a surpreendente capacidade de criar artificialmente uma cidade exemplo de paisagem e natureza, a enormidade do esforço de criação de infra-estruturas para vencer a topografia e, inclusive, os matizes que se introduziram nos modelos arquitetônicos de cada época, que elevaram a mescla de estilos à categoria de um novo tipo de trama urbana. Por conseguinte, a história da construção do Rio moderno alcança, com justiça, um papel relevante na história da Urbanística.

NOTAS

[1] Chiavari, Maria Pace. "As transformações urbanas do século XIX". Em Rosso del Brenna, Giovanna: *Uma Cidade em Questão II: O Rio de Janeiro de Pereira Passos*. Index - Solar Grandjean de Montigny - PUC/RJ. Rio de Janeiro, 1985.

[2] Linha de pensamento sobre a circulação de idéias representada por S. Ward, e na América Latina por Hardoy, Rezende, u Novike, entre outros.

[3] Rezende, V.: *Planejamento Urbano e Ideologia; Quatro Planos para a Cidade do Rio de Janeiro*. Ed. Civilização Brasileira. Rio de Janeiro, 1982.

[4] Pode-se consultar a lista de Decretos e Disposições em: Prefeitura da Cidade do Rio de Janeiro: *O Rio de Janeiro e seus Prefeitos*. Editora Lidador. Rio de Janeiro, 1977.

[5] Santos, Paulo F: *A formação de cidades no Brasil Colonial*. V colóquio Internacional de Estudos Luso-Brasileiros. Coimbra, 1968.

[6] A melhor coleção de mapas da Cidade, porém não exaustiva, está publicada pelo Centro de Arquitetura e Urbanismo do Rio de Janeiro. Org. J. Czajkowsky: *Do Cosmógrafo ao Satélite*. Secretaria Municipal de Urbanismo. Rio de Janeiro, 2000.

[7] Até o extremo que parecia existir na Cidade certa saudade da época dos Vice-reis, segundo cita Dias, M. O. da Siva: *Aspectos da Ilustração no Brasil*. Revista do IHGB. Rio de Janeiro, 1969.

[8] Sobre as vicissitudes da engenharia no século XIX, ver Saenz Ridruejo, F: *Ingenieros de Caminos del siglo XIX*. Ed. Colégio de Ingenieros Caminos, Canales y Puertos. Madrid, 1990.

[9] Cerdà elaborou uma ampla estatística para o seu plano, baseada em grande parte sobre o trabalho de Figuerola. L: *Estadísticas de Barcelona en 1849*. Alta Fulla. Barcelona, 1993.

[10] Caldeira, Jorge: *Mauá, empresário do império*. Companhia das Letras. São Paulo, 1995.

[11] Simonsen, R: *Aspectos da história econômica do café*. Separata dos Anais do Terceiro Congresso de História Nacional (IV volume). Instituto Histórico e Geográfico do Brasil. Imprensa Nacional. Rio de Janeiro, 1942.

[12] Herce, M. e Magrinya, F: *La ingenieria en la evolución de la urbanística*. Edicions UPC. Barcelona, 2002.

[13] Barata, M: *Escola Politécnica do Largo de São Francisco, berço da engenharia nacional*. Clube de Engenharia. Rio de Janeiro, 1973.

[14] Verso do poeta romano Rutilo Namaciano, do século V, no poema "De redito suo", em De Riquer, M: *História da literatura universal*. Volume 1. Ed. Planeta. Barcelona, 1984.

[15] Soares, N.de Paula: E*ngenheiro Paula Soares: antevisão urbana, uma visão humana*. PVDI Design. Rio de Janeiro, 1997.

[16] O Pit-Metrô pode ser consultado na obra de Vera Rezende (op.cit. nota 3), autora de referência a respeito dos Planos urbanísticos do Rio de Janeiro no século XX.

[17] Bohigas, O. "Per una altre urbanitat", prólogo de: *Planes y proyectos urbanos para Barcelona*. Ayuntamiento de Barcelona. Barcelona, 1983.

[18] Chiavari, Maria Pace e Andreatta, Verena. "Morar no centro da cidade do Rio de Janeiro". Em Sá, Cristina et alt: *Olhar urbano, olhar urbano*. IBRASA - Champagnat Editora. São Paulo, 1991.

[19] Prefeitura da Cidade do Rio de Janeiro. *Rio Cidade: o urbanismo de volta às ruas*. IPLANRIO/ Ed IPLANRIO. Rio de Janeiro, 1996.

[20] Conde, L.P; Magalhães, S. *Favela-Bairro: uma outra história da cidade do Rio de Janeiro*. Ed. Vivercidades. Rio de Janeiro, 2004. Ou também: Bracarz, J. *Ciudades para todos. La experiencia reciente en programas de mejoramiento de barrios*. IDB Bookstore. Banco Interamericano de Desarrollo. Washington, 2002

Capítulo III

O RELATÓRIO DE OBRAS DE BEAUREPAIRE-ROHAN DE 1843

Propostas do Plano Beaurepaire sobre perspectiva da cidade de E. Bauch

O CONTEXTO SOCIAL E ECONÔMICO DO PLANO BEAUREPAIRE

O "*Relatório apresentado a Ilustríssima Câmara Municipal*" em 20 de setembro de 1843 por Beaurepaire-Rohan, que nessa época era Diretor das Obras Municipais, é o primeiro documento que propõe uma organização formal da cidade do Rio de Janeiro depois da Independência do país, e deve ser considerado, portanto, como o primeiro plano urbanístico da cidade.

Apesar disso, toda a literatura especializada outorgou este papel ao Plano da Comissão de Melhoramentos de 1875, talvez porque o relatório de Beaurepaire seja pouco conhecido; apesar de algumas publicações como o texto de Oliveira Reis "História Urbanística do Rio de Janeiro no século XIX"[1], em que está transcrito o referido informe, e o trabalho de Mello Júnior como compilador do material da exposição

"Rio de Janeiro - Planos, Plantas e Aparências", no qual a proposta do Visconde de Beaurepaire-Rohan é citada como um dos primeiros documentos do pensamento urbano sobre o Rio de Janeiro[2].

Não obstante, pode-se dizer que estes trabalhos apenas trazem à luz o documento e, todavia, não foi realizada uma análise em profundidade do mesmo. As considerações neste capítulo pretendem suprir, em parte, essa carência.

O relatório contém uma análise dos problemas da cidade do Rio de Janeiro da época, uma concepção de sua reorganização formal e uma proposta de obras de intervenção nela. Apesar de não ter aprovação oficial da Câmara, o respaldo de dois membros dessa instituição, médicos que, muito possivelmente, compartilhavam das mesmas idéias que sustentavam a proposta, provocou a publicação do informe nesse mesmo ano.

Esta primeira proposta urbanística para o Rio de Janeiro é uma amostra interessante da transição da engenharia militar barroca para as técnicas de urbanização moderna, ao mesmo tempo que constitui um autêntico plano para a reforma da cidade construída e para a sua futura expansão, e também parece mostrar uma intenção tardia de introduzir a malha geométrica hispano-americana numa cidade de origem portuguesa[3]. Ademais, supõe um conhecimento das técnicas de potabilização e das redes de abastecimento de água de Londres e Paris da época, andando par e passo com a formação do pensamento higienista no mundo, e, inclusive, sugere que o seu autor tinha co-nhecimento dos primeiros escritos de Chadwick sobre saneamento e a saúde pública.

Suas propostas, embora possivelmente fossem prematuras no contexto em que se formularam, tiveram uma repercussão profunda nas tarefas de modernização da cidade levadas a termo nos anos seguintes, como o prova a reiteração delas nos planos posteriores da Comissão de Melhoramentos de 1875 e nas políticas de remodelação urbana que tiveram seu auge em inícios do século XX. Daí seu caráter pioneiro no planejamento urbano da cidade e sua importância como reflexo das idéias da época.

Para entender as propostas do Relatório de Obras de Beaurepaire-Rohan, que daqui para a frente se denomina Plano Beaurepaire, deve-se recordar que o contexto social e urbano do Rio de Janeiro, cidade portuária e capital do novo Império do Brasil, apresentava algumas características comuns à maioria das grandes capitais da época: grande crescimento demográfico, processos de migração de população do campo para a cidade, introdução incipiente dos serviços urbanos e de novas infra-estruturas de transportes, e expansão econômica sem precedentes.

Embora não se possa defender a existência no Rio de Janeiro do binômio industrialização-crescimento urbano que deu origem à urbanística nas grandes cidades européias, porque a industrialização das grandes cidades do país foi bastante tardia, pode-se afirmar que se deu na cidade um processo de crescimento demográfico e simultânea concentração urbana análogo ao de outras cidades européias de industrialização débil (como Madrid, Viena ou Barcelona) que tiveram um papel relevante na formação da teoria e da prática urbanística contemporânea[4].

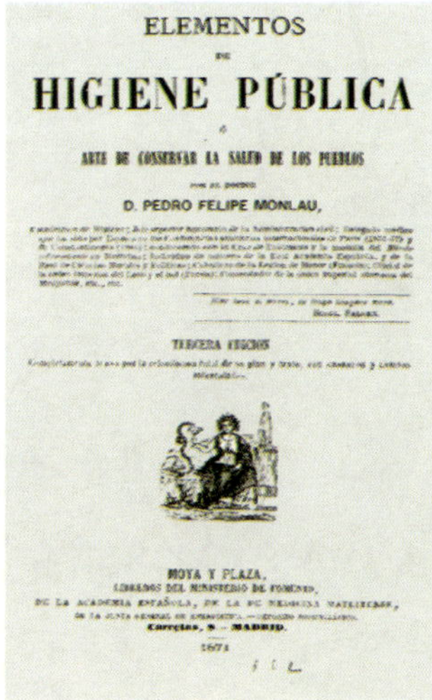

ELEMENTOS

HIGIENE PÚBLICA

D. PEDRO FELIPE MONLAU,

MOYA Y PLAZA,

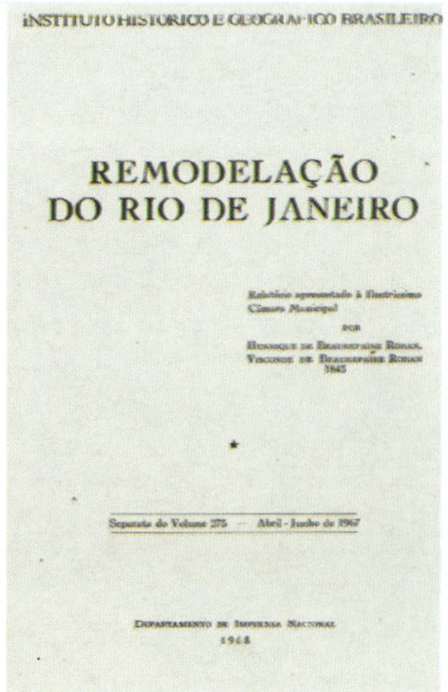

INSTITUTO HISTÓRICO E GEOGRÁFICO BRASILEIRO

REMODELAÇÃO DO RIO DE JANEIRO

A população da cidade colonial em 1789, antes do translado da Corte portuguesa para o Brasil, era de pouco menos de 51.000 habitantes e em 1838 já superava os 137.000 habitantes. A situação urbana havia se agravado não só por causa desse incremento demográfico, mas, sobretudo, porque ao manter-se praticamente dentro de seus limites históricos, havia incrementado fortemente a densidade de ocupação.

A sociedade carioca seguia sendo uma sociedade escravista, mas a partir do tratado de 1815 entre Portugal e Inglaterra, que proibia o tráfico de escravos ao norte do Equador, iniciou-se um lento e inexorável processo de emancipação que aumentaria também a população urbana, agravando os problemas de salubridade da cidade; vale recordar como exemplo que em 1850 dos 270.000 habitantes da cidade, 111.000 eram escravos[5].

A essa falta de condições higiênicas somavam-se os problemas impostos pela geografia, que limitava o espaço de crescimento a alguns poucos hectares junto ao litoral portuário na Baía da Guanabara, cercados por morros e brejos de difícil transposição com as técnicas de épocas anteriores.

Embora o tamanho da cidade nessa época não seja comparável ao das grandes capitais européias (Londres teria algo mais de dois milhões de habitantes e Paris perto de um milhão e duzentos mil), compartilhava com elas o ritmo de crescimento de população e a alta densidade. Rio de Janeiro não era uma cidade pequena, as cidades de Berlim e Madrid abrigavam nessa época uma população numericamente análoga à carioca; e a Barcelona que inspirou a Cerdà sua famosa "Teoría General de la Urbanización" tinha cerca de 185.000 habitantes.

Vitor Meireles:" Rua da Candelária, esquina da Rua da Alfândega"

Jaime L. Benchimol, um dos autores que com mais precisão estudaram a evolução urbana do Rio de Janeiro no século XIX, descreve as condições de vida nessa cidade através das opiniões que transmitem os escritos de viajantes da época, como as de G. Gardner em "Travels in the interior of Brazil, de1831": *"Vista de bordo a cidade apresenta um aspecto imponente por sua posição e por suas numerosas igrejas caiadas de branco. Mas, olhada de perto, desvanece-se a ilusão. Quem quer que entre nessa cidade que, cintilante de longe, parece celestial, desconsolado errará em meio a tanta coisa repugnante e mesquinha"*. Relatos em que se mostra constantemente o contraponto entre a exuberante paisagem natural e a aversão suscitada por sua paisagem material e humana; e nos quais a compara *"a uma cidade árabe, com seu comércio ruidoso e fervilhante, suas casas baixas, suas ruas atravancadas e sujas, destituídas de simetria, ou então a uma cidade africana, devido à quantidade de negros que por ela circulavam"* [6].

As condições de convivência social se agravavam pelo clima da cidade, rodeada de áreas pantanosas e limitada por morros que dificultavam sua aeração, o que provocava, num contexto tropical, a endêmica existência da malária à qual se somaram as continuadas epidemias de febre amarela entre 1848 e o fim do século, assim como freqüentes episódios de cólera. Uma cidade que até a segunda metade do século, quando M. de Frias introduziu o sistema de canalização domiciliar, se abastecia de água somente através de fontes públicas (quatro na cidade: da Carioca, das Marrecas, do Moura e do Largo de Paço) servidas pelo aqueduto da Lapa, e carregada em recipientes às casas.

William Smyth: "Largo do Paço". 1832. Coleção Paulo Geyer

Este sistema primário de transporte era igualmente usado para levar os dejetos orgânicos das casas e outros edifícios até valas, sumidouros e inclusive ao mar, sendo responsabilidade da Câmara Municipal, desde a sua criação, a limpeza desses lugares.

Não é de estranhar, que, como na maioria dos países ocidentais, os problemas de ordem higiênica e sanitária estivessem na origem das preocupações urbanísticas, que no princípio se concentraram no saneamento e na reforma interior da cidade para melhorar as condições de saúde pública[7].

Este fato tem sido destacado por vários autores em detrimento de outro não menos importante, aquele que faz referência a que com o advento do regime constitucional tudo o que constitui o conteúdo material da polícia urbana será a plataforma sobre a qual se configurou a essência do poder municipal, seu âmbito de competências frente ao Estado. E deve-se lembrar que a atividade de polícia urbana se identifica ao conceito de ordem pública, cujos elementos característicos, segundo os esquemas liberais dominantes, eram a tranqüilidade, a seguridade e a salubridade pública.

A consolidação desse poder municipal foi lenta e difícil, o que é lógico ao se levar em conta as peculiaridades do modelo de organização do Estado surgido da independência em 1822; em sua Constituição de 1824, vigente até a República de 1889, reconhecia junto aos três poderes próprios das constituições burguesas um quarto, o "poder moderador" do Imperador, que este exerceria amplamente. Embora a criação de uma Administração municipal date de 1828, quando se constituiu a Câmara Municipal da Corte (em substituição do Senado da Corte) que passou a regular a fiscalização, a economia, a urbanização e o progresso do município, somente começou a assumir esse papel com a aprovação, em 1834, do Ato Adicional que transformou o Rio de Janeiro em Município Neutro, separando-o da província fluminense.

Já em 1839, todas as obras públicas passaram a estar debaixo da orientação da Câmara Municipal; e assim o poder municipal adquiriu maior autonomia no controle e na realização de melhoras físicas da cidade[8].

Mas não se pode inferir disso a existência de uma verdadeira capacidade de atuação ou de fiscalização da Administração municipal durante o chamado Primeiro Reinado (1822-1840). De fato, só se pode começar a falar de um certo poder municipal a partir da investidura de Dom Pedro II em 1840, apesar de que o seu primeiro decênio de mandato se caracterizara pelo afã centralizador do poder e por uma atitude política antiliberal.

O poder municipal iria se reforçar com simultaneidade à consolidação da burguesia urbana. A lei de 1828 que permitiu aos empresários nacionais e estrangeiros associar-se em companhias, operar serviços públicos, abrir canais e ruas, e construir pontes e aquedutos, ajudou a formação de uma elite burguesa da cidade junto à poderosa classe dominante, rural e mercantil, da época. Prova também da mentalidade renovadora dessa nova burguesia foi a aprovação da Lei Ferroviária em 1835, pioneira na América Latina, co-nhecida como a Lei Feijó, que recebeu o nome do seu promotor[9].

Também há de se ter em conta outros fatores diferenciais. O primeiro é o fato de que o Rio de Janeiro fora, desde o translado da corte portuguesa em 1808, a capital e a sede do Império, o que provocou uma ânsia de melhora e embelezamento da qual foi conse-

Nicolau A. Facchinetti: "Praia de Botafogo". 1868

William Smyth: "Rua São Clemente". 1832. Coleção Paulo Geyer

qüência a Missão Francesa de 1816 e algumas obras públicas sobre as quais se comentará mais adiante, criando um estado de opinião sobre a reforma da cidade que alcançaria sua maturidade no período de 1840-1843, quando o recém-restaurado Conselho de Estado representado pela elite do Império e o poder municipal começaram a demonstrar interesse pela realização das melhoras para renovar a cidade.

Outro fator a destacar se refere à bonança econômica da cidade associada à exportação de café. Apesar de sua relativa antiguidade da cultura do café no país (foi introduzido no nordeste em 1727), esta não será importante até inícios do século XIX, quando se transplantou primeiro ao Rio e mais tarde a São Paulo. O economista Prado Júnior menciona que, por mais de meio século, o Rio de Janeiro será o principal exportador mundial de café (com um ritmo que passou de 150 toneladas em 1796 a 1.500 em 1806 e a 20.000 em 1837, num Brasil que por sua vez exportou 60.000 toneladas em 1830 e 900.000 no final do século).

Esse desenvolvimento tão considerável será o primeiro fator de reajuste da economia brasileira, pois permitiu inicialmente restaurar o balanço de contas externas do país, que estava insolvente pela dívida com a Inglaterra, e, inclusive, ter um superávit crescente do balanço de contas desde 1860.

É oportuno recordar como as relações comerciais com essa nação haviam criado uma dependência econômica do Brasil, que através do tratado de 1820 concedeu redução de tarifas aduaneiras à Inglaterra, o que não foi modificado até 1841, e do tratado de comércio Anglo-Brasileiro de 1826, que durou até 1844, favoreceu a substituição das casas exportadoras portuguesas por casas comerciais britânicas[10].

Embora na década de quarenta tenha se produzido uma crise, já nesses anos o café representava 44% das exportações brasileiras, chegando a 70% ao final do século XIX. Em 1841 o Governo do novo Imperador incrementou os direitos de importação a 30% com o conseqüente aumento das rendas públicas, num momento em que, como assinala Afonso Celso, o Orçamento do governo Imperial se encontrava em fase ascendente, com uma progressão que o duplicaria entre 1831 e 1840[11].

Isso permitiu iniciar uma modernização do país consolidada no segundo período do império de Dom Pedro II quando, depois de sufocar as revoltas liberais produzidas entre 1843 e 1850, se iniciou um processo de transformação que pretendia alcançar as metas de progresso e desenvolvimento, e cujos objetivos principais eram ampliar a base produtiva, formar um mercado de trabalho a partir da abolição da escravatura e do fomento da imigração, permitir o acesso ao crédito exterior e melhorar as infra-estruturas do território.

Pode-se, pois, falar de um processo de formação de capital estimulado por um forte mercantilismo capaz de assumir o custoso processo de importação tecnológica, "*de aparelhamento técnico do país inteiramente dependente, neste terreno, do estrangeiro*", o que possibilitou a construção de estradas de ferro, a mecanização das indústrias rurais, a instalação das primeiras manufaturas e a construção de redes de serviços urbanos.

Este processo foi ajudado de forma significativa por "*um fluxo de capitais estrangeiros que permitirá equilibrar normalmente as finanças externas sem o sacrifício das importações, de tão fundamental importância para o Brasil e que possibilitará manter em dia o pagamento da dívida externa*"[12].

A gestação do Plano Beaurepaire no começo da década de 1840 coincidiu com as idéias de renovação política deste período, como preparação para a anunciada "tomada de poder por parte do Imperador", o que gerou novas expectativas de futuro depois do longo período de estancamento, crise econômica e financeira, vivido durante o Primeiro Reinado.

Já no período da Regência, entre 1834 e 1838, os membros da Câmara Municipal haviam formulado um novo "Código de Posturas", que estabeleceu duas zonas para a cidade: a zona de "cidade e seu termo" e a "zona dos campos"; e se havia criado o cargo de Engenheiro Diretor de Obras da Câmara Municipal; ambos fatos são amostras da vontade política de concretizar os inadiáveis projetos e obras públicas, e permitiram levar a cabo algumas obras de transformação que se comentam depois.

Neste contexto Henrique de Beaurepaire-Rohan foi nomeado para assumir a direção do Departamento de Obras Municipais no ano de 1840, permanecendo nesta função até 1844; durante esse período realizou os trabalhos necessários para o seu Plano.

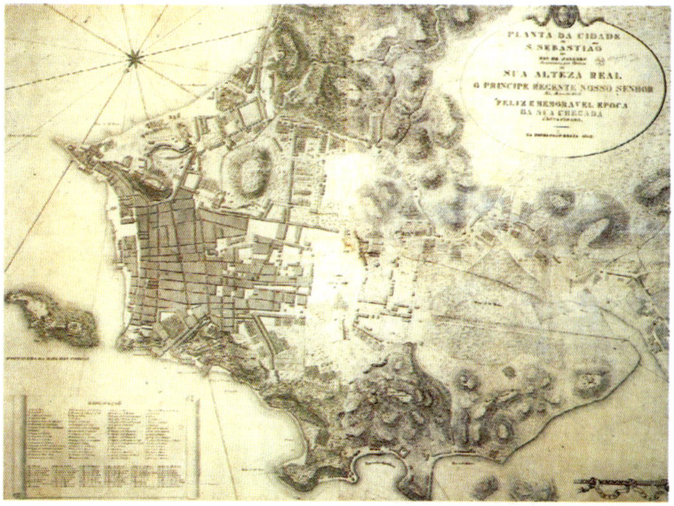

J. A. dos Reis e P. S. Ferreira Souto: Planta da Cidade de São Sebastião do Rio de Janeiro. 1812. Mapoteca do Itamaraty

A ESTRUTURA URBANA COLONIAL: AS PRIMEIRAS REFORMAS IMPERIAIS

A cidade colonial era uma mistura confusa de pracinhas, ruelas e edificações, na qual só se destacava o vigor de sua paisagem e as majestosas igrejas do século XVII que coroavam os montes da cidade.

No caso do Morro do Castelo, o forte amuralhado guardava as edificações principais da cidade, como a Igreja da Sé e o Colégio dos Jesuítas, entre outros[13].

A presença das construções religiosas na colonização portuguesa foi determinante no estabelecimento dos primeiros eixos de consolidação da cidade. Inclusive a conquista da planície adjacente ao porto havia sido incentivada pela instalação das ordens religiosas, como a dos jesuítas no citado Morro do Castelo, os beneditinos no de São Bento e os franciscanos no de Santo Antônio.

A organização formal do Rio de Janeiro correspondia às características da fundação de cidades pelos portugueses em suas colônias, colocadas em relevo por Sergio Buarque de Holanda, que assinala que teve um caráter "*mais de efeitorizacão do que de colonização*" e que "*a rotina e não a razão abstrata foi o princípio que norteou aos portugueses, preferiam agir por experiências sucessivas a traçar de antemão um plano para segui-lo até o fim, nenhuma obra que não produzisse imediatos benefícios, nada que acarretasse maiores despesas para metrópole*"[14].

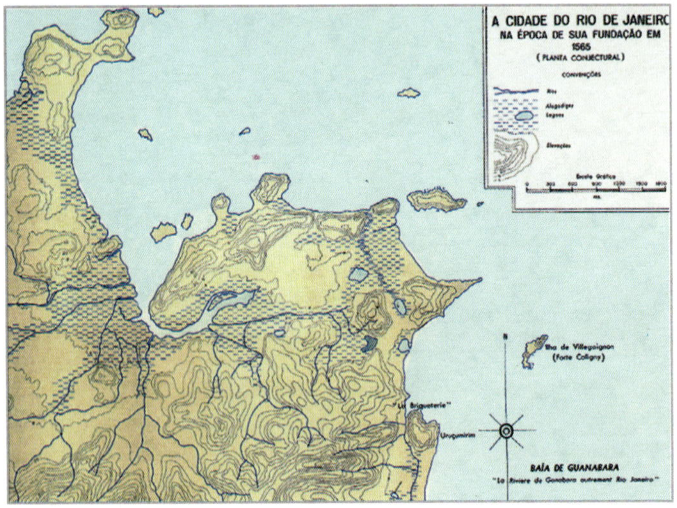

E. Canabrava: Cidade do Rio de Janeiro na época de sua fundação

Não obstante, seja por efeito das ordenanças manuelinas de traçar ruas de forma que sempre se garantisse sua continuidade, ou por causa dos trabalhos do engenheiro italiano Battista Antonelli que remodelou parte do porto e suas fortificações por ordem do Rei Felipe II da Espanha, na época em que foi Rei de Portugal, existia uma incipiente trama regular, que Buarque de Holanda define mais como "esboço *quando não se encontravam empecilhos naturais, que produto da atração por formas regulares preestabelecidas*"; nada mais distante da ordem regular que regeu nas cidades dos conquistadores castelhanos na América Latina, resultado da aplicação das minuciosas e precisas regras urbanísticas das "Leyes de Índias".

A retícula incipiente da cidade estava formada pelo eixo da Rua Direita (atual Primeiro de Março) entre o Morro do Castelo e o Morro de São Bento, paralela à frente portuária e apoiada sobre a principal praça portuária: o Largo do Carmo (atual Praça XV); perpendicularmente a ele começou a desenvolver-se a Rua do Ouvidor, que viria ser a principal artéria comercial da cidade e que com o tempo se transformaria na mais sofisticada rua do Rio Imperial.

Esta rua teve a primazia em ser pavimentada e também no comércio de mercadorias vindas de Paris, quando os franceses passaram a ditar a moda e os costumes da sociedade carioca, o que durou até quase um século mais tarde.

Frederico Pustkow: "Cais do Valongo embelezado para o desembarque da Imperatriz". c. 1840

Esta trama limitada pelos quatro morros estava também confinada entre o mangue de São Diogo e o mar; o mangue começou a ser aterrado quase em seguida à chegada da Corte portuguesa para abrir o caminho do Aterrado ou das Lanternas, em prolongação da Rua de São Pedro desde o Campo da Aclamação (ou Santana) até a chamada Ponte dos Marinheiros, iniciando-se a formação da Cidade Nova.

A fachada marítima foi a frente oriental e principal da cidade original; o espaço portuário se conformou sobre a Praça XV que foi construída segundo o modelo do Terreiro do Paço de Lisboa, como representação simbólica do poder da metrópole, e exerceu funções de praça de armas, porto, mercado de pescados e porta da cidade; nela se localizava o Paço Real.

Mais ao norte, o litoral estava rodeado por barreiras naturais (Morros da Conceição, Saúde, Gamboa, Santo Cristo) ao pé das quais existiam caminhos que respeitavam a sinuosidade da costa; esta era zona de trapiches e embarcadouros, dedicada às atividades de intercâmbio de mercadorias e reparação de barcos, que ganhou valor urbano a partir da transferência, em 1831, do mercado de escravos da Praça XV à Praia do Valongo. Não obstante, a cidade encontrada pela Corte, em 1808, já tinha um Passeio Público no litoral e perto dos arcos de Lapa, construído segundo projeto do Mestre Valentim na época do Vice-Reinado.

No que diz respeito à base infra-estrutural da cidade, já se comentou que os dejetos domiciliares eram lançados às praias, sendo levados até lá em barricas por escravos chamados "tigres"; as poucas ruas urbanizadas estavam pavimentadas com o sistema "pé-de-moleque", com pedras irregulares assentadas sobre o barro; alguns passeios se achavam recobertos com lajes graníticas, e a iluminação das ruas se fazia por meio de lampiões, utilizando-se óleo de pescado.

Dom João VI, após o seu exílio no Brasil, tratou de introduzir o modelo da Academia de Belas Artes francesa para transformar o Rio de Janeiro na "*mais bela cidade do novo mundo*". E a aldeia na qual se instalou em 1808 passou de uma simples sede da Colônia na distante América, a ser a única cidade colonial da história a tornar-se capital de um império, o português[16].

Foi com esse afã que o rei convidou a Lebreton, secretário perpétuo da escola fundada por Luís XVI, para vir aqui com o objetivo de fundar o ensinamento das Belas Artes no Brasil. A equipe que acompanhou a Missão Francesa de 1816 estava composta por artistas, escultores, pintores e arquitetos, destacando-se entre eles Grandjean de Montigny, que foi o primeiro professor oficial de arquitetura do país e é considerado o introdutor do neoclassicismo devido a seus projetos para a instalação da Corte no Brasil: Academia das Belas Artes do Brasil, edifício da Praça do Comércio (atual Museu da Casa França-Brasil), o Mercado Municipal, etc. Sua marca aparece também em fontes públicas e em algumas residências particulares.

Outros edifícios públicos que antecedem ao período de estudo foram pouco a pouco mudando a escala da cidade: a Antiga Casa da Moeda, o Arquivo Nacional, a Academia Militar, depois convertida em Escola Politécnica, o complexo hospitalar da Beneficência Portuguesa, a Santa Casa de Misericórdia e o Jardim Botânico[17].

Apesar do estímulo fiscal criado pelo Imperador para a construção de prédios de dois andares, quase nada havia mudado em matéria de qualidade das moradias desde a chegada da Corte, dando-se no centro, ademais, uma mistura de casas e armazéns. Quando se começou a criar a Cidade Nova, depois do aterro parcial do mangue de São Diogo, abundaram ali os prédios de dois andares e corredor e começaram a instalar-se alguns sobrados com portas e soleira de cantaria; o que também aconteceria em largos e praça centrais como conseqüência do Código de Posturas de 1838.

Na época do Plano Beaurepaire, as habitações coletivas das classes mais pobres se multiplicavam dentro dos limites da cidade antiga, numa densidade agravada pela imigração de trabalhadores vindos do campo. A modalidade de alojamento habitual dessa população era a peça de dormitório dentro dos estabelecimentos comerciais, ou as "estalagens", "casas de cômodos" e outras análogas. Formas arquitetônicas diferentes entre si, mas um denominador comum: exigüidade de espaço, excesso de moradores e pátios coletivos para todas as necessidades, o que levou ao aparecimento do termo "cortiço" que englobava a maioria dessas categorias[18].

Nicolle Jr. Edward: "Desenho da Cidade Velha, o Campo de Santa e o mangue de São Diogo", c. 1840

Já foi comentado num capítulo anterior como os comerciantes, artesãos e a população com algum nível de renda começaram a ocupar o vizinho Campo de Santana; enquanto que, pelo contrário, a aristocracia fazendeira ligada à corte e a incipiente elite burguesa haviam optado por morar nas novas áreas à leste, no entorno de São Cristóvão e no Engenho Velho (em terras confiscada pela Coroa aos jesuítas após a sua expulsão em 1762), ou para o sul, nas proximidades do outeiro da Glória e do morro de Santa Teresa, ou mais além ainda, na ocupação de quintas e chácaras construídas nos antigos engenhos de Botafogo, nas atuais ruas de São Clemente e Voluntários da Pátria. Iniciou-se assim um crescimento espontâneo e não planejado da cidade, que seria objeto da análise de Beaurepaire. Neste contexto, pouco se pode falar da introdução dos primeiros serviços urbanos modernos, apesar da prematura concessão em 1828 da iluminação a gás, que só teve resultado concreto anos mais tarde, em 1852, quando o Barão de Mauá conseguiu a licitação que introduziu a iluminação pública, implantada em 1854. Tampouco havia tido efeitos concretos a Lei ferroviária de 1835, já que até 1858 não foi inaugurado o primeiro trecho urbano da Estrada de Ferro Dom Pedro II (de 1854 é a primeira ferrovia do Brasil, construída por Mauá, desde o Porto Mauá, no fundo da Baía de Guanabara, até à Serra, na direção de Petrópolis). A concessão da rede de esgotos à empresa inglesa Rio de Janeiro "City Improvements" se produzirá em 1861 e a primeira linha de bondes sobre trilhos é de 1856.

O VISCONDE HENRIQUE DE BEAUREPAIRE-ROHAN

Henrique Pedro Carlos de Beaurepaire-Rohan (1812-1894) nasceu em Niterói. Seu pai chegou ao Brasil com o Príncipe D. João VI em 1808. Dada a proximidade com a Família real, aos sete anos de idade Beaurepaire foi nomeado cadete e aos19 anos já era oficial do Exército.

Beaurepaire estudou na Academia Militar, desde 1832, graduando-se em Engenharia em 1837. Na sua primeira etapa profissional consta que foi encarregado do projeto da Igreja da Matriz em Botafogo, e da construção do Forte Barão do Rio Branco na Praia de Fora.

Entre 1840 e 1844 foi Diretor de Obras da Cidade do Rio de Janeiro, vinculado à Câmara Municipal. Como tal, apresentou o "Relatório das Obras à Ilustríssima Câmara Municipal" em 20 de setembro de 1843, que pode ser considerado o primeiro plano urbanístico do Rio de Janeiro.

Em seguida foi promovido a major e mandado para o Mato Grosso com a incumbência de explorar a região, o que resultou na publicação "Conquista, catequese e civilização dos selvagens do Brasil". E depois a São Paulo, onde construiu a Casa de Correção e dirigiu a Estrada de Ferro São Paulo-Santos.

Em 1855 participou como engenheiro na construção do principal trecho da Estrada da Graciosa no Paraná, considerada uma das mais belas do Brasil, com traçado pioneiro por atravessar a Serra do Mar com arrojada ponte, estrada que servia de conexão entre o porto de Paranaguá-Antonina e Curitiba e que foi construída por motivos estratégicos e militares. Foi nomeado também Vice-presidente da Província do Paraná e depois nomeado Presidente da Província da Pará.

Entre1857 e 1859 ocupou a presidência da Província da Paraíba. Em seguida foi nomeado diretor das soleiras militares e mandado a Fernando de Noronha para fazer o levantamento topográfico da ilha com a finalidade de transformá-la em colônia agrícola penitenciária.

Foi Ministro da Guerra em 1864, Conselheiro de Guerra em 1876, e Conselheiro do Estado em 1887 chegando ao cargo de General de Divisão do Exército em 1890. Foi condecorado por sua participação na Guerra do Paraguai.

Beaurepaire sempre esteve vinculado à Monarquia e fez parte da elite do Império, do chamado "grupo do imperador". Foi também Vice-Presidente do Instituto Histórico e Geográfico de Brasil (IHGB).

Em 1881 Beaurepaire participou da criação da Sociedade Central de Imigração. Em 1889 publicou o "Dicionário de Vocábulos Brasileiros" pela Imprensa Nacional no Rio de Janeiro.

Em 1890 alcançou o posto de Marechal do Exército. Sua biografia inclui ainda muitos títulos honoríficos e uma ativa participação em sociedades científicas e literárias nacionais e estrangeiras.

Um fato curioso é o de que Beaurepaire recebera o título honorífico de Visconde de Beaurepaire-Rohan, na fase final do Império. Raro é que o título fora com o nome próprio, numa época em que majoritariamente as denominações tinham origem indígena ou tropical. Fato que possivelmente seja indício da vocação europeísta do personagem.

AS PROPOSTAS DO PLANO BEAUREPAIRE

O Plano Beaurepaire destaca que o Rio de 1843 era uma cidade que havia crescido ao longo da história sem nenhum tipo de plano ou documento global que regulasse sua organização formal, razão pela qual sugere a necessidade de um plano, que denomina "Plano Colossal", e que está no centro de suas atenções quando propõe regular não só as intervenções precisas para a cidade existente no momento em que se desenvolve o plano, mas também a previsão de futuras operações de desenvolvimento urbano.

Para ele, ordenar a cidade significa, por um lado, aplicar regras geométricas à planta da cidade, à estrutura das suas ruas; e por outro, implantar de maneira correta os elementos que formam a trama urbana, como mostram suas indicações sobre normas de edificação e parcelamento, e as medidas propostas para a organização das ruas, quadras e casas.

Também, tornam-se evidentes preocupações de ordenamento no enfoque com que aborda certos espaços chave da cidade, como as praças, os matadouros e os lugares para enterrar os mortos; inclusive até na maneira com que recomenda realizar a plantação de árvores nos espaços públicos da cidade.

Para uma compreensão melhor dos conteúdos do Plano, dividiu-se sua exposição em quatro partes, que ainda que não coincidam com a classificação das propostas do Plano Beaurepaire, constituem os elementos com os quais se irão analisando e comparando os sucessivos planos urbanísticos do Rio de Janeiro. São elas: estrutura urbana, espaços livres e intervenções singulares de qualificação da trama urbana, padrões de crescimento futuro e regras para a edificação urbana.

Propostas sobre a estrutura da Cidade Velha

O âmbito geográfico do Plano Beaurepaire distingue duas zonas com propostas de intervenção diferenciadas: o Âmbito Imediato do Plano, a zona urbana consolidada sobre a qual propõe transformações, e o resto do território do interior do município, área extraurbana onde sugere algumas obras. Âmbitos que correspondiam com as denominadas: "Zona da Cidade e o seu Termo" e a "Zona dos Campos" no Código de Posturas mencionado anteriormente.

Em 1843, a cidade do Rio está assentada sobre um território determinado da Baía de Guanabara, emoldurado por um sistema de montes e por uma grande rede hidrográfica que limitavam seu crescimento. A cidade colonial já havia se estendido sobre a orla litoral ao norte do Morro da Conceição (Praia do Valongo, atual dique de Gamboa), e ao sul (Praia de Santa Luzia, Glória e Botafogo), nos espaços litorais limitados pelo maciço da Tijuca, dedicado, todavia, em grande parte às plantações de café. Como já se disse, havia começado também uma certa expansão para o oeste, para além do Campo de Santana, na denominada Cidade Nova e, de forma mais dispersa, nos caminhos do Engenho Velho e da Quinta da Boa Vista.

O sistema hidrográfico incluía uma série de rios que baixavam desde a Serra da Tijuca para o mar e zonas dos manguezais situados na desembocadura destes rios, sobretudo no setor de São Diogo; este último se conectava ao litoral através de um braço de mar que dividia o território entre a cidade velha e as áreas periféricas de São Cristóvão e Andaraí, que se denominava nessa época Mangue da Cidade Nova, porque era uma zona pensada para a expansão da cidade freada até então pelas chácaras e os litígios sobre as propriedades.

A estrutura da Cidade Velha ou Colonial era a de uma retícula irregular, incompleta e densa, com quadras formadas por paralelogramos deformados de dimensões que variavam entre 40 e 60 metros de largura e comprimento entre 50 a 100 metros; configurando uma planta de forma mais ou menos retangular ajustada entre os morros do Castelo, Santo Antônio, São Bento e Conceição. Com edifícios de aspecto rural e colonial, alinhados nas ruas, com múltiplos recuos.

A estrutura da propriedade urbana da Cidade Velha se caracterizava por parcelas estreitas e profundas, com dimensões que variavam entre 3 e 6 metros de frente e uma profundidade entre 10 e 20 metros. A edificação era em sua maioria compacta, com casas geminadas e alinhadas que ocupavam normalmente ambos os lados da rua. A maioria foi construída sem se basear em nenhum modelo normalizado, o que deu

Trama urbana do Plano Beaurepaire para a Cidade Velha

Trama urbana do Plano Beaurepaire para a Cidade Nova

como resultado uma mistura de tipologias das edificações de um só andar ou no máximo dois, tendo sido introduzido recentemente o tipo de edificação do "sobrado"[20]. Dava-se também uma grande mistura de usos nessas edificações, com exceção, é claro, das destinadas a usos públicos singulares, de administração, religiosa ou militar.

Sobre essa trama, Beaurepaire propõe intervenções direcionadas à consecução de um desenho básico mais regular, configurado por eixos ortogonais acrescentados àqueles poucos que davam uma relativa regularidade ao traçado. E assim, determina adicionar às principais ruas paralelas à frente portuária, a Rua Direita e a Rua da Quitanda, duas outras ruas a serem abertas: a Travessa do Ouvidor e a Rua dos Latoeiros. Propõe completar o conjunto de ruas perpendiculares ao mar (dentre as quais só tinha certa importância organizadora a Rua do Ouvidor) estendendo a Rua do Hospício até o Campo da Aclamação através da Rua Senhor dos Passos. São estes os eixos principais nos quais confia para introduzir a regularidade na Cidade Velha; não obstante, a lista de ruas a prolongar incluía 26 e a de novas ruas 18; sendo a largura média das ruas existentes de 30 palmos, propõe 80 para as novas ruas, esquinadas para formar largos nos cruzamentos.

A escolha das ruas que conformam a malha básica se justifica também porque o seu prolongamento permitiria ordenar de forma regular a expansão da cidade, como se explica mais adiante.

Na figura exposta se mostra a trama que resultaria da aplicação do Plano Beaurepaire, que, como se pode observar, introduz continuidade e regularidade no tecido colonial, entre os morros do Castelo e da Conceição, que resultam mais contundentes no espaço

Nireu Cavalcanti; "Rua Direita: um passeio no tempo, 1810". 1997

além do Campo da Aclamação, lugar ao qual confere um papel de rótula da Cidade Velha com o incipiente bairro da Cidade Nova, e também de elemento central de conexão entre os morros Providência e do Senado.

Em concordância com a definição de tecido urbano como "a particular combinação do tipo de ordenação da edificação, do parcelamento urbano que a sustenta e da trama viária que a organiza"[21], pode-se verificar que, para Beaurepaire, o elemento básico desta equação era o traçado da malha viária, que não só introduziria continuidade nos percursos, senão que, ao abrir mais fachadas, ajudaria a renovar e melhorar a edificação na área central.

O Plano no seu texto fala tanto das melhoras que as novas ruas produziriam reduzindo a congestão da circulação de pessoas e mercadorias, como da possibilidade de aproveitar a abertura de novas ruas para regularizar a forma das quadras e provocar novas fachadas de edificação em ambos os seus lados.

Pode parecer que as justificações dessa trama regular tenham ressonâncias da ordem das cidades americanas de origem espanhola, mas, dada a época do Plano, é mais provável que essa recorrência a uma malha seja reflexo do seu conhecimento da utilidade dela como suporte da implantação e extensão das redes de drenagem e de outros novos serviços urbanos.

Reforça esta convicção o fato de que os eixos viários escolhidos sejam aqueles que teriam mais facilidade para se estender como diretrizes do crescimento futuro, demonstrando Beaurepaire com esses traçados, ademais, um bom conhecimento da morfologia do território e das possibilidades da penetração da cidade em direção a oeste, com aterro do espaço do Mangue de São Diogo.

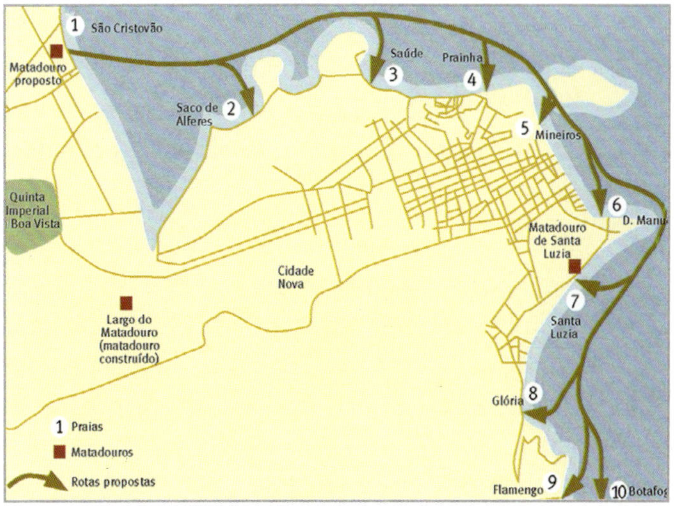

Esquema do Plano Beaurepaire para mercados e embarcadouros

Esse argumento pode ser nitidamente verificado no Plano quando enfatiza a utilidade dessa malha regular para "*um esgoto mais pronto da cidade*", e também quando confia nela como suporte de uma trama de renovação da edificação para lograr "*uma residência dos habitantes mais cômoda e sadia*", e também para facilitar a construção de uma rede de água potável encanada.

Mostra desta maneira a mesma atenção pela eficácia das malhas regulares como meio de implantação e extensão dos serviços que, com muito mais precisão, haveriam de teorizar pouco mais tarde os seus contemporâneos europeus; até o extremo que o tema constituiria o conteúdo principal dos primeiros manuais técnicos da urbanística que culminaram no famoso "Der Städtebau" de J. Stübben, de 1890, que durante muitos anos foi considerado como "a bíblia do urbanismo".

Espaços livres e intervenções de qualificação da trama

Junto à criação de uma malha viária regular, o Plano propõe uma série de praças e espaços livres, selecionados com a idéia de proporcionar certa hierarquia na estrutura da cidade que se caracterizava pela sua simplicidade. É possível que também tome como exemplo o papel das praças nas cidades surgidas das "Leyes de Índias" na América hispânica, porém podem-se encontrar outros matizes na sua proposta.

A primeira das interpretações se sustenta na semelhança com o papel desempenhado pelas "plazas mayores" daquelas cidades, o que se pode deduzir da defesa que faz Beaurepaire da necessidade de uma praça principal e das funções que propõe para ela: "*além das praças necessárias para o mercado se reserve uma principal onde se reúnam os edifícios de todas as repartições públicas, que não exigirem uma localidade privativa*". E também, parece deduzir-se essa influência do esquema de distribuição das praças menores dentro da trama da cidade que pode se observar no mapa interpretativo ao final deste livro.

Beaurepaire comenta no seu Plano a tarefa de abertura e urbanização das praças que já se vinha realizando pela Diretoria de Obras Públicas, mas põe uma ênfase especial na necessidade de incrementar o número delas pela sua importância no "*aformoseamento da cidade, a salubridade pública e o cômodo dos seus habitantes*". Além da regularização e da definitiva urbanização da praça da Aclamação, propõe ampliar cinco já existentes (as do Rosário, do Capim, de São Domingo, de São João Batista e a do Moura) assim como criar oito novas praças.

A ressalva que pode ser efetuada na interpretação de que Beaurepaire buscava simplesmente que essas praças ajudassem a criar uma hierarquia de espaços na igualitária malha regular é o fato de que o sistema de praças proposto não resulte numa distribuição regular por toda a cidade, como ocorria com as praças-centro de bairro a partir de igrejas das cidades hispânicas. Elemento diferencial a respeito da ordem nas cidades hispano-americanas que é, também, um indício do seu conhecimento das operações urbanísticas de Londres ou Paris no século XVIII.

Pelo contrário, estas praças não foram escolhidas pela sua posição eqüidistante, mas a partir das possibilidades que permitiriam a abertura de ruas ou a derrubada de barracas ou galpões existente. E as formas das praças refletem mais preocupações de arborização ou de ornamento do que de regularidade.

Isso permite inscrever a proposta de Beaurepaire na corrente paisagística sempre presente no urbanismo carioca, sabedora da morfologia especial da cidade. Idéia de natureza dentro da paisagem urbana que já teria um precedente no Passeio Público, construído no ano de 1783, primeiro projeto de criação de grandes espaços abertos junto ao litoral, como balcão onde a população podia passear e, ao mesmo tempo, desfrutar das vistas da paisagem marítima.

E assim, das oito novas praças propostas, cinco delas são na orla litoral (Largo da Glória, Beco dos Tambores, duas no Largo da Prainha e Saco do Alferes), praças que aproveitavam as possibilidades morfológicas das praias para aeração e desfrute da densa cidade, mas que começavam também a configurar uma paisagem de "orla marítima" que pode parecer universal aos olhos de um leitor atual, mas que não era freqüente numa época em que o mar só servia para o transporte marítimo e para as atividades desagradáveis para a cidade, quando não as que precisavam de clandestinidade[22].

Pode-se afirmar que desde o início, e de forma prematura no pensamento ocidental, o Rio pensou na construção de uma fachada marítima, o que será uma constante em toda a sua história posterior.

No Plano Beaurepaire é possível reconhecer três modos de intervenção para criar espaços livres. O primeiro está composto pelas já citadas praças menores, praças interiores ao tecido da cidade, a maioria existentes e que propõe ampliar, ou outras novas que haviam começado a se formar sobre as praias do norte e do sul.

Esquema Plano Beaurepaire: ordenação do entorno do Campo da Aclamação

Esquema Plano Beaurepaire: ordenação da orla Praia de Santa Luzia

Um segundo tipo está constituído pelos três grandes espaços abertos da cidade: Campo da Aclamação, Campo de São Cristóvão e Praia Santa Luzia-Passeio Público. Do texto do Plano se deduz a vontade de monumentalidade, de realce da sua importância na cidade mediante a localização de edifícios e equipamentos públicos, com a finalidade de que, inclusive, possam servir de espaços de condensação e articulação da futura expansão urbana.

No que diz respeito ao Campo da Aclamação, Beaurepaire trata de acabar com sua condição de espaço exterior, de parque inacabado, e planeja introduzir uma forma regular, com uma linha de sobrados paralelos ao museu ali existente, e parece que é nessa praça onde propõe reunir os edifícios da Administração pública, já assinalados, iniciando-se assim a vocação posterior desta área como administrativa e institucional.

Para isso, ressuscita em parte a antiga proposta de G. Montigny de criação de uma praça monumental neste lugar; projeto que tinha uma fachada contínua de edifícios com galerias cobertas em seu perímetro, em um conjunto que se abriria simetricamente nas laterais, a partir de dois eixos ortogonais marcados por uma estátua do imperador, um fórum imperial e um arco do triunfo. Mas, Beaurepaire modifica essa concepção formal e incorpora tipologias mais contemporâneas, de tipo inglês, com fachadas compactas alinhadas às bordas do Campo e com jardim nos fundos de cada casa, voltado para a Cidade Nova.

"...*Falta-lhe regularidade, mas isto se lhe poderia dar, estabelecendo-se do lado da Cidade Nova uma linha de sobrados, paralela à frente do museu, com fundos voltados para o ocidente e guarnecidos de quintais fechados por gradis.*"

Muito distinta é a proposta que faz sobre o Campo de São Cristóvão, que era um espaço extra-urbano com características rurais, onde se desenvolviam atividades relacionadas com o intercâmbio de mercadorias agrícolas e com a criação de gado. Beaurepaire reafirma esta vocação do sítio sugerindo o translado do matadouro público existente perto da Praia de Santa Luzia para aquele campo devido:

> "*a proximidade das águas e das pastagens e as facilidades do transporte da carne por mar*".

Não se pode falar, neste caso, de sugestão de construção de praça monumental nem de espaço de lazer, mas é evidente que começava a prefigurar-se um grande espaço articulador da cidade, com uma vocação que prevaleceria, anos mais tarde, sobre o originário caráter de zona residencial de classes acomodadas, que perdeu em benefício das zonas do sul.

Finalmente, embora o espaço da Praia Santa Luzia-Passeio Público tivesse sido consolidado como uma frente urbana aberta ao litoral, continuava mantendo algumas características de espaço marginal da cidade, devido ao fato de estar submetido às inclemências do mar e ao tipo de atividades que existiam no seu entorno, como o Hospital da Misericórdia, o cemitério dos indigentes ou a forca.

Beaurepaire detecta o potencial ambiental do sítio, propondo a limpeza de seu entorno e o translado mencionado do matadouro público existente, e um tipo de uso que reforçaria o aproveitamento dos valores paisagísticos do lugar.

Há um terceiro tipo de intervenção nas propostas de criação de espaços livres que pode passar despercebido na leitura do Plano Beaurepaire, e que o reveste de importância para verificar a modernidade do

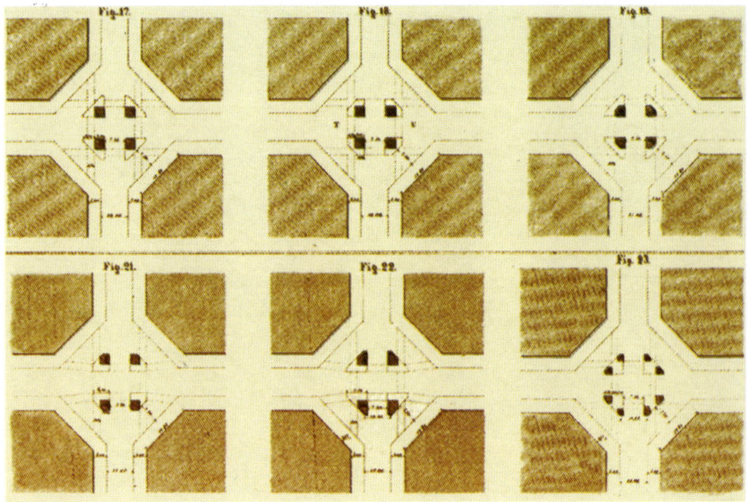

Esquemas de I. Cerdà para ordenação dos cruzamentos em Barcelona

seu conteúdo. É a proposta de que os cruzamentos das ruas "sejam esquinados de maneira que forme um pequeno largo", sem explicitar a forma concreta desses cruzamentos.

É bem possível que esta seja uma mera transposição da forma organizativa das esquinas de algumas tipologias do neoclássico europeu, mas não é descartável uma preocupação prematura pela visibilidade ou a seguridade do cruzamento.

Preocupação, sem dúvida, de menor escala que a reflexão que sobre ela introduziria Ildefons Cerdà em sua proposta para o "Ensanche de Barcelona" de 1859 (como pode comprovar-se na figura) e que se converteria em tema de referência de todos os manuais posteriores de urbanismo, sobretudo a partir dos requerimentos da circulação para os novos modos mecânicos de transporte nas cidades.

Propostas de expansão da cidade e obras associadas

Como já se disse, o crescimento da cidade havia se dado de forma natural desde a frente do litoral leste para o oeste, para o interior do território, em sucessivos avanços com criação de ruas mais ou menos paralelas ao mar, que logo se transformaria na frente portuária com a consolidação do Largo do Paço; mas ao contrário, com pouca continuidade nas ruas transversais ao litoral, o que dificultava a existência de eixos que servissem de suporte da extensão para o interior

Este fato provocava uma desordem significativa do espaço ocupado pelas construções no exterior da cidade colonial além da Rua da Conceição que conectava os morros de Santo Antônio e Conceição; mesmo que o limite da cidade colonial pudesse ser essa rua ou talvez a da Rua da Vala, que havia funcionado por muito tempo como limite da cidade ao ser o canal de

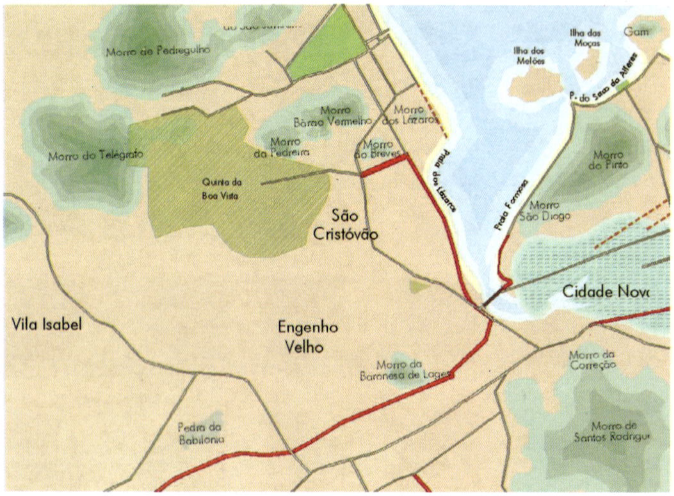

Esquema Plano Beaurepaire: com caminhos da extensão para norte

Esquema Plano Beaurepaire: caminhos e trama do sul na Cidade

deságüe em direção ao Morro de São Bento de uma lagoa que havia existido nas fraldas do Morro de Santo Antônio. Essa desordem foi comentada por Beaurepaire, que propõe a criação de uma sociedade para a reforma total desse espaço:

> *"não admito certamente a necessidade de reedificar toda a cidade, senão a parte que existe da praça da Aclamação para baixo, que é realmente a mais defeituosa."*

Sua proposta de expansão futura da cidade se apóia em três pilares: nova estrutura da trama urbana sobre esse espaço, reforma do Campo da Aclamação para convertê-lo na rótula de salto do futuro crescimento e configuração de uma retícula até, praticamente, a Cidade Nova, entre os morros da Providência e do Senado. Para isso propõe não só incrementar os eixos paralelos ao mar, antes citados, senão também dar continuidade aos novos eixos transversais fixados no seu Plano para reforçar a estrutura urbana da Cidade Velha, tal como se pode observar na ilustração mostrada.

Dos dois eixos transversais à frente portuária que tinha proposto para organizar a Cidade Velha, a Rua do Ouvidor terminava no Largo de São Francisco e o prolongamento da Rua do Hospício até o Campo da Aclamação era insuficiente para organizar a trama de desenvolvimento para o oeste. Por isso, Beaurepaire opta por outros dois eixos exteriores: a dupla formada ao sul pela Rua dos Ciganos e a Rua do Conde, em prolongamento da Rua da Assembléia, e ao norte pelo conjunto das Ruas São Joaquim e São Pedro.

Assim, o Campo da Aclamação ficaria claramente delimitado por eixos transversais ao mar claramente definidos, que haveriam de prolongar-se mais além dele, organizando o espaço da Cidade Nova, com

Esquema Plano Beaurepaire: trama de suporte da expansão da Cidade

a retificação do antigo caminho das Lanternas e a extensão da Rua do Conde até os bairros do Engenho Velho e São Cristóvão.

Ao sul, o limite da futura cidade seria o sinuoso caminho ao pé dos morros denominado de Mata-Cavalos. Ao norte, o limite não é assim tão claro, propõe o prolongamento do Caminho das Lanternas sobre o aterro do mangue de São Diogo até a Ponte dos Marinheiros (construído no século XVIII), continuando pelo caminho de São Cristóvão; caminhos que tinham sido construídos e compactados com terras provenientes da derrubada do Morro do Senado quando a família Real se mudou para a Quinta da Boa Vista.

A necessidade de conectar a cidade com as áreas ocupadas do entorno da praia do Valongo, onde se acabavam de construir a Praça Municipal e o cais de Imperatriz, e de ordenar a dispersa ocupação urbana existente ao norte do Campo da Aclamação, levaram-lhe a propor também eixos oblíquos que uniriam a Cidade Nova com o Morro da Conceição, em prolongamento das Ruas Princesa e Príncipe dos Cajueiros (atuais São Félix e Senador Pompeu), eixos que a barreira resultante da construção posterior da estrada de ferro não permitiu consolidar.

A organização desse espaço de extensão da cidade, ao leste e oeste do Campo da Aclamação, precisava do traçado de novas ruas em sentido norte-sul; Beaurepaire escolhe para isso as de mais fácil traçado sobre o espaço deixado pela derrubada do Morro do Senado e sobre o aterro do mangue de São Diogo, obras já iniciadas na sua época e que precisavam ser finalizadas. Um desses eixos começava a assumir importância durante este período, com o nome de Rua Formosa (atual Rua General Caldwell).

O limite oeste do crescimento planejado para a cidade era um eixo que se iniciaria no litoral norte, na Praia do Saco do Alferes, e seria formado pela Rua Bom Jardim (atual Marquês de Sapucaí) entre o Morro do Pinto e Morro da Providência, através do mangue de São Diogo, para ir se juntar com a Estrada do Catumbi Grande. Esse eixo era de grande importância para unir a planície com o morro de Santa Teresa, e também como acesso às fontes de água da Floresta da Tijuca.

Além da sua importância para a circulação, há que se destacar como esses eixos representavam, sob o ponto de vista de Beaurepaire, um aspecto chave para o crescimento da cidade; interpretava-os como espaços-canais, linhas que suportariam o crescimento urbano, quer pelo estiramento da trama e dos serviços do centro para a periferia, quer pela construção de núcleos segregados da área histórica surgidos nos caminhos que levavam até áreas mais afastadas.

Embora aparentemente o Plano Beaurepaire esteja centrado nas obras de reforma da Cidade Velha e de estruturação do crescimento até o Campo da Aclamação, suas propostas de intervenção se estendem também às obras de melhora infra-estrutural do resto dos caminhos que conectavam a cidade com a zona das campos.

Neste sentido propõe uma longa série de obras, fundamentalmente de retificação e consolidação de caminhos e de pontes, nos itinerários para os subúrbios de Laranjeiras, Botafogo, Engenho Velho e São Cristóvão. Não se deve esquecer que o Plano

Beaurepaire era fundamentalmente um programa para as obras a seu cargo, como Diretor de Obras do Município.

> *"havendo empreendido ultimamente uma viagem, que levei até a freguesia de Guaratiba, pude convencer-me por mim mesmo do abandono em que parece existir o interior do município"*

Não obstante, as principais intervenções contidas no Plano para fora da cidade são quase todas tendentes à absorção dos subúrbios da zona denominada Cidade Nova. Propostas às vezes contundentes que implicam a aplicação das técnicas de engenharia, como a do aterro do mangue de São Diogo, concretizando uma antiga idéia de construção de um canal pelo mangue, indo até o mar através da cidade colonial, apesar da dificuldade de sua execução, assim como a demolição do morro do Castelo.

Propostas de regularização do tecido urbano da cidade

Além da lista de obras propostas, que talvez seja excessivamente ambiciosa, aproveita também para sugerir regras para a composição dos edifícios, simples e certamente sem a complexidade das normas figurativas da edificação que existiam em algumas capitais européias[23].

Tenha-se em conta os limitadíssimos poderes reguladores que possuía então a Câmara Municipal, que se limitavam praticamente às recomendações dos Códigos de Posturas, e que ainda não eram de uso os alinhamentos como instrumento regulador geral. Por isso, deve-se interpretar esta proposta de Beaurepaire como uma mera sondagem, como uma declaração de vontade do que deveria ser feito: *"poder-se-iam adotar as seguintes medidas"* e planeja a necessidade de:

> *"Que cada casa tenha, pelo menos, 6 braças de frente, ... que todas as casas tenham espaçosos quintais, para plantação de arvoredo, separadas dos da rua correspondente pelos fundos, por um beco mais particularmente destinado à passagem de carroças, escravos e quitandeiras, ficando assim cada prédio com duas entradas opostas entre si"*.

Estas disposições, se combinadas com as regras que visam planejar a configuração da trama da nova cidade, permitem deduzir um interessante esquema, que é o gérmen de uma autêntica ordenação urbana.

> *"Que as ruas sejam de 8 braças de largo, esquinadas de maneira que em cada cruzamento se forme um pequeno largo... Que cada quarteirão tenha 30 braças de extensão"*.

O esquema formal que resultaria da aplicação dessas regras é um tecido urbano formado por quadras de 66 x 140 m entre ruas principais, e no meio delas uma rua secundária ou beco de serviço. As ruas principais podiam se desenvolver tanto em sentido longitudinal quanto transversal, e constituiriam a fachada das casas para a cidade; as vias interiores ou secundárias seriam uma espécie de passagem sem pavimentação, destinada a usos domésticos, como o acesso dos escravos, carroças ou dos vendedores ambulantes.

Quanto ao parcelamento, a proposta se baseava em parcelas retangulares de 6x30 braças, ou seja, 13,2 metros de largura por 66 metros de profun-

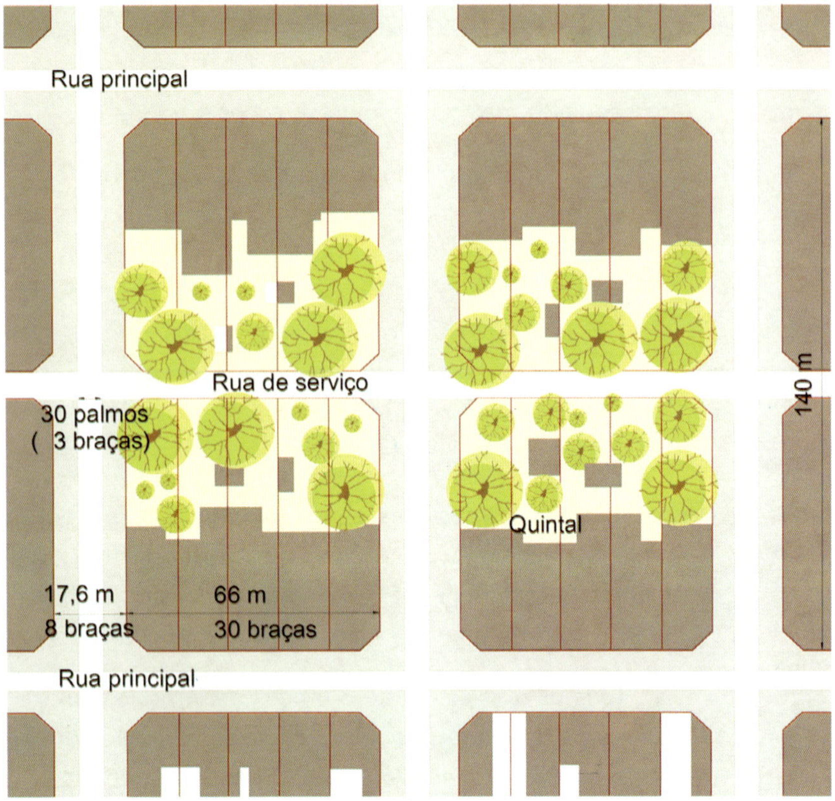

Esquema resultante do Plano Beaurepaire para ordenação do tecido urbano

didade[24] e continuaria construindo-se as casas em disposição geminada e se daria grande importância à previsão de jardins nos fundos. É de supor que este tipo de tecido criaria duas fachadas sem edificação em cada quadra.

Na realidade esta tipologia de edificação, esboçada como "*desideratum*", teria pouca relação com o tecido urbano existente na época e, inclusive, com os tipos de edificação que haviam sido introduzidos pelos Códigos de Posturas, e menos ainda com as casas e palacetes que a aristocracia começava a construir nos subúrbios periféricos.

Por outro lado, são mais realistas as propostas que o Plano estabelece para os elementos construtivos, das novas casas, tais como:

Proposta de mudança do tipo de edificação do Plano Beaurepaire

"canos de metal com condutos até as calçadas, por onde as águas cheguem às sarjetas, que as casas tenham espaçosos quintais para plantação de árvores, e que em lugar de serem retalhadas tenham sotéias".

Quanto aos subúrbios mais rurais, Beaurepaire se limita a propor a consolidação de alguns dos principais eixos existentes, mas na análise dessas propostas pode-se detectar que tendem também à obtenção de uma trama com certa ortogonalidade.

Como se mostra na imagem, essa regularidade da trama pode-se observar em alguns setores de crescimento periféricos, como na zona de crescimento planejada entre a planície e as ladeiras do Morro da Conceição, ou no setor resultante da derrubada sugerida do Morro do Senado, onde propõe a criação de uma rua que passaria pelo centro do espaço ocupado nesse momento pelo morro.

Isso faz pensar, em uma interpretação possivelmente ousada, na confiança de Beaurepaire em que a mera ortogonalidade das ruas ajudaria a regularizar as fachadas das edificações gerando um estilo de quadra fechada com edificação contínua da mesma altura análogo ao de outras cidades ocidentais.

De fato, assim foi contemplado nas propostas apresentadas à Câmara em 1866 por Pereira Rego, com uniformização da altura dos edifícios a dois ou três andares e fachada contínua nas ruas e praças principais, embora até 1900 não houvessem sido aprovadas pela Prefeitura as primeiras normas de edificação[25].

Planta representativa da ordenação da Cidade do Plano Beaurepaire

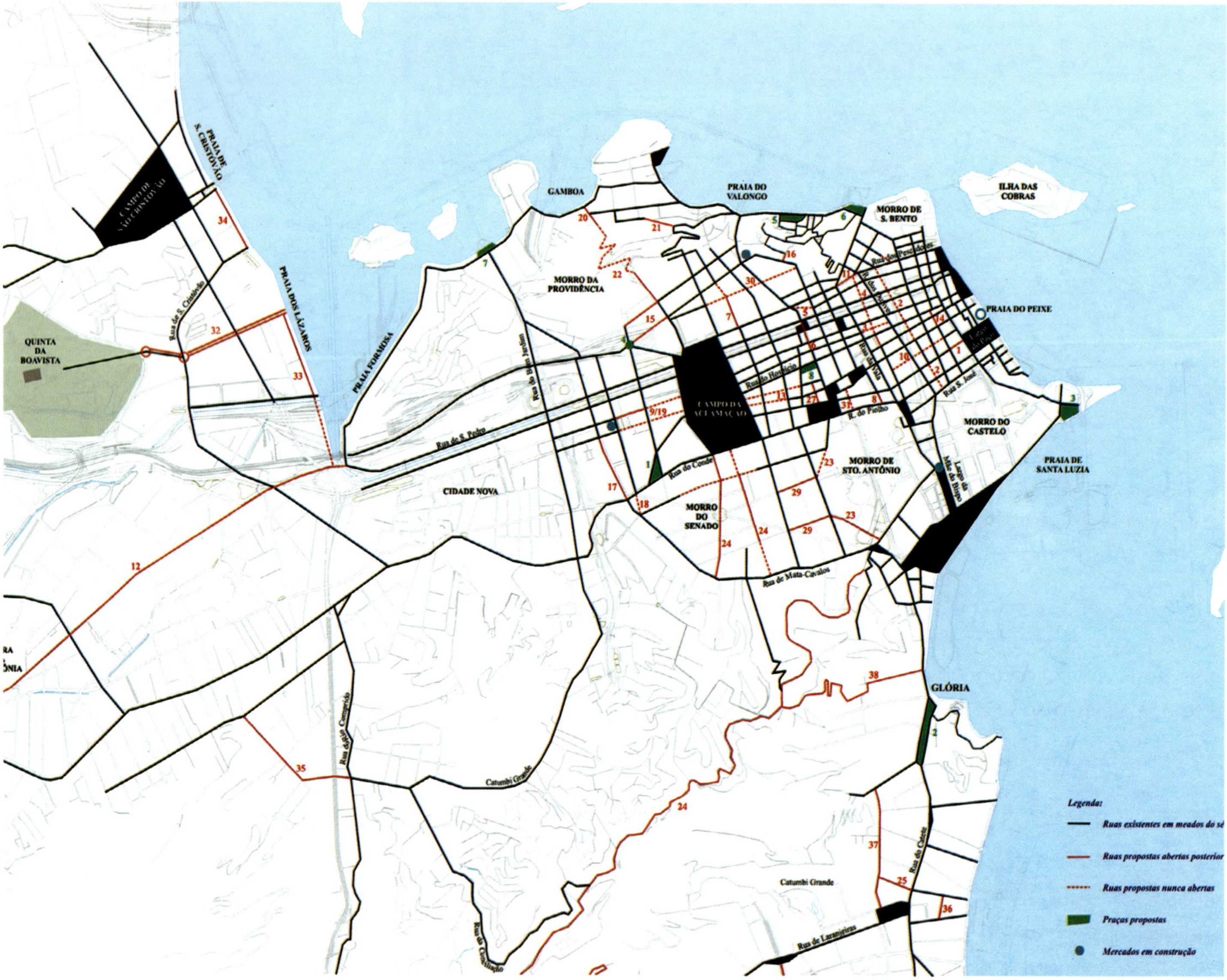

O PLANO BEAUREPAIRE NA TRANSIÇÃO DA ENGENHARIA MILITAR PARA AS NOVAS TÉCNICAS DE URBANIZAÇÃO

Como já foi dito, é objetivo deste livro não só expor os sucessivos planos que configuraram o pensamento urbanístico carioca, mas também buscar correspondências entre estes e as idéias dominantes do pensamento ocidental contemporâneo, idéias expressadas através de diferentes instrumentos de ordenação urbana utilizados nas cidades de referência de cada período; e não apenas se limitando a constatar tais influências, como também comprovando sua adaptação à realidade carioca de cada época.

No momento em que Beaurepaire elabora o seu Plano, já começavam a assentar-se as bases da reforma social e econômica da sociedade carioca que se daria durante o segundo Reinado do Império. Grande parte da elite dirigente tinha formação jurídica, bem como muitos dos deputados, senadores e diplomatas; mas já nessa época havia irrompido na política um ramo da medicina que pode ser chamado de "medicina social", seguindo o modelo francês consolidado na primeira metade do século.

Em 1832 se criou a Sociedade de Medicina e pouco mais tarde a Academia Imperial de Medicina, que possuía o monopólio das questões de saúde, o que também teve um reflexo no poder municipal, cuja Câmara incorporaria cedo alguns médicos, graduados em universidades européias.

Este fenômeno tem sido amplamente destacado na literatura especializada sobre o urbanismo no Rio de Janeiro, mais pela referência constante às questões de higiene e saúde pública que se encontra em todas as propostas do século XIX do que por seu autêntico desenvolvimento técnico e social na cidade, como se analisa mais adiante.

Logicamente, o ideário de Beaurepaire está inserido na formação da corrente higienista que vai iluminar o urbanismo de meados do século XIX[26]; mas o que interessa destacar em primeiro lugar é a sua formação na engenharia militar, num momento de transição para as novas técnicas de instalação dos serviços públicos urbanos que caracterizariam a cidade industrial.

Não é fácil separar a transformação técnica das cidades ocorrida no século XIX, que deu origem à disciplina da urbanística, do processo de formação de uma nova engenharia, de caráter civil, forjada na tradição da engenharia militar dos séculos XVII e XVIII, e que se consolidou, em grande medida, na invenção e aplicação dos serviços urbanos que irão, pouco a pouco, configurando o suporte infra-estrutural da cidade moderna[27].

A engenharia nasceu como técnica diferenciada com o desenvolvimento da artilharia e com as obras de fortificação que caracterizaram o mundo da consolidação dos Estados monárquicos, cuja expansão levou consigo, logicamente, a que os territórios colonizados recebessem cedo as invenções e adiantamentos dessas técnicas, tendo sido verdadeiros laboratórios de seu desenvolvimento e aperfeiçoamento.

O foco do progresso técnico de Portugal do século XV (ligado à cartografia, à astronomia, à navegação e às técnicas de fortificação) se estendeu cedo ao Brasil, incrementando-se durante a unificação dos reinos de Espanha e Portugal sob Felipe II, época em que a engenharia militar começou a ter uma formação específica com criação da Academia de Matemáticas de Madrid para especializar engenheiros em fortificações e artilharia, engenharia que logo acrescentaria o desenvolvimento de técnicas hidráulicas e anos mais tarde se aplicaria também às construções civis, como palácios, igrejas, etc.

Cabe lembrar que a realização de obras de fortificação, caminhos e portos forjou a criação de corpos de engenheiros dentro dos exércitos europeus. Foi assim que, em 1718, Luís XIV criou um importante corpo militar de engenheiros sob a direção de Vauban; um pouco mais tarde, sob aquela influência se consolidou um análogo na Espanha, similar ao que criou também o Rei José I em Portugal, em 1763, sob a direção do Conde de Lipe, dentro da reforma administrativa levada a cabo por Pombal.

Na segunda metade desse século já se destacaram no Rio as obras de M. Azevedo Fortes, engenheiro maior do Reino português e membro do Colégio Santo Antão, dirigido pelos padres jesuítas.

No que concerne a passagem dessa engenharia militar à moderna engenharia civil, o primeiro precedente é de 1747, quando se fundou em Paris a École Nacional de Ponts et Chaussés, que sistematizou no mundo o ensino da engenharia, e que se transformou em 1794 na École Polytechnique, tomada como modelo de outras escolas de engenharia no mundo[28].

O Brasil herdou sua estrutura funcional, e seu programa de ensino, seus livros de textos, e seus métodos; no Rio de Janeiro foi criada em 1810 a Academia Real Militar, em 1831 esta se uniu com a Academia da Marinha passando a formar uma nova instituição: a Academia Militar e da Marinha, que incorporou o ensino das matemáticas, a construção naval e a de pontes e caminhos. Quando esta se transformou em Escola Politécnica em 1874 acabou sua subordinação disciplinar ao Exército[29].

A partir de 1833, o ensino de engenharia no Rio de Janeiro incluiu, além do desenho de paisagem, cursos de pontes e pavimentação, a arquitetura militar e as cinco ordens da arquitetura civil. Beaurepaire se graduou em engenharia militar em 1837, aproveitando-se dos ensinos do novo plano de estudos que incluíam essas matérias.

A engenharia carioca anterior havia já produzido algumas obras urbanas relevantes, como o aqueduto da Carioca acabado em 1750, o Arsenal da Marinha de 1763, o cais do Terreiro do Paço (Praça XV) de 1789, mas desde o fim do Vice-Reinado até a citada criação da Academia Militar e de Marinha não se pode falar da existência na cidade de técnicos capacitados em engenharia civil; a Academia, no início, possibilitava um título de pontes e calçadas independente da engenharia militar, possibilidade esta extinta por decreto de 1839 e ressuscitada em 1842.

Convém observar que este período foi pródigo em novos desenvolvimentos e inventos. Em 1788 a Academia Royale de Paris começara estudos científicos para determinar as necessidades de água potável na cidade; em 1806 Sausure inventara os primeiros filtros de potabilização de água; em 1805 completara-se o primeiro inventário de galerias e fossas sépticas de Paris,

G.H. von Löwenstern: "Aqueduto da Carioca". 1828. Coleção Paulo Geyer

e o primeiro plano de esgotos da zona norte desta cidade seria de 1834. Já em 1837, aparecera o telégrafo e, desde inícios desse mesmo século, o gás de carvão seria utilizado na iluminação das cidades, gerando a demanda de um serviço que nunca antes existira no âmbito urbano.

Portanto, uma engenharia que se havia consolidado na construção de caminhos, pontes e portos ampliou o seu interesse às melhoras do meio urbano.

O desenvolvimento das obras e instalações urbanas foi realizado, em geral, por engenheiros ligados às novas correntes progressistas, como o sansimonismo, conectadas a um novo espírito marcado pela filosofia positivista de A. Comte[30], cristalizando-se uma ideologia que terá o seu melhor laboratório na construção do novo modelo de cidade, espelho daquele implantado por Haussmann em Paris.

O pensamento sansimonista se difundiu cedo desde a França a outros países com a construção das estradas de ferro, concebidas dentro deste pensamento como um instrumento de harmonização do território, como proposta para escapar da uniformidade e compacidade das cidades: "*en el orden material, el ferrocarril es el símbolo más perfecto de la asociación universal; los ferrocarriles cambiarán las condiciones de la existencia humana*"[31].

A mudança do enfoque dos engenheiros para os problemas urbanos se deve também à evolução do pensamento matemático e às técnicas de cálculo integral e diferencial que possibilitaram sua aplicação aos problemas das obras públicas. Na década dos anos trinta começaram a se formular as primeiras propostas de sistematização do cálculo do abastecimento de águas e do saneamento pelo engenheiro francês Darcy.

O fato de que Beaurepaire pareça estar no meio dessa transição, e de que possa expressar essas idéias numa proposta pública, permite constatar a hipótese ensejada neste livro de que são as condições estabelecidas pelo poder público as que provocaram a importação das idéias que permitiram transformar e ampliar o território do Rio de Janeiro.

A classe política de elite, basicamente com formação européia, foi quem dirigiu as operações de desenvolvimento urbano e territorial da época; as idéias vindas do velho mundo, apesar do retardo tecnológico que emanava das condições econômicas do país, se refletiram muito rapidamente na formulação de políticas de obras.

Esta transformação dificilmente poderia ter sido desencadeada sem um passo prévio, que convém mencionar: a intenção de produzir um novo marco econômico iniciado com a Lei de 29 de agosto de 1828. Lei que pretendia impulsionar um modelo mercantil capitalista de iniciativa privada com a intenção de captar capital externo, ante a carência evidente de recursos próprios para bancar tamanhos investimentos. Por trás das idéias de progresso que influenciavam sobremaneira os políticos do país, existiu uma série de iniciativas e projetos vinculados a essa captação de capital externo.

A partir dessa Lei, se produziu uma fase de efervescência das obras públicas, que se prolongaria até o final do século XIX. Entre as primeiras iniciativas, merecem destaque a fracassada e prematura tentativa de introduzir as estradas de ferro através da Lei citada, as propostas do engenheiro hidráulico J. Guasque para levar o esgoto de água e dejetos às casas e iluminar por gás a cidade, as iniciativas de 1838 dos engenheiros militares C. J. de Niemeyer e P. de Alcântara para a demolição do Morro do Castelo e posterior construção da área aplainada, ou o projeto do Marquês de Barbacena para aplainar o Morro de Santo Antônio. Há que assinalar que nenhuma dessas intenções se traduziu naquele momento em obras concretas, mas se mantiveram sempre no ideário da cidade, sendo recuperadas e executadas mais tarde.

No Plano Beaurepaire se dá, pois, uma curiosa mistura de um programa detalhado de obras e caminhos, pontes e canais, reflexo das técnicas conhecidas da engenharia militar, com uma breve, porém relevante, aproximação às novas técnicas dos serviços urbanos mais modernos da época.

Dentre as suas propostas de aplicação das técnicas próprias da nova engenharia civil, cabe destacar alguns aspectos que, por sua vez, assentaram as bases infra-estruturais da cidade.

O primeiro aspecto faz referência às técnicas de pavimentação de estradas. No Rio de Janeiro de 1843 as ruas eram caminhos implantados sobre terreno pouco firme, com escassa compactação devido às dificuldades que impunha o solo arenoso do lugar, embora se deva destacar que as principais tinham cobertura de pedra com o velho sistema pé-de-moleque, e na época de Beaurepaire havia começado a introduzir-se em alguns trechos o sistema de lajes rejuntadas com pedras menores. No seu Plano o engenheiro recomenda a adoção da técnica inglesa de pavimentação conhecida com o nome de sistema Mac Adam, que havia

B. Bertchen :"Telegrapho". c. 1856. Fundação Castro Maya

Ponte dos bondes da Light sobre a E. F. no Engenho Novo, 1907

sido ensaiado por iniciativa da Câmara Municipal na rua da orla da Praia de Botafogo; a adoção massiva desse sistema se dará no município a partir de 1858, conjuntamente com a de paralelepípedos, introduzida poucos anos antes no centro da cidade.

Pode-se dizer que em inícios do século os conhecimentos sobre a cartografia e o instrumental técnico (esquadro de agrimensor, grafômetro com agulha imantada, "ailada", níveis de água e de pêndulo, círculos graduados, etc.) permitiam uma maior precisão técnica no traçado de caminhos e no nivelamento das suas inclinações relativas.

Dos conteúdos dos ensinamentos de topografia na Academia Militar, não se deduz que este instrumental fora de uso habitual na cidade; mas Beaurepaire aponta que já haviam sido feitos nivelamentos para algum dos aterros realizados e que "*deve-se delinear sobre a carta topográfica a projeção horizontal da nova cidade*", tarefa difícil à qual Haussmann dedicou, pouco mais tarde, todo seu empenho para preparar a base do plano de reforma de Paris, e Cerdà esbanjou todos seus recursos econômicos para gerar o mapa no qual baseou seu projeto de "Ensanche de Barcelona".

Neste panorama mostra-se uma mistura de conhecimentos técnicos, às vezes só de intuições, e de carências tecnológicas, das quais é prova a recorrência a técnicos ingleses para o nivelamento de muitas obras posteriores. Mas também há detalhes no texto de Beaurepaire que são amostras da penetração rápida das novas idéias no urbanismo carioca, ainda quando pudessem parecer extemporâneas para a capacidade técnica do contexto ao que se importavam.

Esta distância entre conhecimento e tecnologia se faz mais patente em uma das propostas aparente-

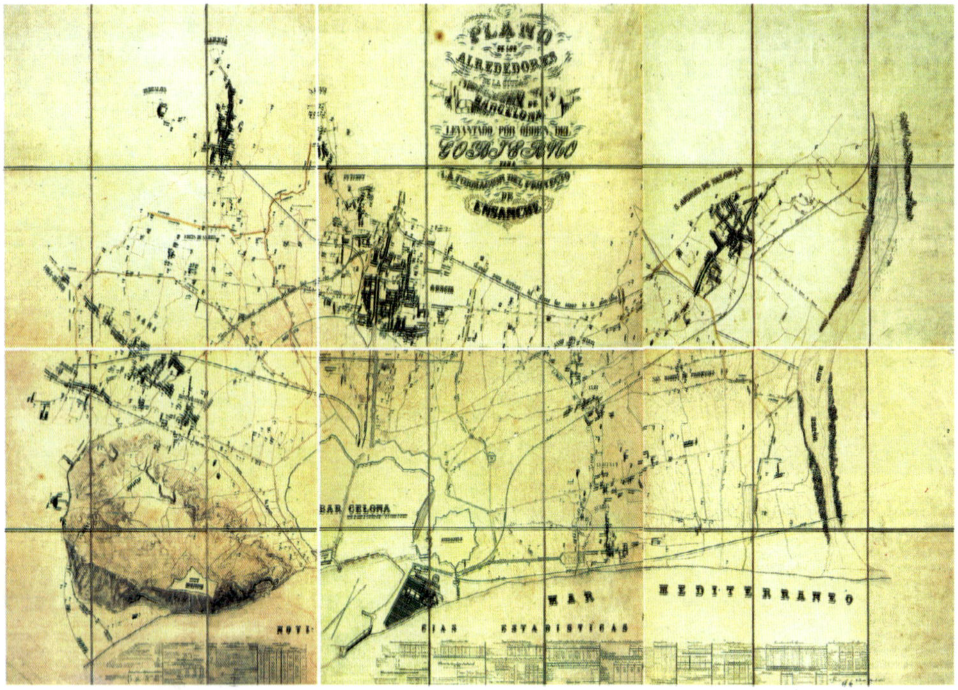

Plano topográfico de Cerdà para a elaboração do "Proyecto de Ensanche de Barcelona"

mente menos factíveis de Beaurepaire, como a de aproveitar para a navegação os canais que haveriam de se criar para a esgotadura do mangue da Cidade Nova.

As técnicas de criação de canais para navegação estavam já muito desenvolvidas pela engenharia militar, sendo mítico o Plano dos Três Canais de Amsterdã de 1607, e durante todo o século XVIII se haviam aperfeiçoado amplamente como base de uma rede interior de transporte na França, no sul da Inglaterra e em outros territórios da Europa ocidental. Inclusive na América Latina existiam obras de grande importância como o Canal de Cartagena das Índias no Rio Magdalena, o Canal Real de Maipó em Santiago do Chile e sobre todo o Canal de "deságüe de Huehuetoca" de dessecação da lagoa da cidade do México[32].

Beaurepaire observa que a conformação do território da Cidade Nova, entre montes que desaguavam sobre ela, justificava a criação de uma rede de canais; por isso destina parte do seu Plano à recomendação de criar um canal desde a Ponte dos Marinheiros até a frente portuária na Praia dos Mineiros, junto ao edifício da Alfândega, fazendo-se eco, como disse, de propostas já formuladas com anterioridade na cidade, e

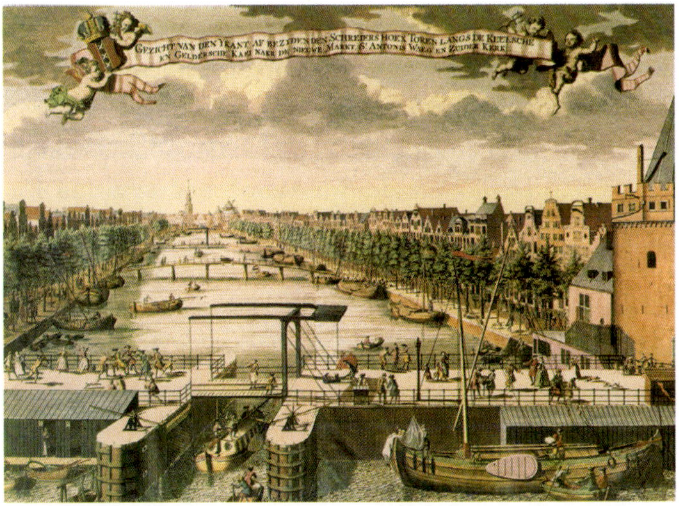

Canal de Amsterdam e pont de St. Antoni.
Gravura do século XVIII. Scheepvaarmuseum

Currier: "Chicago, bird's eye view" (fragmento).
Gravura de 1892: New York Public Library

tomando como modelo a ampla rede de canais construída na Inglaterra no século anterior com financiamento de investidores privados.

A proposta parece pouco fundamentada pela referência escassa que faz aos desníveis e às técnicas de comportas que tanto se haviam desenvolvido na engenharia européia, e que pareceria prudente ter estudado antes da sua recomendação de canal navegável de costa a costa. Mas o que é certo é que já existia uma ordem de execução do canal do Mangue aprovada pelo governo em 1835, e quando foi construído, a partir de 1854, por iniciativa de Mauá e com direção inglesa, o canal serviu para a navegação de pequenas embarcações para levar carvão Cardiff até a fábrica de gás, mas sem continuar pela Cidade Velha.

Parece mais fundada, pelo contrário, a defesa que faz deste canal pela sua função de drenagem dos terrenos pantanosos existentes na área de expansão futura da cidade.

Mais seguro se mostra em sua proposta de regularização de uma frente portuária, que abarcaria toda a orla leste e norte da cidade, já que até então não existia uma estrutura portuária adaptada às novas técnicas de navegação.

A irregularidade da linha litorânea e a inexistência de diques para navios de grande envergadura tornavam difícil a operação de carga e descarga de mercadoria e passageiros. Já no final do século XVIII haviam sido realizadas algumas obras de retificação da orla portuária diante do Largo do Paço, com a implantação de uma fonte de abastecimento de água para os navios, e também para a cidade, e Beaurepaire recorda a recente e feliz finalização das obras do cais da Imperatriz junto à praia de Valongo.

A proposta de Beaurepaire é a construção de um cais portuário contínuo que abarcaria toda essa frente, desde a extremidade do Morro do Castelo até o Morro de São Bento. Sugere a elaboração de um projeto global para o porto, embora sua execução se fizesse por etapas. Além da necessidade do dique, a sua preocupação se estende a sugerir um espaço de trânsito, de 60 palmos, entre o cais e as edificações, distância que recomenda também para os novos edifícios do cais da praia de Valongo.

Junto a esses trabalhos que constituem uma intenção de modernização da cidade com técnicas usuais da engenharia da época, existe também no Plano uma introdução às novas técnicas dos serviços urbanos: a pavimentação, já comentada, o abastecimento domiciliar de água e a rede de coleta das águas servidas (esgotos). Estas últimas preocupações se inscrevem na corrente higienista e de saúde pública que mais tarde se comentará, mas agora se registram objetivando atestar o conhecimento de Bearepaire dos sistemas de canalização de água até as casas que se desenvolviam em cidades européias, uma vez conhecida a sistematização do cálculo a que antes se fez referência e que os tubos de fundição metálica permitissem maiores vazões e pressões.

A cidade colonial do Rio de Janeiro contava com dois aquedutos importantes para a distribuição de água potável. O primeiro, o Aqueduto da Carioca, com águas provenientes do Alto do Corcovado, do Rio da Carioca, conduzidas através do Vale do Desterro, por meio do aqueduto dos Arcos da Carioca para o Campo de Santo Antônio; dessa condução se abasteciam diversas fontes, as quatro já citadas na cidade central e outras cinco mais periféricas (Glória, Mata-Cavalos, Lagarto, Capim e Ajuda). O segundo aqueduto trazia as águas que provinham do Rio Maracanã Velho (ou Rio Andaraí), desde um lugar chamado Águas Férreas no Andaraí Pequeno, mediante um precário sistema formado por uma canalização irregular que seguia caminhos de ladeiras até a Cova da Onça, no Catumbi, onde se unia com as águas do Rio Comprido, continuando o seu percurso por um conduto coberto, até chegar ao depósito de águas no Catumbi, e de lá continuava até o Campo da Aclamação.

Beaurepaire propõe, como medida de interesse, "*que se distribua água potável por todas as casas, encanando-se competentemente às da Carioca e Maracanã*". Responde assim a um problema importante da cidade, como mostra o fato de que o chafariz mandado construir em 1811 pelo Imperador no Campo de Santana (o do Catumbi) resultara já insuficiente para a implantação urbana gerada em seu entorno, além de ter importantes perdas e escassez de torneiras, e foi substituído em 1818 por outro de alvenaria de pedra. Em 1833 existiu uma tentativa frustrada de constituição de uma sociedade para o abastecimento domiciliar de água, e na época do Plano Beaurepaire funcionava, desde 1840, um serviço privado de abastecimento às casas com "carroças dotadas de pipas" [33].

Só depois de 1850 se iniciaria a modernização do sistema de distribuição de água, com a instalação de uma rede domiciliar com tubos de ferro e aparelhos hidráulicos importados da Inglaterra, sob a supervisão de engenheiros contratados, em sua maioria, no exterior.

INFLUÊNCIA DO MOVIMENTO HIGIENISTA OU DE SAÚDE PÚBLICA NO PLANO BEAUREPAIRE

As propostas do Plano Beaurepaire parecem refletir o conjunto de preocupações sociais que moldaram a noção de Saúde Pública, que por sua vez ocasionou a formação de uma tradição disciplinar na medicina e na engenharia: a sanitária, que estaria na origem da urbanística. Uma reflexão de C. Hamlim resume bem esse feito.

"Existe uma tradição francesa de estatísticas e topografia da medicina, e tradições alemãs de polícia médica que foram mescladas por um grupo de funcionários de elite dentro das instituições do Estado para responder ao problema da doença, inicialmente através de instalações públicas de abastecimento de água e esgoto. Exportadas para o continente, para as colônias e o resto do mundo, quando este se tornou urbanizado e industrializado, e o sistema sanitário Britânico se tornou referência universal do sistema de provisão da saúde" [34] .

É difícil estabelecer o momento histórico em que surgem as técnicas de Saúde Pública como disciplina especializada dentro da Medicina, já que é complicado determinar até que ponto começou como uma rama secundária da medicina, ou como resposta de uma parte da classe médica ao clima reformista geral de "socialismo utópico" na era dos Saint Simon, Proudhon, Fourier, Owen o Blanc.

O autor Campos Coelho tem destacado, acertadamente, o componente de conquista de poder que teve o higienismo, em um processo de pugna entre médicos e engenheiros que finalmente seria decidido em favor destes últimos.

"A despeito da impressionante produção teórica dos higienistas franceses na primeira metade do século XIX, seu programa era o que era: uma irrealizável aspiração de compartilhar plenamente o poder do Estado, de disciplinar física e moralmente a sociedade, de formular as leis gerais de sua evolução" [35].

Para entender essas apreciações, devem-se levar em conta a pouca bagagem científica da medicina na primeira metade do século e lembrar a acalorada polêmica sobre a relação assepsia-doença que começou a partir de 1850 e que não seria resolvida até o descobrimento das bactérias por Pasteur ao redor de1880[36]. No caso brasileiro, Campo Coelho destaca também:

"Examinando tais matérias nos Annaes de Medicina Brasiliense, órgão oficial da Academia Imperial, o leitor terminará com a desconfortável impressão de que os médicos -os de maior cultura e prestígio- não tinham a mais longínqua noção do que faziam, procedendo com uma absurda dose de arrogância e irresponsabilidade".

De qualquer maneira, o movimento higienista surgiu a partir da idéia de que o meio ambiente urbano era a causa das epidemias e doenças que agravavam a saúde e a convivência pública. Já no final do século XVII, na Europa do Iluminismo, dos soberanos absolutistas ameaçados pelo ideal constitucionalista revolucionário, surgiu uma preocupação quase paternal pela adoção de medidas destinadas a melhorar a saúde e o bem-estar da população. Podemos considerar o médico vienense J. P. Frank (1779-1819), um típico representante do pensamento enciclopédico, como o pioneiro da preocupação com a saúde pública.

Frank considerava os problemas de saúde pública como um aspecto parcial de um problema maior, de ordem econômica e social. No seu livro "System einer vollständingenArtz Polizei" (O Sistema de uma política médica completa), formado por seis volumes, aborda todos os problemas relacionados com a saúde: desde a higiene no matrimônio e a das crianças, até as doenças contagiosas e epidêmicas, passando por questões relacionadas com a alimentação e moradia, aos estudos sobre as instituições sociais e seus efeitos na saúde pública. Neste livro estão solidificadas as bases do movimento higienista moderno e os meios para a melhora da saúde mediante leis e medidas a serem tomadas pelo Estado[37].

Após o período de guerras e revoluções que agitaria o mundo na transição do século, se seguiria um período reacionário (a Restauração francesa durou até 1830), em que a Inglaterra e em parte a Alemanha substituíram a preeminência do ideário enciclopédico criado na França. O pensamento utilitário, catalisado em torno de Jeremy Bentham, colocou em evidência, entre outros aspectos, que todos os fatores relacionados

Pradilla : "Fuente de Lavapies de Madrid, a inícios del XIX"

E. Hildebrand: "Chafariz da Carioca".1844. Nationalgalerie, Berlin

com a saúde pública das cidades são de competência e responsabilidade do poder público[38].

Não é de se estranhar que a Inglaterra fosse pioneira do movimento de saúde pública, pois é o país que sofreu mais fortemente o impacto da industrialização e da urbanização em suas cidades. Em nenhum outro lugar o êxodo massivo do campo para a cidade ocorreu tão rapidamente, nem em uma escala tão extraordinária; segundo destaca Morris, em 1750 menos de 20% da população da Inglaterra habitavam as cidades, e, no entanto, já em 1900 menos de 20% continuavam vivendo no campo[39].

A revolução industrial e o rápido desenvolvimento das cidades provocaram uma nova etapa relativa à saúde pública. Nas grandes cidades industriais, a situação social era tão grave, como conseqüência das contínuas epidemias que ocorriam naquelas aglomerações, que mais de um autor destacou que a história das cidades da Grã-Bretanha na primeira metade do século XIX é, em grande parte, também a história do tifo e da tuberculose.

Foi este país o primeiro em que a saúde pública passou a ser objeto de disposições administrativas e legislativas, o que não foi de fácil implantação, pelo caráter privativo de sua legislação e jurisprudência; disso advêm as dificuldades dos sucessivos governos para introduzir inovações no campo da higiene, no campo da água potável e do saneamento, e em fazer respeitar as regras de construção, circulação e polícia urbana. Seriam fatores definitivos para a sua consolidação os embates do novo partido liberal radical, dirigido por nada menos que Bentham e Ricardo, o desenvolvimento das Trade Unions trabalhadoras, a crise econômica de 1825, a influência da Revolução francesa de 1830 (que iniciara a idade de ouro da burguesia) e, sobretudo, as epidemias de cólera nesse mesmo ano.

Os representantes mais célebres deste movimento de saúde pública foram Southwood Smith (1748-1861) e Edwin Chadwick (1800-1890), ambos membros do General Board of Health. Smith foi o autor de uma obra importante, "The Philosophy of Health" (Londres, 1835), e fundador da Associação de Saúde das cidades; e Chadwick, que não era médico, e sim advogado e jornalista, passará para a História como o pilar fundamental do "Sanitary Movement" britânico, e reconhecido como o fundador do higienismo moderno.

Em 1832, Chadwick foi nomeado pelo governo inglês para fazer parte da denominada Comissão dos Pobres. Em 1834 foi promulgada a primeira lei sanitária da Inglaterra, sem resultados efetivos. Em 1839 Chadwick obteve do governo inglês a autorização para que o encargo público que havia recebido para estudar higiene e saúde no condado de Whitechapel se estendesse a todo o país.

Em 1842 publica o "Report on the Sanitary Conditions of the Labouring Population of Great Britain", que foi o primeiro trabalho estatístico sério sobre a saúde pública em uma ampla amostragem de cidades inglesas e no que também demonstra seus conhecimentos sobre a saúde noutras cidades européias como Roma, Paris ou Berlim[40].

Como conseqüência, em 1847 foi promulgada a já paradigmática "Public Health Act" e em 1848 foi constituído o "General Board of Health" tendo Chadwick participado de sua elaboração; em 1854 ele se retirou da vida pública tendo trabalhado até então nessa causa.

Quase todos os autores brasileiros têm destacado como o ingresso dos médicos no poder imperial se conformou sobre o ideário higienista francês[41]. Pode ter sido decisiva a influência francesa na formação médica no Brasil daqueles anos, mas isso não parece tão claro no que se refere ao desenvolvimento do discurso da saúde pública, concentrado somente numa pequena elite de médicos aos que esse ramo social da medicina (da medicina forense, segundo Campos Coelho) serviria para obter cargos na Administração Pública. Porém, os fatos reais apontam a necessidade de analisar outras influências no discurso higienista brasileiro.

Ainda que não seja pequena a contribuição dos franceses Londe, Tourtelle ou Tardieu, temos que lembrar que o higienismo francês foi mais ideológico, mais empenhado em criar a utopia de uma ciência do homem na sociedade que colaborasse em aperfeiçoar a natureza humana. E também foi mais tardio na prática, dependente da tarefa dos engenheiros consolidada a partir de 1860 por Belgrand, diretor do "Service des eaux" de Haussmann.

É possível que os autores que têm defendido aquelas influências quisessem, no fundo, destacar as semelhanças entre a influência dos médicos no governo de Luis XVI após a criação em 1776 da Societé Royale de Médecine e a ascendência dos mesmos profissionais no Império de Dom Pedro I com a criação em 1829 da Sociedade de Medicina do Rio de Janeiro.

Porém é mais interessante indagar sobre a formação da eficaz legislação de saúde pública inglesa, e em menor grau da alemã, e separá-la do higienismo como doutrina social dominante na França na primeira metade do século. E é nesta indagação que se encontram semelhanças entre alguns dos aspectos que preocuparam Beaurepaire e o informe de Chadwick, o que não é de estranhar num país que, ainda que tivesse a cultura francesa como referência, dependia comercial e tecnologicamente do colonialismo britânico.

Ainda que seja improvável que Beaurepaire conhecesse o informe de Chadwick (porque a data de sua publicação é 1842 e o Plano Beaurepaire é de 1843), tampouco se pode descartar que houvesse tido acesso às inquietudes e conteúdos que deram origem ao mesmo, uma vez que os trabalhos de Chadwick começaram em 1838 e durante a sua investigação foram produzidas múltiplas consultas com médicos ingleses, refletidas em alguns artigos. Em todo caso este dado não parece ser imprescindível para mostrar as diversas semelhanças de idéias, justificação de propostas e, inclusive, métodos de trabalho.

Em primeiro lugar, é inegável que a filosofia do Plano Beaurepaire comparte claramente a certeza de que a melhoria das condições físicas promoverá a formação de uma nova sociedade; assim o demonstram os seguintes parágrafos do seu Relatório:

> *"Além das vantagens materiais, que resultariam destes trabalhos, o país ganharia em melhoramento moral e industrial. Em verdade, a notícia desta emprêsa e o empenho do govêrno em animar invitariam milhares de artistas estrangeiros a nos trazer suas fábricas, suas oficinas, seus conhecimentos, enfim; e isto contribuiria poderosamente para produzir um incremento notável em nossa população, uma revolução benfazeja".*

E, inclusive, declara nitidamente sua inserção no pensamento utilitário liberal e nas correntes sansimonistas de confiança no progresso material como ferramenta social, quando afirma:

> *"nossa indústria, que se acha em atraso, por causa dessa tendência para o fidalguismo, que a despeito das salutares teorias constitucionais, faz com que as artes mecânicas, e mesmo as liberais, vivam, entre nós, como em degrêdo; que muitos se envergonham de as professar, preferindo vegetar humildemente à porta de um ministro, à pista de um emprego público, do que entregar-se a um trabalho honesto".*

Chadwick quis mostrar que existia uma relação direta entre as condições de higiene pública, de moradia e enfermidade, pretendendo empurrar o Governo à adoção de medidas sanitárias que diminuíssem a freqüência e incidência de certas doenças, e melhorassem os hábitos de convivência social. Prognosticava que a remoção das nocivas circunstâncias físicas da cidade e das casas levaria a um forte aumento da esperança de vida da população trabalhadora.

> *"The combination of all these arrangements it is probable that the full ensurable period of life indicated by the Swedish tables; that is an increase of 13 years at least, may be extended to the whole of the laboring class."*

Beaurepaire não vai tão longe no seu Plano, mas há que se entender nesse mesmo sentido sua afirmação de que grande parte dos defeitos da cidade se deviam a sua condição de ser construída sem normas, do que se deduz a estreiteza, insalubridade e irregularidade de suas ruas, certeza na qual se sustenta a finalidade principal da sua proposta:

"também o ensejo para dar-se à cidade uma forma mais regular, às águas um esgote mais pronto, e aos habitantes uma residência mais cômoda, aprazível e sadia."

Chadwick, na recapitulação das conclusões de seu informe, elabora uma lista de recomendações que engloba temas tão variados como a rede de esgoto e abastecimento de água, a abertura de espaços livres e parques públicos para prover o arejamento da cidade, e o estabelecimento de requisitos higiênicos para todas as casas; propõe a eliminação de todos os elementos físicos que causam prejuízos higiênicos da população (águas paradas em sótãos e canais abertos) e a instalação de lixeiras comuns, de cemitérios e matadouros, e outros tantos aspectos que também são objeto da atenção de Beaurepaire.

Assim, no seu Plano, encontram-se referências às condições de adensamento das casas, sem diferenciar seu destino e as diferentes classes sociais:

"Não se permitirá mais a construção de casas debraça e meia, sem cômodos,(....) Em lugar desses sobrados de três janelas, que, apesar de seu exorbitante aluguel, acomoda dificilmente uma família ainda pequena, haverá prédios de dois andares"

Também faz referência às condições higiênicas adequadas para as casas, como a exigência de condutos de drenagem de águas nas fachadas das casas e de um maior número de aberturas para janelas, e ainda as recomendações para criação de quintais.

Sobretudo, sugere corrigir a construção defeituosa das ruas, que provocava estancamento nas águas e insalubridade nas edificações, propondo que a seção da rua tivesse o declive suficiente em direção às sarjetas laterais forradas de cantaria e com curvatura suficiente para facilitar o deságüe, a serem instaladas.

Mas, a principal analogia entre ambos se encontra na ênfase posta no Plano Beaurepaire no arejamento da cidade e na importância dos pântanos como produtores de umidade e eflúvios fétidos, fatores de insalubridade:

"O clima do Rio de Janeiro passa geralmente por mau, e, entretanto, não há outro melhor no mundo. O querealmente é doentio limita-se ao vale pantanoso em que está edificada a cidade; e isto mesmo é devido à nossa falta de indústria. Se nos propuséssemos a destruir os defeitos naturais, que aqui existem, não serremos, por certo, tão freqüentemente vexados, por essas epidemias, que tantos sacrifícios nos custam."

Fazia-se assim eco de uma corrente de opiniões que começava a se formar sobre a morfologia da cidade como a principal causa de seus problemas sanitários, e que iria aumentar até servir de motivo para a grande reforma que a cidade sofreu durante a transição para o século XX. Devemos levar em conta que a coincidência espacial das zonas pantanosas limítrofes e o clima tropical agravavam o problema, até o ponto de serem considerados a causa principal de doenças e mortalidade da população, segundo os discursos médicos da época, como mostra o discurso de F. Freire na Academia Imperial de Medicina em 1832:

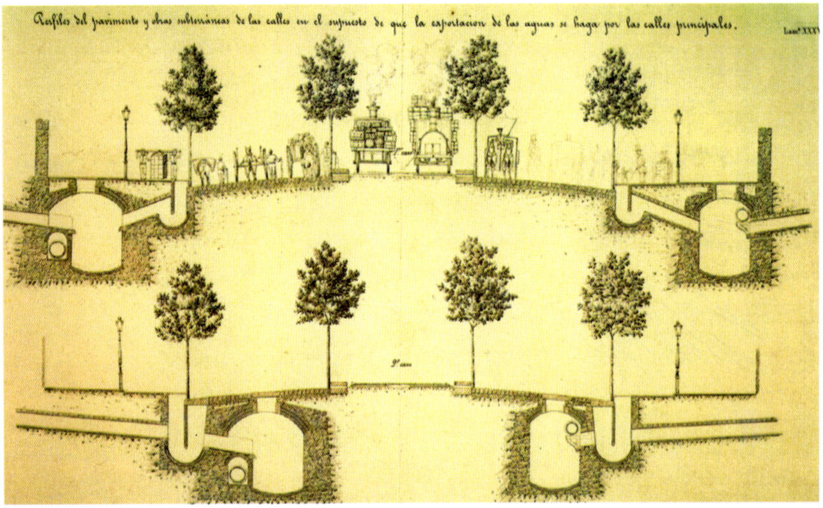

I. Cerdà: Rua de 35m com galerias de serviços. "Atlas de l'avantprojecte d'Eixample". 1855

"O clima do Rio de Janeiro é insalubre: todo o mundo o reconhece e padece sua influência.... Situada ainda na zona ardente, sobre uma planície baixa, rodeada de mar, de pântanos e de montanhas, esta cidade reúne duas condições de clima muito contrárias à saúde: o calor e a umidade. O calor resulta da posição vertical do sol nos meses de dezembro, janeiro e fevereiro e da reverberação das montanhas e rochas de granito que vizinham a cidade; a umidade que domina em sua atmosfera provém da evaporação das águas do mar e dos pântanos, e a do solo é conseqüência de ser este nivelado com a superfície do mar e (haver) pouco declive para o escoamento pronto das águas superiores" [42].

Ainda que essa corrente de opinião houvesse começado a formar-se durante o período de Regência até a publicação do Plano Beaurepaire, não se têm notícias de um trabalho anterior que contivesse todos os elementos de intervenção que o Plano sugere; derrubada de morros para arejar a cidade e drenagem de pântanos por motivos de salubridade serão os principais elementos de um discurso que a população terminará assumindo quase sem crítica.

Já foi feita referência às propostas concretas de construção de parques, mas também é necessário destacar sua aposta na arborização das praças da cidade "como meio de purificar a atmosfera", além da função ornamental; e como engenheiro sugere um exame dos terrenos destinados ao plantio de árvores, já que seu diagnóstico indicava que o feito na época era inadequado e não levava em conta as condições de um solo heterogêneo, anteriormente regado por águas marinhas.

Beaurepaire também faz referência à implantação de um sistema de coleta de lixo (despejo público), análogo ao de cidades européias, mesmo que a proposta seja somente uma sugestão e pareça tecnicamente pobre se comparada às propostas de galerias feitas um pouco mais tarde por Belgrand em Paris ou Cerdà em Barcelona. Parece uma anedota que ele assinale a existência da proposta de um empresário que se encarregaria do depósito do lixo no meio da baía (com um barco inventado por ele mesmo), como já ocorria na cidade de Recife.

A respeito da necessidade de medidas sanitárias para o enterro dos mortos, Beaurepaire se lamenta do antigo costume de enterrá-los nos pátios das igrejas, e propõe a criação de cemitérios, como locais específicos distantes do centro da cidade, exemplificando o cemitério da colônia inglesa existente no Rio, no litoral norte:

> *"Podem ser de um aspecto simples, conservando todavia o caráter monumental. Convenientes recintos, com uma capela de sufrágios, deixando-se cada um a liberdade de levantar monumentos à memória das pessoas, que lhe foram caras, tal deve ser o último asilo das gerações que findam."*

Também é importante sua preocupação com o saneamento dos matadouros, lugares problemáticos quanto a geração de lixo orgânico. Beaurepaire diagnostica que o matadouro da praia de Santa Luzia era "*um galpão imundo, rodeado de barracos cujas gasificações produziam enfermidades endêmicas na vizinhança*"; por isso, propõe uma nova localização do matadouro em São Cristóvão, em um subúrbio rural, o que "*seria altamente benéfico pela proximidade de águas e prados*". Na nova localização poderia existir grande facilidade para o transporte de mercadorias por mar em direção à rede de mercados existentes na época praias de São Cristóvão, Saco do Alferes, Saúde, Prainha, Mineiros, Dom Manuel, Santa Luzia , Gloria , Flamengo e Botafogo.

Beaurepaire faz referência à necessária construção de mercados, assim como melhoria das condições ambientais ao redor dos já existentes. Elogia a recente construção de um mercado na antiga Praia do Peixe (que havia sido projetado por Montigny inspirado no mercado de Saint Germain de Paris, construído entre 1813 e 1816) apesar de manifestar seu desgosto pelo aspecto arquitetônico pouco utilitário e muito dependente do enfoque neoclássico tão característico de Grandjean de Montigny.

Além destes paralelismos, é também relevante a analogia do método de trabalho utilizado, baseado na observação particular dos fatos, mesmo quando Beaurepaire não utiliza a estatística e a quantificação deles, o que Chadwick realizou como método científico. Mas o paralelismo está na forma de enfrentar os problemas urbanos, não a partir de uma perspectiva simplesmente ideológica, mas levando em conta o conhecimento particular e medido dos problemas de uma sociedade e de um território, segundo os princípios do positivismo. Atitude que mais tarde converteria a medição estatística em método de diagnóstico, como reflete o "monumento" da investigação sociológica que foi o Informe sobre as condições da classe trabalhadora na Inglaterra de F. Engels, de1884[43].

Interpretação do percurso feito por Beaurepaire, sobre o mapa do Município Neutro

Não obstante, é o método de observação direta aplicado por Chadwick, e outros pesquisadores ingleses contemporâneos, e não a estatística, o que F. Choay qualifica de verdadeiro monumento à sociologia urbana do século XIX, já que o fenômeno urbano foi visto pela primeira vez com "*olhos clínicos, e não só com olhos estatísticos e frios como ocorreu no final desse século*"[44] .

Pois bem, para realizar seus relatórios, Chadwick e Beaurepaire utilizaram o mesmo método de conhecer "in situ" todo o território sob suas responsabilidades e para isso ambos empreenderam longas viagens. Ademais basearam suas propostas nas informações obtidas de seus colaboradores, evidenciando a necessidade de contar com um grupo de técnicos e administradores dedicados ao tema.

> *"Since my especial attention was directed to the inquiry as to the chief removable circumstances affecting the health of the poorer classes of the population, I have availed myself of every opportunity to collect information respecting them. In company with Dr. Arnott I visited Edinburgh and Glasgow, and inspected those residences that were pointed out by the local authorities as the chief seats of disease. I also visited Dumfries. As inspection of similar districts in Spitalfields, Manchester, Leeds, and Macclesfield, and inquiries formerly made under the Commission*

of Poor Law Inquiry, an inspections of the condition of the residences of poorer classes in parts of Berkshire, Sussex and Hertfordshire, had supplied me with means of comparison."

Beaurepaire, por sua vez, empreendeu uma viagem, partindo da Cidade Velha em uma carruagem, para conhecer toda a problemática das obras do município do Rio de Janeiro. Fica assim registrado o seu interesse pela observação do território como suporte da estrutura urbana da futura expansão do Rio, em uma época em que aquele era visto como um obstáculo para o desenvolvimento da cidade, o que mostra uma visão que se apropriava do conjunto do território com esse olho clínico que aplicará à problemática que o preocupava:

"Havendo empreendido ultimamente uma viagem, que levei até a freguesia de Guaratiba, pude convencer-me, por mim mesmo, do abandono em que parece existir o interior do município, ainda nos lugares mais importantes, por sua posição comercial".

Expõe que o trajeto da viagem foi feito minuciosamente, seguindo os vales entre as montanhas, passando pelos povoados importantes comercialmente, até os terminais de embarque e desembarque preestabelecidos, sobretudo na Baía de Sepetiba, que fazia parte da rede comercial do porto do Rio.

Além da constatação de semelhanças entre o Plano de Beaurepaire e o informe do "pai" do movimento da saúde pública, o que interessa é que elas demonstram claramente as influências ideológicas e técnicas das idéias urbanísticas européias sobre o primeiro urbanismo brasileiro, e também que os planos urbanísticos em que se concretizaram, mesmo sem aprovação oficial, tiveram importantes conseqüências nas políticas públicas posteriores sobre a cidade.

Se o informe de Chadwick irá se converter em referência irrefutável da legislação européia desde então, também pode-se afirmar que, mesmo em menor escala, as propostas de Beaurepaire influenciarão o urbanismo carioca. Inclusive o Relatório da Comissão de Melhoramentos de 1975 reproduzirá grande parte do seu discurso.

O informe de Chadwick concluía que, sem a existência de uma lei, dificilmente seriam colocadas em prática as propostas contidas em seu informe. Daí surgiu a Public Health Act, de 1847, sob cuja cobertura se constituiu um ano mais tarde o "General Board Health", e posteriormente, os "Local Boards of Health", como entidades encarregadas de fazer cumprir a lei. Ficou excluída a City de Londres, onde já existia a "Metropolitan Comission os Sewers" e os seus distritos onde regiam as "Comissions of Sewers" desde 1825.

Esta legislação e as disposições que a desenvolveram recolheram também as propostas de Chadwick sobre financiamento e gestão da política de saúde. Em termos econômicos, propôs que os recursos necessários para os investimentos e gestão de saúde pública fossem obtidos através de contribuições especiais aplicadas aos imóveis ou generalizadas para todo o distrito. Além disso, os proprietários deveriam garantir aos funcionários, em todos os casos, o livre acesso aos edifícios e aos terrenos para preparar planos, inspecionar, medir, examinar os trabalhos, determinar a disposição dos esgotos e deságües, estabelecer os limites e, dependendo do caso, até poderiam ser aplicados procedimentos de expropriação.

Beaurepaire era consciente das mesmas dificuldades no cumprimento de suas propostas sem um maior poder e recursos do Município. Neste sentido, solicitou à Câmara Municipal a criação de mecanismos através dos quais poderia levar adiante a realização das obras de saúde pública e embelezamento da cidade propostas por ele mesmo. Entre esses mecanismos, estavam impostos para obras de infra-estruturas, melhorias de ruas e de portos realizadas pela Administração, e a criação de companhias privadas que levassem a cabo a urbanização com autorização expressa do poder público:

> *"e a execução de um projeto desta ordem, em que a Administração pública se deve interessar, a não ser empreendida pelo Govêrno, deve ser o apanágio de uma companhia composta de todos os proprietários com um número de ações proporcional ao valor material de suas casas, além das somas com que quiserem livremente entrar êles, ou outra qualquer classe de capitalista."*

Propõe também o recurso ao capital privado, o que se converteria no futuro em uma constante no urbanismo da cidade nesse século. Não pode surpreender a recorrência à gestão privada, uma vez que esta faz parte do ideal liberal com que o país pretendia introduzir o capitalismo, visto como instrumento de progresso.

Não é que na Europa desses anos, e muito menos em Londres, essas práticas não estivessem consolidadas, e talvez por isso não se perceba uma ênfase especial nelas na proposta de Chadwick, mas deve-se remarcar que as correntes do pensamento europeu da época eram mais próximas à exigência da intervenção pública. Porém, tampouco se pode dizer que Beaurepaire estivesse alheio a esta preocupação de intervenção pública, senão que possivelmente era consciente da falta de recursos e poder do município.

Do interesse da recorrência ao instrumento de gestão privada haverá muitos exemplos no futuro; igual ao que aconteceu nas cidades européias, esse instrumento acabaria sendo substituído por um acordo tácito entre os interesses privados e públicos que deixou nas mãos das prefeituras a execução da urbanização financiada por empréstimos; método aplicado nas transformações da cidade realizadas no início do século XX que culminariam com a derrubada do Morro do Castelo.

No informe justificativo de E. Maia "Higiene Pública: arrasamento do Morro do Castelo"[45], prévio ao Plano Beaurepaire, já se sustentava essa necessidade de derrubada dos morros como solução para promover uma melhora no arejamento da densa aglomeração, na qual morava a maior parte da população. Beaurepaire recolhe a proposta e sugere a sua execução a curto prazo, mesmo que fosse necessário o transcurso de oitenta anos para sua infortunada realização.

> *"A base deste morro ocupa uma superfície mais extensa que a da praça da Aclamação, o que inutiliza grande parte do terreno que poderia servir para edificações, além do que se destinasse para jardim dos convalescentes do hospital da Misericórdia, recolhidas, e expostos. Se se chegasse a arrasar esta montanha, muito ganharia a cidade em extensão, salubridade e embelezamento, como foi tão claramente demonstrado, pelo Ilmo. Dr. Emílio Maia, no seu relatório à Academia de Medicina."*

Valentin: "Egout collector sous le Boulevar de Sébastopol". Gravura sobre metal, 1858. Photothèque des Musées de Paris

Essa preocupação sobre a gestão da saúde pública foi recolhida no projeto que em 1846 Hadock Lobo apresentou à Academia, que incorporou velhas aspirações da elite médica, como o eram a criação de um Conselho de saúde pública, que invadia a esfera das atribuições da Câmara Municipal, para "*exigir dela as providências para o asseio e limpeza dos aquedutos, ruas, praças, praias e lugares públicos*", e reclamava a formalização de um crédito para obras de melhoramento do estado sanitário da capital e a criação de uma comissão de engenheiros para tomar conta das obras.

Este projeto culminou no decreto de 1850 que criava a Junta de Higiene Pública, cujo Regulamento é do ano de 1951, que na realidade teve mais influência na criação da opinião pública do que na implementação de políticas higienistas no Rio de Janeiro. A este respeito, Campos Coelho acredita que a tese da influência real do movimento higienista somente pode ser sustentada pela grande quantidade de regulamentos e posturas sanitárias aprovadas nessa época, mas não pelos recursos finalmente destinados à saúde pública nem pelo interesse mostrado pelo Estado nessas questões antes do advento da República[46].

Mas tampouco se pode falar de forma taxativa de desinteresse pela saúde pública em uma cidade onde já em 1835 (ano em que o governo inglês contratou Chadwick para estudar as circunstâncias que afetavam a vida das classes mais pobres da Inglaterra) o governo brasileiro autorizou o promotor inglês John F. Russel a implantar o serviço de encanamento sanitário e pluvial do Rio de Janeiro.

Contudo, essas obras demoraram vinte e um anos e, finalmente, se realizaram como resultado da concessão dada à empresa inglesa "Rio de Janeiro City

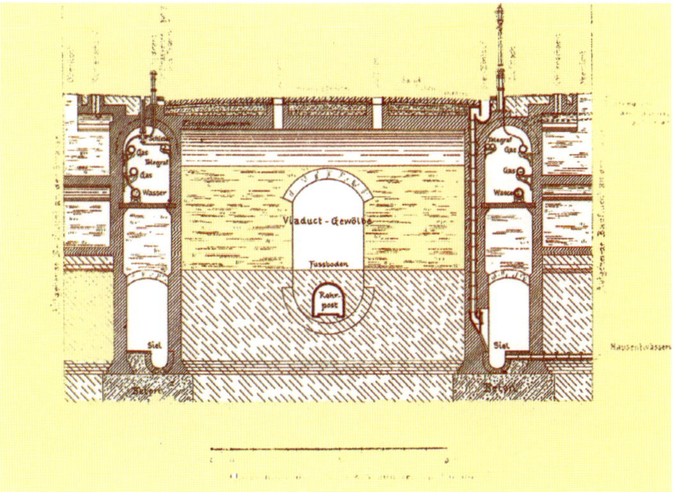

J. Stübben: Esquema de galerias de serviços debaixo de rua. Der Städtebau. 1890

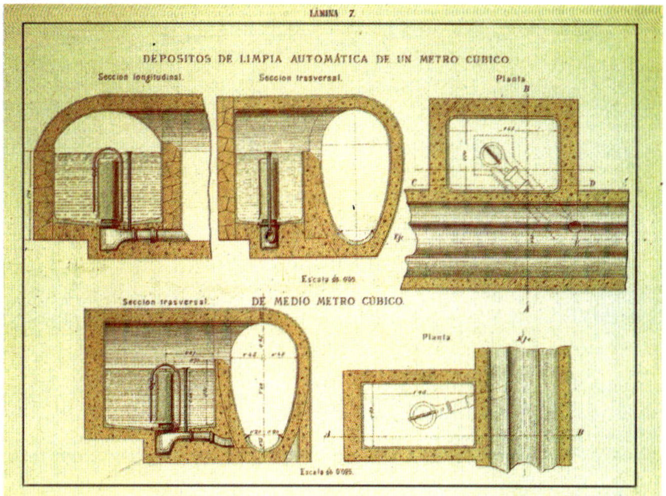

P. Garcia Faria: Galerias e depósitos esgotos. Proyecto Saneamiento de Barcelona.1893

Improvements"; e onde já em 1855, onze anos depois que Beaurepaire abandonara a Diretoria de Obras do Município de Rio, J. Russel havia tentado, com emprego de presos da Casa de Correção, a implantação de um sistema de "main drainage" considerado seguro, moderno e eficiente pelos engenheiros ingleses do Civil Engineer Institute de Londres.

Assim, o Rio de Janeiro foi uma das primeiras capitais do mundo a contratar uma companhia para instalar um moderno sistema domiciliar de esgotos. Segundo citações de Bechimol, o alcance do sistema implantado na primeira rede de 1864 servia cerca de 7.800 prédios e já em 1870 este número subiu para mais ou menos 15.500.

O Rio de Janeiro se transformou, no discurso do Império, em uma cidade elevada inclusive em relação a outras capitais como Berlim, Buenos Aires e Roma, pelo fato de dispor dessas redes de serviços de tipo higiênico, sendo uma polêmica estéril o fato de que a cidade foi a primeira na América Latina que teve rede domicilar de esgoto.

O verdadeiramente importante é que, quando analisada a quantidade e procedência dos técnicos que trabalharam nesse processo e as técnicas utilizadas, pode-se concluir que a experiência nesta cidade constituiu um enorme laboratório de aplicações para as realizações em outras cidades, com influência posterior no desenvolvimento da engenharia sanitária e do urbanismo.

NOTAS

[1] Reis, J. de Oliveira: *História Urbanística do Rio de Janeiro*, em Revista de Engenharia Vol XLII nº 1/4 , 1992 e Vol XLIII nº1/4,1993. Prefeitura da Cidade do Rio de Janeiro.

[2] Mello Junior, D: *Rio de Janeiro: Planos, Plantas e Aparências*. Catálogo da Exposição. Ed. João Fortes Engenharia. Rio de Janeiro, 1988.

[3] O mais documentado estudo sobre a cidade hispano-americana constitui o livro: *La ciudad Hispanoamericana. El sueño de un orden*. CEHOPU. Madrid, 1989

[4] Bassols Coma, M: *Génesis y evolución del Derecho Urbanístico español*. Ed. Montecorvo. Madrid, 1973. No Brasil destaca a respeito desta tese, Cardoso de Mello, J. M: *O capitalismo tardio*. Ed. Brasilense. São Paulo, 1982.

[5] Morales de los Rios, op.cit. nota 10, capitulo 1.

[6] Benchimol, J. Larry: *Pereira Passos: um Haussmann Tropical*. Secretaria Municipal de Cultura. Rio de Janeiro, 1990.

[7] Garcia Enterria, E: "La configuración del régimen municipal francês de la Restauración" em: *La Administración española*. IEP. Madrid, 1961.

[8] Lyra, H: *História de Dom Pedro II*. São Paulo 1938, e *História da queda do Império*. Companhia Editora Nacional. São Paulo, 1964.

[9] Rodríguez , A: "El ferrocarril y la economia en Brasil" em Sanz, J: *Historia de los ferrocarriles de Iberoamérica*. Ministério de Fomento. 1998.

[10] Prado Júnior, C: *História Econômica do Brasil*. Ed. Brasiliense. São Paulo, 2004.

[11] Celso, A: *Oito anos de Parlamento-poder pessoal de Dom Pedro II*. Ed Melhoramentos. São Paulo 1928, cita extraída de Schwarcz, L.M. em *As barbas do imperador: D. Pedro II, um monarca nos trópicos*. São Paulo. Ed. Companhia das Letras, 1998.

[12] Prado Júnior, Op. cit. Nota 10

[13] Sisson, R: *Os Três centros de Rio*. Na Revista Municipal de Engenharia. Vol. XXXIX. Rio de janeiro, 1983.

[14] Holanda, Sergio Buarque de: *Raízes do Brasil*. Ed. José Olympio. Rio de Janeiro, 1977.

[15] Silveira, L: *Ensaio de iconografia das cidades portuguesas do ultramar*. Lisboa, 1967.

[16] Em frase de G. Rocha Peixoto, em Czajkowski, J: *Guia da arquitetura colonial, neoclássica e romântica no Rio de Janeiro*. Editora Casa da Palavra, 2000.

[17] Coustet, R: "Grandjean de Montigny, urbanista". Em Rosso del Brenna, Giovanna. *Uma Cidade em Questão: Grandjean de Montigny e o Rio de Janeiro*. PUC/RJ, FUNARTE. Rio de Janeiro, 1979.

[18] Vaz, L. Fessler: *Modernidade e Moradia. Habitação Coletiva no Rio de Janeiro. Séculos XIX* e *XX*. Editora 7 Letras. Rio de Janeiro, 2002.

19 Informaçoes extraídas da primeira pesquisa realizada pela autora deste livro, com supervisão de Augusto Ivan de F. Pinheiro, para o *Manual do Corredor Cultural*. IPLANRIO/ Rio Arte: Rio de Janeiro, 1985.

[20] Morales de los Rios define o sobrado como "a casa que tinha um corpo superior que não ocupava toda a largura do lote. Estava pois, mais para um lado. Era o que se chamava sobrado: isto é, o que sobra, o além do necessário. Op.cit. nota 10, capitulo 1.

[21] Em definição de Panerai, P: *Elementos de análisis urbano*. Nuevo Urbanismo, IEAL. Madrid, 1983.

[22] Deve-se levar em consideração que o famoso Passeio dos Ingleses de Nice, primeira grande obra de criação uma frente marítima urbana, foi construído vinte anos mais tarde que o Plano Beaurepaire.

[23] Sobre as origens dos regulamentos modernos de construção, ver Sabaté, J.: *El proyecto de la calle sin nombre*. Ed. Fundación Caja de Arquitectos. Barcelona, 1999.
[24] A braça é uma antiga unidade de medida de comprimento equivalente a dez palmos, ou seja, 2,2m. Definição do Novo Dicionário Aurélio da Língua Portuguesa. Editora Nova Fronteira, 1986.
[25] Cardeman,D y Goldfeld,R: *O Rio de Janeiro nas alturas*. Ed. Mauad. Rio de Janeiro, 2004.
[26] Dupuy, G: *Asainir la ville hier et aujourd'hui*. Ed. Dunod. Paris, 1982
27 Herce, M e Pinós, J: *Las infraestructuras de servcios urbanos en el siglo XIX*: revista O.P nº 49: Colégio de ingenieros de Caminos. Barcelona, 1999.
[28] Picon, A: *L'invention de l'ingenieur modern- L'École de Ponts et Chaussés 1747-1785*. Presses de l'École Nationale des Ponts et Chaussées. Paris, 1992.
[29] Telles, P. C. da Silva. *'História da Engenharia no Brasil. Séculos XVI a XIX*. Livros Técnicos e Científicos Editora S.A. Rio de Janeiro, 1984.
[30] Sobre o pensamento de Saint-Simon, Comte, etc. Ver Iglesias, M et alli: *Los orígenes de la teoria sociológica*. Akal Textos. Madrid, 1980.
[31] Magrinyá, F. "Les infraestructuras de serveis en les propostes urbanístiques de Cerda". Em: *Cerdà. Urbs i Territori*. Ed. Electa. Madrid, 1994.
[32] González Tascón, I: *Ingenieria española em Ultramar, siglos XVI-XIX*. Colégio de Ingenieros de Caminos, Canales y Puertos. Madrid, 1992.
[33] Morales de los Rios, Op. cit. Nota 10, capítulo 1.
[34] Hamlim.C: *Public Health and Social Justice in the age of Chadwick*. Cambridge University Press. Cambridge, 1998.
[35] Coelho, E. Campos. *As profissões imperiais: medicina, engenharia e advocacia no Rio de Janeiro, 1822-1930*. Ed. Record. Rio de Janeiro, 1999.
[36] Sobre a evolução da medicina moderna, ver Thorwald, J: *El siglo de los cirujanos*. Ed. Destino. Barcelona, 1999.
[37] Granjel, M: "La higiene del XIX em sus nombres", em: *Pedro Monlau y la higiene española del siglo XIX*. Universidad de Salamanca, 1983.
[38] Segundo N. Cavalcanti, a obra de Bentham recebeu um tratamento especial no Brasil em relação ao aparato de censura, os seus livros só podiam ser vendidos às "pessoas privilegiadas" (op.cit. nota 2, capitulo 1)
[39] Morris, A.E.J: *Historia de la forma urbana, desde sus orígenes hasta la Revolución Industrial*. Ed. Gustavo Gili. Barcelona, 1979.
[40] O Relatório Chadwick está publicado em Flinn M.W. *Report on the sanitary condition of the labouring population of Gt. Britain by Edwin Chadwick 1842*. Edinburgh University Press. Edinburgh, 1965.
[41] Machado, R. et alii: *A danação da Norma. A medicina social e a constituição da psiquiatria no Brasil*. Graal Ed. Rio de Janeiro, 1978.
[42] "Discurso à Academia Imperial de Medicina" de F. Freire Alemão em 1832, citado por Machado (op. cit nota 41).
[43] Engels, F: *A situação da classe trabalhadora na Inglaterra*. Ed. Presença. Porto, 1975.
[44] Choay, F.: *The modern city: planning in the 19th century*. Ed. Collins. New York, 1969.
[45] Emilio Maia foi um dos dois médicos que aprovaram o Relatório de Obras de Beaurepaire-Rohan; se graduou em Medicina pela Universidade de Paris, em 1833. O seu informe está analisado em A. Sacramento Blake: *Dicionário Bibliográphico Brazileiro*. IHGB. Rio de Janeiro, 1893.
[46] Como demonstra E. Campos Coelho , op.cit. nota 35.

Capítulo IV

OS RELATÓRIOS DA COMISSÃO DE MELHORAMENTOS (1875 e 1876)

Propostas do Plano da Comissão de Melhoramentos sobre perspectiva da cidade de E. Bauch

O CONTEXTO DO PLANO: A TRANSFORMAÇÃO SOCIOECONÔMICA DURANTE O SEGUNDO IMPÉRIO

Foram muitas as transformações ocorridas no país durante o reinado de Dom Pedro II. Nesse período se assentaram as bases da modernização da economia do Brasil, ainda que esta continuasse sendo fundamentalmente agrícola. Prado Júnior assinala: "*As novas dimensões adquiridas pela função exportadora, proporcionadas pelas largas oportunidades e possibilidades oferecidas na nova ordem internacional do capitalismo em que o Brasil se integrara, desencadeiam um processo de desenvolvimento que se reflete no conjunto da vida econômica e social do país; o que contrasta com o relativo imobilismo observado na etapa anterior*"[1].

Estas transformações foram feitas de forma gradual, mas não sem conflitos. A própria evolução das políticas e atitudes do Segundo Império marcaria as características diferenciais desse processo.

Como é sabido, podem se distinguir diferentes etapas no reinado de Dom Pedro II. A primeira vai desde a coroação até 1850, quando se estabeleceu uma involução da aparente concordância com o pensamento liberal, que culminou em um período turbulento de reações políticas em todo o país.

A segunda, que vai desde 1850 a 1864, pode ser classificada como o período de apogeu do Império, com intervenção constante do Imperador no governo e na vida econômica, etapa que terminou com a Guerra do Paraguai (1864-1870), cujas conseqüências duraram um longo tempo.

Existe ainda uma terceira época, depois dessa guerra, na qual o Brasil viveu uma profunda transformação, com a construção de estradas de ferro, telégrafo, navegação a vapor e portos modernos. Em 1873 se fundou o partido Republicano, algumas de cujas raízes podem ser encontradas nas Escolas de Medicina e Politécnica, dentro de um período liberal que se encerraria com o governo de Rio Branco de 1875 e a volta dos conservadores ao poder.

A última década do Império foi o período de transição para a República, e, para evitá-la, o Imperador fez grandes reformas políticas: a eleitoral e a abolição da escravatura. No entanto, os liberais se instalaram no poder desde 1878, graças à eleição direta na Câmara dos Deputados, aprovada em 1881.

Nesse contexto é difícil falar de consolidação do desenvolvimento industrial e capitalista preconizado pelo ideal liberal. O que se detecta na realidade é a existência de um processo dialético de reforma que assentaria as bases das mudanças do sistema econômico, que finalmente se produziriam na transição do século XIX ao seguinte.

Já o Código Comercial, promulgado em 1850, significou uma garantia para as operações comerciais ao regular os contratos, hipotecas, tráfego mercantil e regime de falência. Começaram a operar bancos comerciais, como o criado pelo Barão de Mauá em 1851, cujo capital social representava a terça parte do orçamento do Império.

Na análise da trajetória econômica do Barão de Mauá podem-se encontrar as informações mais precisas para compreender aquele processo. Sua presença econômica no país começou quando, em 1841, voltou de uma estadia em Londres depois de consolidar o respaldo financeiro do capital inglês; cinco anos mais tarde comprou a Fundição Ponta da Areia em Niterói como demonstração de seu afã de investir na industrialização do país, estabelecendo alianças econômicas e de amizade como os mais destacados membros do governo conservador[2].

Suas apostas sucessivas foram surpreendentes: Banco Comercial (1851), Companhia Imperial de Navegação a vapor (1852), Estrada de Ferro Rio-Petrópolis (1852), a Sociedade Mauá, Mac Gregor & Companhia para a gestão de investimentos estrangeiros (1854), Sociedade de Gás (1854), construção do canal do Mangue (1854), compra da Sociedade da Estrada de Ferro Rio-São Paulo (1855), Companhia dos bondes do Jardim Botânico (1862), Companhia do Telégrafo (1871), etc.

São investimentos realizados a partir do capital inglês e mais tarde norte-americano, e foram também

Desenho simulado do canal do Mangue sobre litografia de Therier: " Fábrica de Gás de Mauá". c.1854. Biblioteca Nacional, Rio de Janeiro

fruto de uma grande habilidade de especulação monetária que lhe permitiu salvar-se da crise financeira de 1857 e da crise criada pela Guerra de Secessão americana de 1861, o que aumentou sua capacidade de obtenção de capital.

Os seus negócios começaram a entrar em crise em 1859, quando o Imperador iniciou manobras para cercear esse poder econômico rival. Primeiro, com a criação de novas entidades bancárias que resultaram na compra do Banco de Mauá, e depois com uma sucessão de impedimentos àquelas companhias que levaram à falência de Mauá, a primeira de 1875 e outra de 1881, que foi definitiva.

Esta história reflete a debilidade de um marco econômico caracterizado pela constante intervenção do Imperador, no qual incidiam as pugnas entre conservadores e liberais; estes últimos, inimigos do ideal conservador de Mauá, ainda que por suas obras devesse ter formado parte de suas fileiras. Lutas exacerbadas com a fundação do partido Republicano e com a irrupção no poder da burguesia paulista, o grupo mais beneficiado pela guerra e mais ligado à industrialização.

Mauá pode ser considerado como um exemplo paradigmático, porém, não se podem centrar somente nele os fatos e sintomas modernizadores do desenvolvimento econômico do país; entre outros fatores adicionais, contribuiria também o ciclo ferroviário iniciado em 1852, quando a Lei tornou vantajoso este tipo de investimento.

O impulso dos investimentos ferroviários está ligado, também, ao fim do tráfico de escravos; inclusive na Inglaterra, onde em 1830 se construiu a primeira linha férrea do mundo: Liverpool-Manchester. No Brasil, a disponibilidade de capital investidor, na maior parte estrangeiro, se juntou à pressão das lavouras cafeeiras para a construção de linhas ferroviárias a fim de melhorar o transporte de um produto básico na economia exportadora do país.

A confluência da iniciativa local com a tecnologia e o capital estrangeiro, ainda que este também fosse brasileiro, terá como conseqüência o início do processo de integração do país no sistema capitalista internacional, fato que já tem sido destacado por muitos autores brasileiros.

As linhas Rio-Petrópolis e Santos-Jundiaí foram iniciativas de Mauá, como também foi iniciativa de um grupo de fazendeiros de Campinas a primeira linha paulista, com colaboração financeira e assistência técnica inglesa. À exceção da Estrada de Ferro Dom Pedro II, todas as demais serão de iniciativa privada, financiadas com capital de diversas procedências, já que as financiadas exclusivamente com capital inglês representam pouco mais de 30%[3].

Embora a Lei Feijó date de 1835, durante os dezessete anos transcorridos até a Lei de 1852 não se havia colocado nem um metro de vias, porém existiram muitas concessões de estradas de ferro. Não obstante, desde 1852 até o advento da República se construíram 9.000 km dessas estradas de ferro.

A lei de 1852 concedia vantagens como a possibilidade da ampliação para 90 anos do prazo de concessão (antes era de 40), o privilégio de monopólio de área num corredor de 60 km de largura, e a garantia de 5% sobre o capital investido. Garantia que se elevou a 7% pela Lei de 1872, que também estabeleceu um subsídio por quilômetro de trilho construído.

O desenvolvimento da economia cafeeira também significou um estímulo para a criação de uma indústria manufatureira, não só quanto às técnicas de produção, como também para o surgimento de uma industrial têxtil, primeiramente formada pela sacaria do café e que, pouco a pouco, se tornou independente desta. Estes estímulos não tiveram muito resultado na cidade do Rio de Janeiro, onde a industrialização foi muito lenta, a despeito dos privilégios concedidos pelo Imperador já em 1830. E se caracterizou pela existência dos engenhos, lavouras e alguma indústria têxtil na periferia e pela proliferação de indústrias quase artesanais no Centro, apesar das disposições adotadas pelos Códigos de posturas da Câmara Municipal para incentivar seu translado para fora dele. Além disso, esta industrialização foi também combatida pelos grandes grupos comerciais da cidade até a última fase do Império.

O trabalho necessário para a construção das ferrovias impulsionou, também, a imigração da mão-de-obra estrangeira, de forma que no final desse século o contingente de população imigrada alcançava 25% do total de habitantes da cidade, já que as ferrovias foram construídas com trabalhadores assalariados. De outro lado, a importação de bens para a construção das estradas de ferro possibilitou, também, certa modernização do artesanato e do comércio, pelo abuso das leis que a protegia.

Não obstante a pouca industrialização do país, muitas coisas haviam mudado no contexto socioeconômico da cidade na passagem de uma economia agrária e mercantil para uma economia industrial e capitalista.

Aubrun: "Panorama de Lagoa pris de St. Christophe". Litografia, c.1850 Museu Histórico Nacional, Rio de Janeiro

Renard: "Coupe sur rue et réseaux souterrains". Gravura sobre metal, 1858. Photothèque des Musées de Paris

No item seguinte deste capítulo se mostram os efeitos dessa mudança sobre o desenvolvimento da cidade, porém deve ressaltar-se que já na época da Comissão de Melhoramentos a cidade havia deixado para trás seu aspecto de capital de um império "escravocrata", ainda que a abolição definitiva da escravatura tenha sido aprovada em 1888.

No ano de 1875 se celebrou a Primeira Exposição de Obras Públicas, dentro da quarta Exposição Nacional, como ensaio para a Exposição Universal de Filadélfia do ano de 1876, que pretendia explicar a modernização do país.

Entre os projetos apresentados nessa mostra sobressaíam vinte e dois de melhora de portos (do nordeste e do sul do país), dois de canais (em Sergipe e no Rio Grande do Sul), além de projetos de estradas de rodagem, linhas férreas e telégrafos.

Algumas destas obras se referiam ao Rio de Janeiro, mas eram secundárias dentro do conjunto da Exposição, fato que não é estranho dado que a cidade estava imersa num processo de geração de sociedades de capital e investimentos relacionados com a introdução dos serviços urbanos e os bondes, como se comenta nas páginas seguintes[4].

Este mesmo processo estava acontecendo também na maioria das cidades ocidentais, como, por exemplo, na vizinha e sempre "observada" Buenos Aires: em 1857 já se haviam implantado os bondes a tração animal, em1865 se haviam construído seus principais ramais urbanos de trem, em 1869 começaram as obras de esgoto e água potável e, em 1887, E. Madero iniciou a construção do Porto. Compare-se a coincidência temporal destas datas com a cronologia de acontecimentos análogos no Rio de Janeiro[5].

Nova Planta da Cidade do Rio de Janeiro. Editor Laemmert, 1867

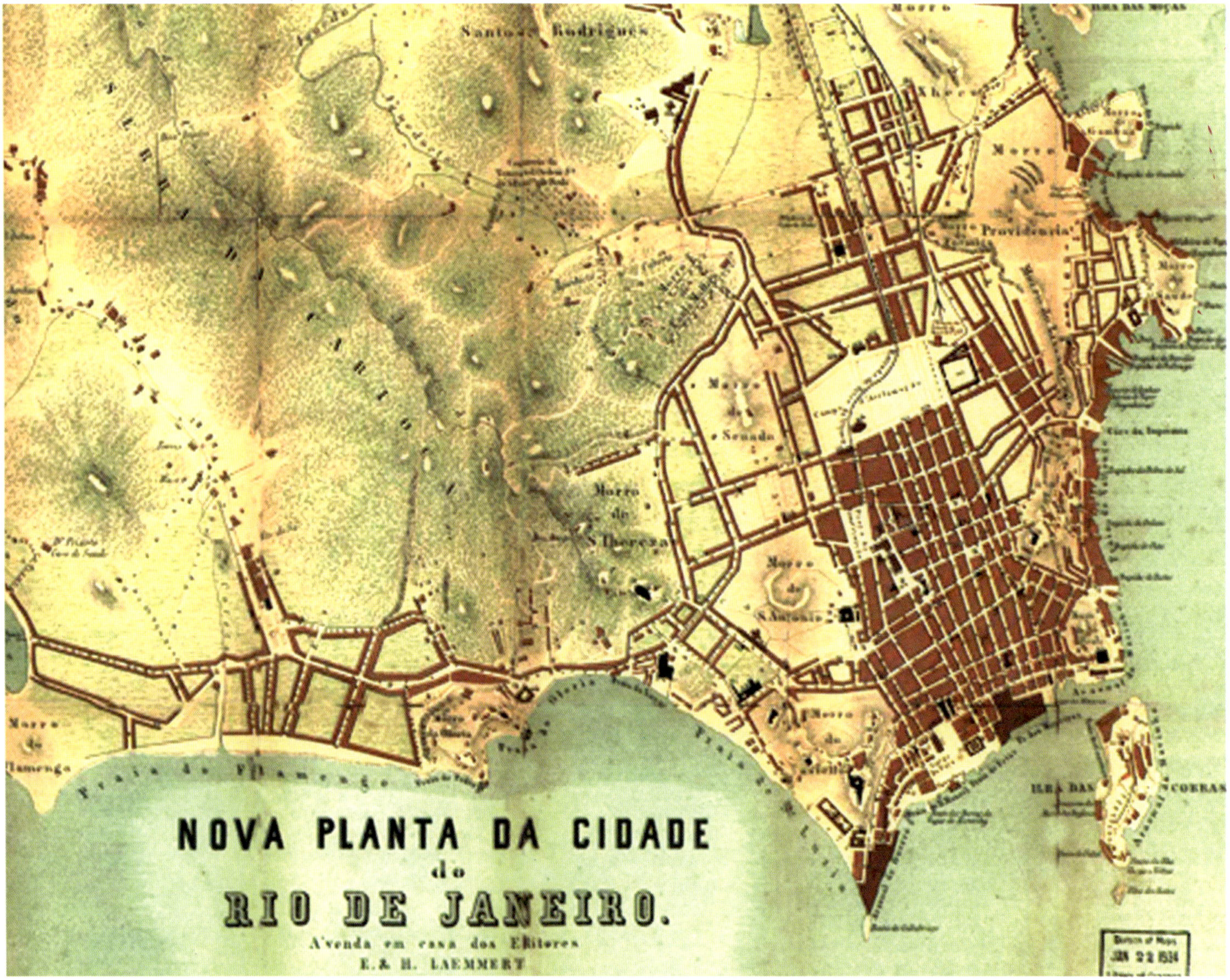

EXTENSÃO E CARACTERÍSTICAS DA CIDADE NA ÉPOCA DO PLANO DA COMISSÃO DE MELHORAMENTOS

No plano de Laemmert de 1867 pode-se verificar a extensão da área urbanizada da cidade nessa época, equivalente à mostrada nas plantas do Plano da Comissão de Melhoramentos, ainda que estas alcancem áreas mais periféricas.

A Cidade Nova, construída sobre o aterro do mangue de São Diogo, aparece bastante consolidada. Assinala Benchimol que essa área foi ocupada por pequenos comerciantes, por uma incipiente classe média de burocratas e despachantes, e em menor medida por população de renda alta. As edificações eram geralmente prédios estreitos, iluminados por pátios interiores ou clarabóias, e caraterizados com uma alta densidade de ocupação[6].

A área de São Cristóvão estava também bastante ocupada e unida à Cidade Nova através da Rua Francisco Eugênio. Este bairro se estendia em ambos os lados da Rua Coronel M. de Mello (atual Figueira de Mello); à direita, do lado do mar, existiam o Hospital Frei Antônio, a igreja de São Cristóvão (construída em 1627) e alguns embarcadouros, armazéns e trapiches; à esquerda haviam-se construído prédios com função residencial, principalmente no entorno da Praça Dom Pedro I (atualmente denominada Campo de São Cristóvão) onde a Sociedade Promotora da Instrução construiu, em 1872, a primeira escola pública da cidade, que ainda existe. Também havia começado a edificar-se ao redor do Morro de São Januário, surgindo um conjunto de ruas e largos cujos nomes se mantêm até hoje (Largo da Cancela, Rua São Januário, Rua General Argolo, etc.).

Brasil Gérson cita como moradores do bairro nessa época os viscondes de Rio Branco, Tocantins, Sepetiba, Vila do Minho, os marqueses de São João e o de Itanhaém (tutor de Dom Pedro II). Apesar desse caráter aristocrático, começava a configurar-se também um bairro mais comercial sobre a Rua Bela de São João (importante rua do bairro, hoje desaparecida sob os desafortunados viadutos da Linha Vermelha) que levava ao Cemitério de São Francisco Xavier, que foi o primeiro cemitério público fora da cidade[7].

Este desenvolvimento residencial do bairro de São Cristóvão foi também favorecido por ser o segundo espaço da cidade, depois do Centro, onde a "City Improvements" instalou redes de abastecimento de água potável e de esgoto; e também pela oferta de transportes, já que em 1869 se implantou a linha de bondes partindo do Centro ao Caju por São Cristóvão, concedida a Charles A. Morsing um ano antes, ainda que não tenha sido o seu construtor. As indústrias ainda não tinham aparecido no bairro, o que aconteceria mais tarde, quando seriam atraídas pela construção das linhas ferroviárias e do porto.

Não obstante, já existia desde 1842 na Praia de São Cristóvão a Fábrica de velas Lajoux, que Mauá comprou em 1854, convertendo-a na Luz Steárica. Em 1873 se construiu, no final da Rua Bela, a fábrica de tecidos de São Lázaro, de Teixeira de Azevedo (depois Arsenal de Guerra). A estas seguiriam outras, como a América Fabril, a Marcenaria Brasileira, a Fábrica de Vidros de Esberard, etc. que colaboraram na transformação do bairro iniciada pouco antes da proclamação da República.

Nas plantas do Plano da Comissão de Melhoramentos pode-se detectar, não sem dificuldade pelo estado atual dos mapas, a extensão urbana que existia nas áreas do Engenho Velho e Rio Comprido, ao oeste, e na Glória e Botafogo, ao sul.

Os bairros situados além do Morro de Santos Rodrigues estavam, todavia, ocupados por edificações rurais, surgidas no entorno do Caminho do Engenho Velho, prolongamento do de Mata-Cavalos, atualmente Rua Hadock Lobo. No início desse caminho, no atual Largo de Estácio, existia a capela do Espírito Santo, que foi demolida em 1899, e, um pouco mais próximo da cidade, na Rua Frei Caneca no limite da Cidade Nova, estava a Casa de Correção.

Algo mais ao oeste, no Rio Comprido, situava-se o quartel-general do rei Dom João VI e algumas chácaras importantes como a do Bispo Frei Antônio do Desterro (onde se construiu o Seminário em 1891). Nesse espaço se abriu a Rua do Bispo em 1844, que penetrava no morro de Santa Teresa pelo caminho chamado de Cova da Onça (de onde se extraía a água do aqueduto do Maracanã), e um pouco mais tarde a Rua Bela Vista.

O desenvolvimento dessa área foi favorecido pela primeira concessão de linha de bondes do Rio de Janeiro, da Cidade à Tijuca, que pertencia à Cia. de Trens de Ferro, de T. Cochrane, em 1856; a linha foi inaugurada em 1859 e o serviço foi suspenso em 1866 (sendo proprie-tário Mauá), por problemas com as gôndolas de transporte particular e, sobretudo, pela ausência de rentabilidade, dada a pouca ocupação urbana de seu entorno. Foi só a partir de 1898 que se dariam melhores condições para a instalação de um novo serviço de bondes eletrificados até à Tijuca.

A criação do bairro de Vila Isabel, já no Engenho Novo, é a primeira experiência na que confluem linhas de bondes, parcelamento de chácaras e instalação de fábricas, como fatores típicos de um novo tipo de desenvolvimento urbano iniciado no último quarto do século. Esse parcelamento e a linha de bondes, de 1873, se devem à Cia. Trem de Ferro de Vila Isabel; em 1878 se instalou nessa área a famosa Fábrica Tecelagem Confiança.

O desenvolvimento da cidade para o sul começou com a construção da Igreja de Nossa Senhora no outeiro da Glória em 1740. A partir daí começou uma expansão apoiada sobre a Estrada da Carioca, para a qual foi muito importante a construção em 1843 de outra igreja, Matriz de Nossa Senhora da Glória, no atual Largo do Machado, que por sua vez foi o embrião do bairro do Catete.

Desde o início do Segundo Império começaram a aparecer casas de fidalgos e comerciantes ricos, sendo os edifícios mais destacados o Cassino Fluminense de 1846, a sede da "City Improvements" no Largo da Glória, o Palácio do Riberinho de 1862 (atual Faculdade de Medicina) e o Palácio do Barão de Friburgo de 1864.

O caráter mais nobre destes bairros começou a mudar durante a época republicana, passando a abrigar uma classe média de comerciantes, burocratas e profissionais, como pouco antes tinha ocorrido no aristocrático bairro de Laranjeiras. A abertura em 1887 do túnel que uniu a Rua Alice com Rio Comprido conferiu

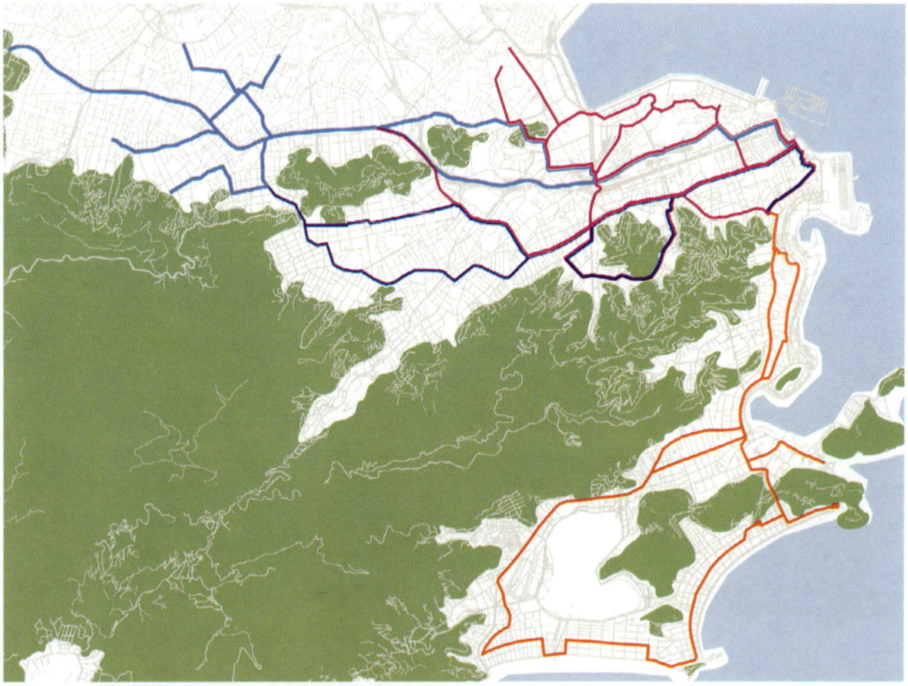

Esquema das linhas de bondes da cidade no final do século XIX

a esse espaço certa função de passagem entre o centro e o sul, que se reforçou fortemente na década de sessenta do século seguinte. A construção das famosas Casas Casadas em Laranjeiras em 1885 é uma prova da presença nessa época das classes médias nesses bairros, assim como também a instalação da fábrica de tecidos Fiação Tecelagem e da Tinturaria Aliança.

O mapa de linhas de bondes da Companhia do Jardim Botânico de 1870, apresentado no capítulo anterior, mostra uma importante ocupação de Botafogo nessa época. Já em 1825 o Marquês de Leão havia aberto em terras de sua Chácara da Olaria as ruas Real Grandeza e Nova de São Joaquim (atual Voluntários da Pátria), em 1851 abriu-se a Rua São João Batista para dar acesso ao novo cemitério, e entre 1855 e 1860 as Ruas do Barroso (atual Siqueira Campos), da Matriz, Palmeiras, Sorocaba e Dona Mariana, aberturas de ruas que foram solicitadas pelos proprietários para comercializar loteamentos.

As linhas de bondes dessa companhia, construídas em 1868 por Mauá com capital norte-americano, depois de adquirir uma concessão de 1856, impulsionaram também o processo de ocupação dessas áreas; os interesses da companhia e dos loteadores do bairro convergiram em uma intensa campanha divulgadora do novo estilo de vida à beira-mar. Na época do Plano da

Mapa das Linhas da Companhia Botanical Garden Rail Road, c.1870

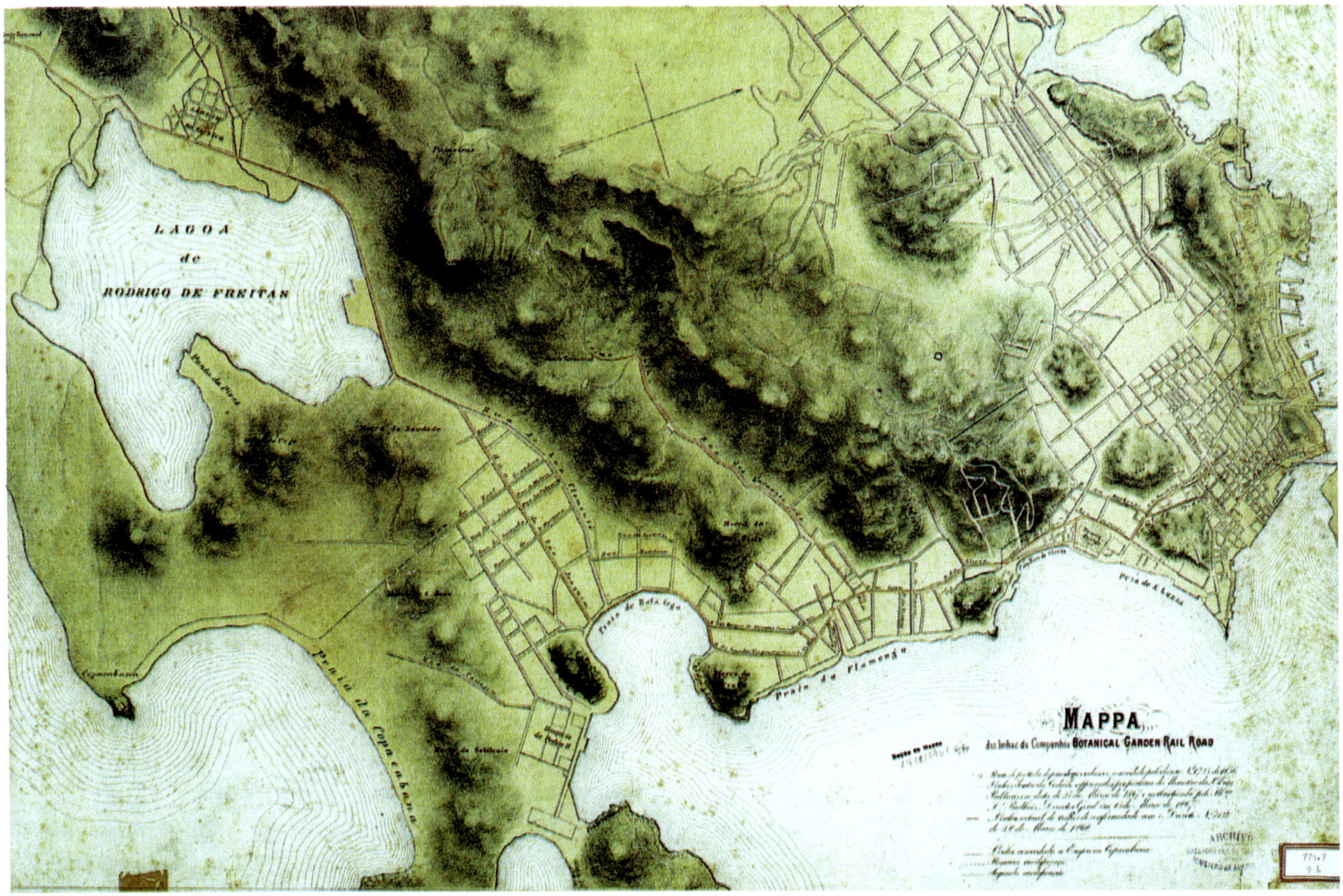

Comissão de Melhoramentos, a ocupação do bairro já era importante; do total de 235.000 habitantes que tinha a cidade em 1870, os bairros do sul, freguesias da Glória e Lagoa contavam com 29.000 habitantes e os bairros periféricos do norte, freguesias do Espírito Santo e de São Cristóvão, com 40.000[8].

A metade da população da cidade seguia vivendo nos bairros do Centro, onde haviam proliferado as habitações coletivas insalubres (em cortiços, estalagens e casa de cômodos) que se tornariam principal preocupação das políticas urbanas dos anos seguintes; cita Benchimol que a média de ocupação das casas na cidade em 1872 era de 10,8 habitantes e passaria a ser de 14,7 em 1890.

A extensão das redes de bondes viria a ser o principal instrumento de expansão da cidade, o que teria um duplo efeito: iniciar um deslocamento da população para os bairros periféricos e revalorizar o Centro pelo fato de ter gerado "mais-valia" na sua periferia. A importância da rede de bondes para a extensão da cidade tem sido assinalada por muitos autores, fundamentalmente por M. Abreu. Este processo foi iniciado pelo já comentado fracasso da linha da Tijuca e que durou até 1914 quando se prolongou a linha do Jardim Botânico até o Leblon; bondes que eram de tração animal no começo, progressivamente foram eletrificados a partir de 1892.

Dentre essas linhas destaca-se a importância que tomou a do Jardim Botânico, que três anos depois da sua inauguração já transportava três milhões de passageiros ao ano, numa cidade de 235.000 habitantes. Em 1870 se inaugurou a linha de São Cristóvão procedente da concessão vendida por Morsing; em 1873 a também citada linha de Vila Isabel, e em 1872 a da Empresa Ferrovias de Santa Teresa, que a partir de 1885 passou a chamar-se Empresa do Plano Inclinado, passando depois a ser propriedade da Companhia de Ferrovias Carioca.

No Centro operavam pequenas companhias como a Companhia Locomotiva Fluminense, a Carioca-Riachuelo e a Companhia de Santa Teresa. Todas essas linhas se fundiram em 1878, formando a Companhia de Ferrovias Urbanas que operava só naquela área. Também existiu uma companhia eletrificada que, desde 1884, ligava o Cosme Velho e o Corcovado, companhia da qual foi presidente Pereira Passos.

A tão citada linha do Jardim Botânico acrescentou em 1871 o ramal de Laranjeiras; em 1872, o da Gávea; e em 1880 aproveitou a caducidade da concessão de 1874 (sem haver operado) da Empresa Copacabana, para solicitar sua expansão sobre o então quase despovoado subúrbio.

Quando em 1890 foi renovada essa concessão, permitiu-se a esta companhia a construção de um túnel sob o morro do Barroso (Túnel Velho), que foi inaugurado em 1892, para a passagem do ramal de Copacabana. Em 1894 a Companhia firmou um acordo com a Empresa de Construções Civis para a modificação dos traçados das ruas de seus loteamentos de acordo com os interesses da Companhia de bondes.

Esta coincidência de interesses com empresas imobiliárias se repetiria em 1900, quando esta Companhia se comprometeu com a construção do túnel novo em troca da ampliação das linhas até Ipanema, lugar no qual tinha acordos com a empresa Vila

Gravura da época mostrando um bonde à tração animal de Madrid

Ipanema, alcançando mais tarde o Leblon também em acordo com a família Ludolf que vinha urbanizando a zona desde 1902.

A expansão para o norte e o sul implicou um salto de escala impressionante, duplicando-se a população da cidade entre essa época e a proclamação da República, alcançando 522.000 habitantes em 1890.

Outra importante transformação da cidade se deu com o novo papel que começava a ocupar o porto na organização da cidade. A construção da Estrada de Ferro Dom Pedro II havia incrementado enormemente o transporte de café e de outras mercadorias que passaram a ser desembarcadas na estação do Campo de Santana. Isso provocou uma grande competição pelo controle do seu transporte e embarque, da qual saiu vencedora, em 1871, a companhia criada por A. Rebouças com o nome de Companhia de Docas Dom Pedro II[10].

Em 1875, a companhia Docas criou um grande armazém de 4.650 m^2 e três andares na Praça Municipal da praia de Valongo, assim como um pequeno cais, de 160 m de comprimento, conectado à estação ferroviária por bondes de tração animal. O espaço situado entre os Morros da Saúde e São Bento era a zona costeira mais protegida e de maior calado, e Rebouças tentou, sem êxito, autorização do Imperador para rebaixar o Morro de São Bento e conectá-lo com o cais da Alfândega[9].

Esse interesse pela conexão da cidade ao cais provocou também o pedido para construção de túneis debaixo dos morros; tem-se notícia da concessão em 1875 de dois privilégios: um ao engenheiro J. Magno de Carvalho, sob o Morro de São Bento, e outro ao engenheiro C. Tisserand, sob o Morro do Livramento, dos quais só se construiria este último. Estes privilégios

L. V. Keating: Esquema da frente portuária em meados do século XIX

incluíam o direito de cobrar pedágio por passar mercadorias pelos túneis em direção ao cais.

Um novo projeto que surgiria na frente portuária foi a Estação Terminal Marítima no Saco da Gamboa, construído entre 1877 e 1880 na época em que Pereira Passos era diretor de Companhia da Estrada de Ferro Dom Pedro II. Para a construção do Terminal, aterraram-se 10.000m^2 entre os morros da Providência e da Gamboa, e a conexão férrea precisou de dois túneis debaixo daquele morro.

As obras da Estação Marítima contaram também com a construção de dois armazéns e um depósito de sal. Do armazém principal saíam três pontes, duas para pequenos navios e descargas de materiais da estrada de ferro e outra mais extensa para navios transatlânticos. O projeto foi realizado segundo a escala das necessidades da cidade da época, assim como havia ocorrido com as Docas da Alfândega e Docas do Mercado projetadas por Charles Neate e concluídas por A. Rebouças e A. Borja Castro em 1871, ou com as Docas de D. Pedro II, concluídas em 1875, projetadas por A. Rebouças e reduzidas a um armazém portuário com 160 metros de fachada, entre a Praça Municipal e a Pedra do Sal, tendo sido incorporado no projeto do novo porto de 1903.

Esta estação certamente configurou o primeiro exemplo de intermodalidade porto-ferrovia, e a tecnologia utilizada nestas obras já apontava a superação dos obstáculos e barreiras naturais do sítio geográfico da Área Central.

No que concerne à extensão dos novos serviços urbanos, já se comentou o processo de implantação da rede de esgotos pela "City Improvements", mas vale a pena comentar também o processo de desenvolvimento

Hugo Calgan: "Largo do Paço Imperial". 1870. Bolsa de Valores do Rio de Janeiro

da rede de abastecimento de água potável nesse período, iniciado pela introdução do sistema de condutos a pressão por M. de Frias em meados do século.

Cita Benchimol que em 1860 havia sido instalada uma incipiente rede que alimentava 1.900 penas-d'água instaladas em prédios privados e 670 torneiras públicas. Diversos informes da Inspetoria Geral de Obras Públicas alertavam sobre as penúrias derivadas da escassez do serviço. Tanto A. Rebouças quanto outros grupos tentaram, sem êxito, fundar uma companhia privada de abastecimento de águas, até que em 1874 o Governo nomeou uma Comissão que fixou as diretrizes de atuação e sugeriu que o abastecimento de água fosse um serviço público administrado pelo Estado.

Essa atuação contemplou a ampliação das tomas de água, depósitos e reservatórios, caixas de distribuição, condutores de ferro fundido, toma de águas para incêndios, lavagem de ruas, fontes monumentais e chafarizes. As primeiras obras foram inauguradas em 1880, significando um enorme adiantamento para a cidade, ainda quando cedo ficaram insuficientes para atender a demanda de água provocada pelo ritmo de crescimento da cidade, e não solucionaram tampouco as carências do serviço no Centro da cidade.

Planta de ordenação da área do Engenho Velho. Plano da Comissão de Melhoramentos. Arquivo Nacional, Rio de Janeiro

AS PROPOSTAS DO PLANO DA COMISSÃO DE MELHORAMENTOS

No contexto dos conflitos políticos entre conservadores e liberais que caraterizaram o período depois da Guerra do Paraguai, exacerbados pela fundação do partido Republicano, foi nomeado presidente o Visconde do Rio Branco (aristocrata conservador, mas livre-pensador e grande mestre da maçonaria) para poder levar a cabo algumas das reformas exigidas pelos liberais. Nesse momento de prosperidade econômica e de transformações da cidade, se tornaram evidentes as contradições sociais provocadas por essas transformações aguçadas pelas fortes epidemias de febre amarela de 1870 e 1873.

O ministro do Império João Alfredo Correia de Oliveira propôs ao Imperador a nomeação de uma Comissão de Melhoramentos da Cidade do Rio de Janeiro, formada pelos jovens engenheiros Jerônimo Rodrigues de Moraes Jardim, Marcelino Ramos da Silva e Francisco Pereira Passos.

O primeiro era Inspetor-Geral das Obras Públicas desde 1873 e havia realizado importantes obras de abastecimento de água na cidade; o segundo formava parte dessa mesma inspetoria e teria depois um papel muito destacado nas obras de saneamento da Baixada Fluminense, e o terceiro era experiente em obras ferroviárias, nomeado poucos meses antes engenheiro do Ministério do Império, e se tornaria com o tempo prefeito e ícone da história urbanística carioca. Os três eram membros do Corpo de Engenheiros civis dentro da Secretaria da Agricultura, Comércio e Obras Públicas, eram também liberais, e faziam parte do grupo embrionário do futuro e influente Clube de Engenharia.

Sua escolha simboliza o triunfo desta nova corporação profissional, formada na Escola Central, e que havia começado a constituir-se como corpo civil com a criação em 1862 daquele seu primeiro clube corporativo: o Instituto Politécnico Brasileiro. Em1874 essa corporação profissional tinha conseguido a mudança da Escola Central, militar, para a Escola Politécnica, sob a jurisdição do Ministério do Império. Desde então e durante sessenta anos essa corporação marcaria as políticas urbanas da cidade.

A Comissão apresentou o primeiro de seus relatórios em janeiro de 1875, somente dez meses depois de sua nomeação; só é possível entender a quantidade de trabalho elaborado em tão pouco tempo tendo-se em consideração o trabalho feito anteriormente na citada Secretaria, como eles mesmos reconhecem ao citar trabalhos já existentes na Inspeção Geral das Obras Públicas. Este relatório é o mais interessante dos dois emitidos pela Comissão, porque nele está contido o ideário que queriam transmitir.

Seu extenso conteúdo pode ser resumido em quatro aspectos: a definição de uma estrutura urbana para expansão da cidade usando a técnica de alinhamentos, a fixação de algumas normas reguladoras da edificação em coerência com o uso do instrumento urbanístico do traçado, a proposta de um esquema de drenagem das correntes afluentes das bacias do canal do mangue, e, finalmente, um programa de obras para formação da frente marítima setentrional da cidade.

É certo que o relatório contém muitos outros aspectos, como as considerações que faz sobre o estado da rede de esgotos, a ênfase dada à necessidade de uma rede de água potável, as sugestões sobre as técnicas adequadas para implantação de árvores no espaço urbano, etc. Mas resultam irrelevantes quando contrastados com o espaço dedicado aos aspectos antes mencionados.

O relatório começa com uma defesa das razões de se limitar à cidade nova: "*os bairros a que nos referimos, sendo os que melhores condições oferecem para o desenvolvimento da cidade, são também os que atualmente mais importantes melhoramentos reclamam e onde tais obras podem ser realizadas com menos dispêndios e dificuldades*". Esta afirmação e a paralela de "*não ter ainda os orçamentos para os melhoramentos na parte central da cidade*" constituem uma argumentação débil que esconde o fato da prioridade que eles mesmos outorgam à definição de regras para expansão da cidade sobre o espaço onde se concentrava a geração de valor urbano e, em conseqüência, era mais peremptório o estabelecimento de um marco que conciliasse o interesse público com o da promoção imobiliária.

Essa época se caracteriza nas cidades pela necessidade de uma rápida implantação e extensão dos novos serviços urbanos, e por esse motivo se recorre às malhas regulares pela sua simplicidade e capacidade

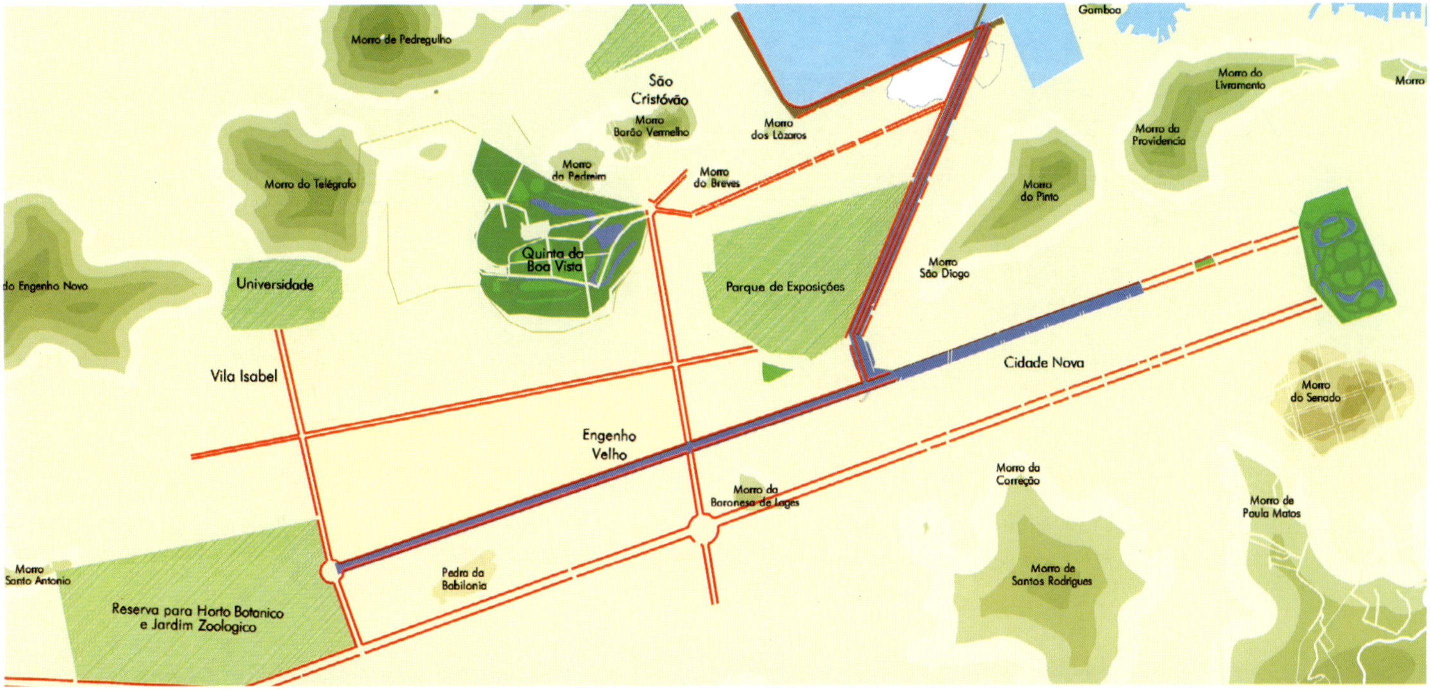

Esquema da expansão da Cidade no Plano da Comissão de Melhoramentos

de extensão em qualquer direção; vale dizer que na realidade essas malhas funcionariam como suporte neutro da realização da mais-valia urbana, sendo o problema na época fixar a proporção com que os benefícios da atividade imobiliária haveriam de colaborar para o financiamento da rua e dos serviços urbanos.

Este problema hoje em dia pode parecer banal porquanto sem esses serviços não seria possível realizar a valia potencial, mas naqueles tempos a exigência de financiamento da rua entrava em contradição com os interesses da propriedade[10]. E também deve-se levar em consideração que diante das dificuldades de intervenção sobre a cidade antiga o capital se concentrava nos novos espaços a construir, e o poder público também dirigia seus esforços na gestão desse crescimento confiando que ele ajudaria na resolução das contradições sociais e dos problemas da cidade.

Da crítica de pouca atenção à cidade central se defenderam os membros da Comissão no Jornal do Comércio, mas tanto espaço do segundo relatório foi destinado a justificar aquela decisão que se reforçou a hipótese exposta sobre as prioridades da Comissão.

O esquema de ordenação proposto para o crescimento da cidade sobre o espaço do Engenho

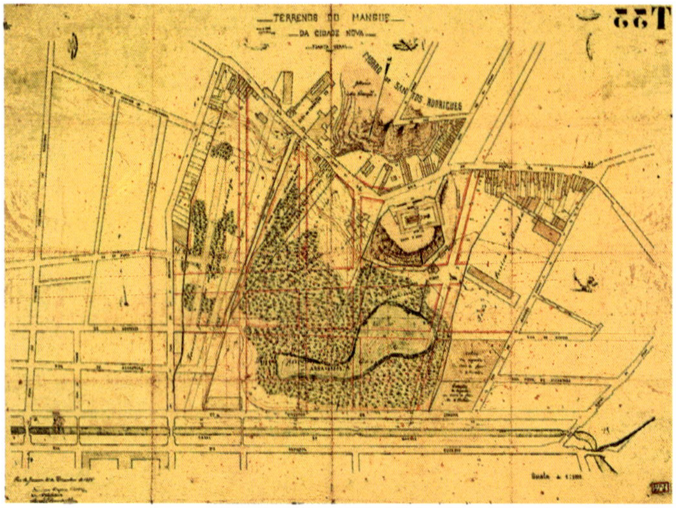

Ordenação Terrenos do Mangue. Comissão de Melhoramentos

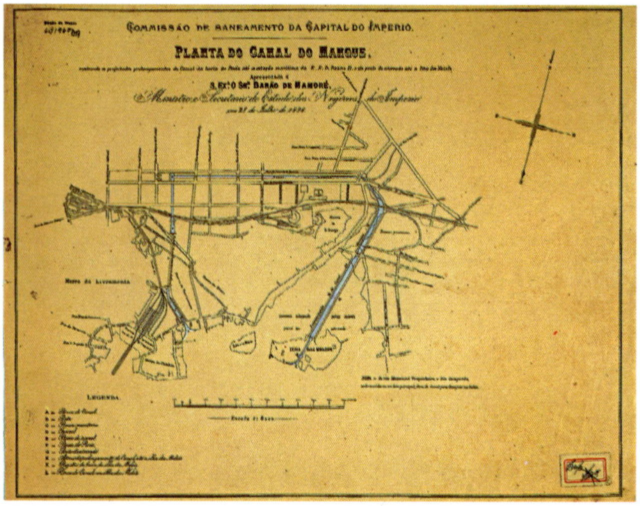

Planta Canal do Mangue. Comissão de Melhoramentos

Velho e Andaraí tem por finalidade regular os processos de ocupação existentes, antes descritos.

A argumentação utilizada recorda bastante a comentada do Plano de Beaurepaire: "*dignou-se V. Excelência incumbir-nos de organizar um plano geral para o alargamento e retificação de ruas e para abertura de novas ruas e praças. Com o fim de melhorar suas condições higiênicas e facilitar a circulação entre os diversos pontos, dando mais beleza e harmonia às suas construções*". Mas o esquema planejado é mais detalhado, tecnicamente bem justificado, e, sobretudo, tem uma ambição de alcance territorial muito superior do que o Plano anteriormente comentado, como era de se esperar à vista dos acontecimentos urbanos produzidos no período decorrido entre os dois Planos.

O recurso aos mesmos argumentos utilizados no Plano Beaurepaire (como melhorar a ventilação da cidade, dar escoamento às águas pluviais, e facilitar a circulação entre os pontos da cidade) pode ser a razão pela qual a literatura especializada tem acentuado o higienismo como corrente de influência no Plano da Comissão de Melhoramentos. Mostrou-se anteriormente discordância com essa interpretação que situa o trabalho desta Comissão fora das preocupações do seu tempo; e se evidenciará a atualidade das propostas do Plano frente ao ideário urbanístico contemporâneo.

O esquema de crescimento proposto é de uma grande contundência: se baseia numa ampla avenida de 40m de largura que iria desde o Campo de Santana até o Portão Vermelho, avenida que terminaria em um grande parque destinado para o Jardim Zoológico e o Horto Botânico e integraria o loteamento de Vila Isabel Ao final daquela existiria outra avenida perpendicular a ela, que ligaria a serra da Tijuca com o Morro do

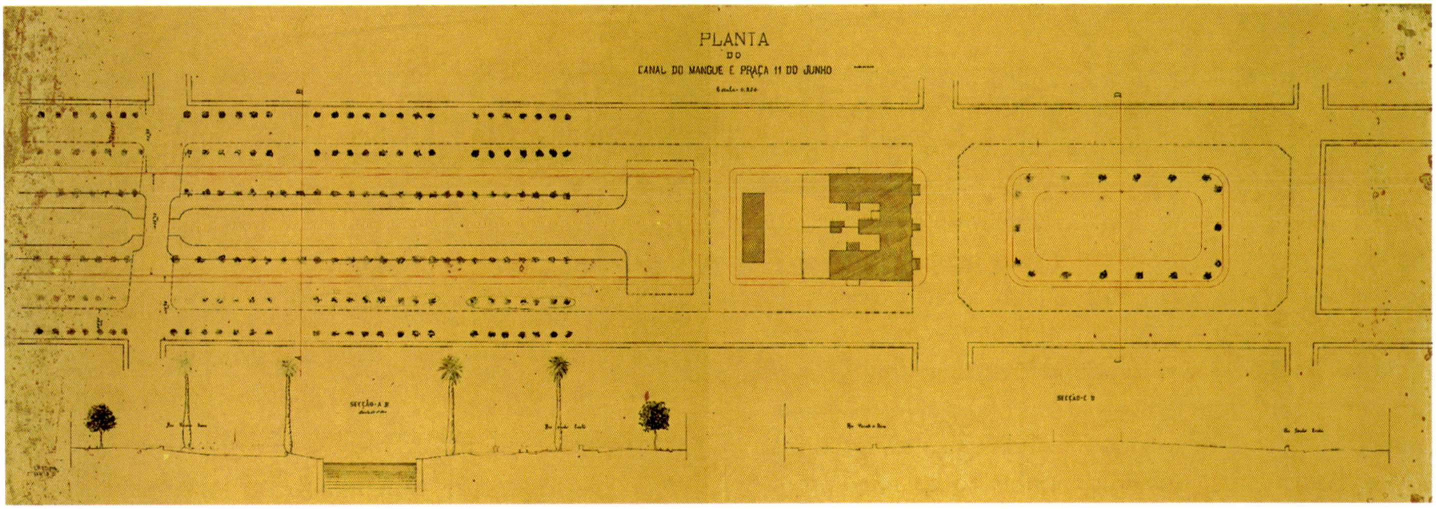

Planta do Canal do Mangue e da Praça Onze de Junho. Plano da Comissão de Melhoramentos. Arquivo Nacional, Rio de Janeiro

Telégrafo, onde estava previsto construir o Palácio da Universidade (onde hoje se encontra a UERJ).

Na entrada do Jardim Zoológico se localizaria uma praça circular de 150 m de diâmetro, na qual começaria um canal para conduzir as águas das bacias afluentes até o canal do Mangue, canal que estaria no meio de dois passeios. Todo o espaço do Engenho Velho ficaria ordenado por estes dois eixos oeste-leste e por um terceiro prolongando o Bulevar 28 de Setembro até outra grande avenida paralela à Rua São Cristóvão, segundo o esquema que se apresenta na figura.

Esta última avenida, também de 40 m de largura, conectaria o portal da Quinta de Boa Vista com outra praça circular localizada no cruzamento com a primeira avenida, na atual Praça de Castilho França; este eixo teria por finalidade a comunicação entre os bairros de São Cristóvão e Rio Comprido.

No ponto de conexão do novo canal com o do Mangue o plano propõe uma bacia de recepção das águas de onde sairia um canal transversal, desembocando no mar no cais que depois se comenta. Dentre as novas ruas propostas sobre o espaço de mangue e da praia a aterrar para essa construção, destaca-se uma que uniria o portal da Coroa com o cais da Gamboa, fechando assim esse esquema de vias principais que conectariam os espaços mais importantes da cidade; e também aproveitando os espaços de conexão dessas avenidas se projetam novos espaços públicos, como um grande parque destinado a palácio de exposições para a indústria agrícola no lugar onde se uniriam os canais, onde estava localizado o matadouro.

Poucas ruas atuais seguem este esquema, que parece ignorar as dificuldades topográficas de alguns traçados. Mas é precisamente na contundência do esquema viário proposto, com criação de grandes eixos que unam espaços urbanos simbólicos, onde se encontram as idéias que lembram o Plano de Haussmann para Paris, que citam no segundo relatório. Frente à insistência em esquemas geométricos é curioso comprovar as afirmações no sentido contrário contidas no Plano: "*extensas ruas em linha reta nem sempre produzem bom efeito, por que a uniformidade dá-lhes um aspecto monótono e triste, ou pelos menos fatiga a vista de quem as percorre*". O segundo relatório volta a usar estes mesmos argumentos, só que dessa vez a causa parece mais uma defesa dos alinhamentos obrigatórios frente às críticas que mantinham que não eram necessários e que bastavam umas regras simples de geometria para controlar o crescimento da cidade.

Esse esquema de ocupação do território se baseia também num projeto hidráulico, bem estudado, de interceptação da água das serras e de saneamento das zonas pantanosas criadas nas zonas baixas. O Plano dedica muita atenção ao planejamento das alternativas de canalização do Canal do Mangue, que só estava canalizado até a bica dos Marinheiros e num estado de grande abandono e obstrução.

No relatório se delineiam duas alternativas: o aterro do canal existente e sua substituição por uma galeria coberta, ou o conserto desse canal e seu prolongamento até o Andaraí, com deságüe transversal ao mar. Recomenda a segunda alternativa, que permitiria um melhor funcionamento hidráulico no caso de estabelecer-se um lago ou bacia de captação das águas afluentes que permitiria regular as águas do canal.

O Plano detalha a solução escolhida, acompanhando um perfil longitudinal do percurso feito com nivelamento das cotas da bacia e do mar. No lugar de confluência dos canais, onde se achavam as cocheiras da Companhia de Bondes de Vila Isabel (atual Praça Castilho França), propõe um estanque de 80 x 40m que serviria para unir os ramais provenientes da Cidade Velha e de Vila Isabel). Daí sairia um canal comum até o mar, desembocando "*entre as ilhas dos Melões e das Moças, no cais que a Comissão projetou entre a Ponta da Chichorra e a Praia dos Lázaros*". Esse canal seria navegável, segundo a Comissão, mediante comportas de regulagem na sua desembocadura ao mar.

A operação de canalização talvez seja a mais importante das propostas do Plano, porquanto a estrutura urbana descrita se apóia nela, como também é peça fundamental das propostas referentes à criação de um porto moderno. Esse porto teria um cais de 2.000m de comprimento e 50m de largura, com uma frente de mar arborizada, detrás da qual se projetou uma trama de ruas que permitiriam formar "quarteirões para casas de comércio e estabelecimentos industriais".

No espaço triangular ganhado ao mar com a construção do canal se propõe uma estação marítima que se ligaria à estrada de ferro existente através de um novo ramal desta que partiria do Parque destinado à Exposição e seguiria até o mar ao longo do canal. Só três anos mais tarde, Pereira Passos, como presidente da companhia ferroviária, mudaria de opinião, ante a constatação da impossibilidade de adiantar as obras do canal, e construiria a estação marítima na enseada da Gamboa, conectando-a com a Estação Central por debaixo do morro da Providência.

Outro aspecto a destacar se refere à proposta de normas reguladoras da edificação, em consonância com os alinhamentos que desenham na escala 1.1000 para

Montagem das folhas originais 1:1000 do Plano da Comissão de Melhoramentos. Arquivo Nacional, Rio de Janeiro

MORRO DA CORRECÇÃO
Sta THERESA

Folha original das Plantas da Cidade. Plano da Comissão de Melhoramentos. Arquivo Nacional, Rio de Janeiro

P. Garcia-Fons, Cité Vercingétorix. Collection municipale de Ville de Paris

toda a cidade, com exceção de uma parte do centro e dos bairros de Laranjeiras e São Clemente. Estas folhas de alinhamentos, pouco conhecidas, estão depositadas no Arquivo Nacional, e só é possível o acesso às cópias digitais devido ao mal estado dos originais; devidamente tratadas, são reproduzidas neste livro.

As normas reguladoras da edificação estão em um anexo do Plano da Comissão. Nelas cabe destacar três aspectos: o primeiro é destinado às condições de higiene exigíveis às casas, o segundo liga o alinhamento e a largura da rua com a altura da edificação, e o terceiro contém prescrições a respeito do estabelecimento do mecanismo de licença municipal das edificações privadas. Neste capítulo tratar-se-á de mostrar até que ponto foram estas as técnicas e instrumentos de uso em toda a urbanística ocidental.

Pelo que se refere às condições de salubridade das casas, o Plano se centra no "pé direito", ou distância entre o "o soalho e o forro", cujas normas exigem que seja de no mínimo três metros; no tipo de instalações sanitárias exigíveis; e a necessidade de janelas para a rua em todos os quartos, com uma proporção de $1m^2$ cada $10m^2$ de superfície construída. É curioso comprovar que anos mais tarde, em 1890, a Liga para a Proteção da Saúde Pública prussiana conseguiria introduzir nas leis do seu país uma cifra análoga: $0,2m^2$ de abertura por cada $10m^3$ habitáveis[11].

O Plano dedica a estas instalações sanitárias uma análise prolixa centrada em dois temas: as instalações sanitárias das casas e os aspectos concernentes às fossas sépticas (fossas de despejo). A extensão dedicada a estes temas e o detalhamento com que são tratados parecem remarcar a preocupação higienista, mas na realidade ambos os temas constituem uma parte pequena das preocupações sobre a engenharia sanitária de então, mais centrada no mundo ocidental nas galerias

Rua Castiglione de Paris. c. 1828. Photothèque des Musées de Paris

de drenagem e esgoto, na polêmica entre sistemas separadores ou unitários, e nas instalações das redes[12].

Sobre as instalações sanitárias que propõem para as casas, os autores começam pela análise das conseqüências dos condutos sem ventilação e os perigos da emanação de gases que estes supõem, e por isso exigem a instalação de sifões nos aparatos sanitários e que sua alimentação se faça a partir de depósitos dife-rentes dos de abastecimento de água para consumo doméstico. Sobre o segundo tema, as fossas de despejo, expõem a insalubridade das fossas da época e o risco permanente de infiltração de seus produtos no subsolo, e recomendam a eliminação dessas fossas ou pelo menos sua substituição por depósitos portáteis fechados hermeticamente que incorporem o sistema Moule, que permite regular a quantidade de areia a repor em função do caudal recebido.

A pouca atenção que dedicam à rede pública de esgotos, a respeito da qual se limitam a assinalar a necessidade de impedir as fugas pelas juntas mal construídas, deve-se, possivelmente, ao fato de que o tema já era objeto de tratamento específico nas tarefas da "City Improvements"; igualmente, suas vagas referências ao abastecimento de água potável, tão somente mencionado, talvez se devam à existência da comissão paralela constituída para esse tema, antes comentada.

Dentro das normas reguladoras da edificação se incluem, junto com os aspectos sanitários, algumas regras de composição formal dos edifícios que constituem um esboço de "ordenanças figurativas" que já eram um instrumento importante nas políticas urbanas de algumas cidades européias, a partir das regulamentações edilícias aplicadas em Paris durante a primeira metade do século[13].

Folha original do Plano da Comissão de Melhoramentos: frente da nova área portuária

Assim, o Plano da Comissão determina normas para altura dos edifícios em função da largura da rua (12, 16 e 20m segundo a rua tenha menos de 7m de largura, entre 7 e 10 e mais de 10), estabelece limites sobre recuos da edificação, e também tamanhos máximos dos elementos salientes da fachada e composição de alturas nas esquinas. Recomenda, pelo contrário, não regular os aspectos estéticos, e sim dar liberdade arquitetônica, frente à uniformidade dos padrões neoclássicos aplicados nas cidades européias.

O terceiro dos aspectos destacáveis nas normas de regulamentação da edificação constitui um dos temas mais polêmicos na cidade e custaria bastante tempo para consolidar-se; trata-se da sugestão da imposição de licença municipal para as construções particulares. Tomando como referência o sistema inglês do "district surveyor", os autores propõem a nomeação de um engenheiro ou arquiteto por distrito como funcionário encarregado da supervisão dos planos das construções particulares e da inspeção das obras; um imposto a ser recolhido sobre elas serviria para financiar estas tarefas.

O último dos conteúdos deste Plano o situa diretamente no centro das preocupações da urbanística européia da época: os mecanismos de execução e financiamento das obras. Suas reflexões sobre a conveniência de que o Estado fosse o encarregado das mesmas, e depois viesse a se ressarcir pela venda de terrenos edificáveis, são as mesmas feitas por Haussmann pouco antes; de fato, no segundo relatório se cita expressamente esta experiência francesa. São, também, as mesmas que se estão debatendo nessa época em Viena para a terminação da Ringstrasse e as que guiam o urbanismo espanhol em torno das operações de reforma das cidades de Madrid ou Barcelona[14].

Folha original do Plano da Comissão de Melhoramentos: frente da área litoral do Flamengo e Botafogo

Porém, conscientes da dificuldade de conseguir que o Estado destine tão alta quantidade monetária a obras de interesse local (embora se refiram à capital do Império), os autores do Plano propõem que se entregue a execução do projeto a uma empresa capaz de levá-lo a efeito, que teria o privilégio de desapropriação (segundo o modelo da legislação de estradas de ferro), executaria as obras, venderia os terrenos resultantes ou os edifícios realizados neles, e exploraria as instalações públicas como o canal, a estação marítima, o zoológico, ou o palácio de exposições. Depois de realizar um detalhado orçamento do custo das obras, concluem que o lucro anual da citada operação seria de 8%.

Está, pois, configurando-se um modo de intervenção que se aplicaria à cidade nas décadas seguintes, constituindo um salto qualitativo na técnica das concessões e privilégios que haviam caracterizado a época imperial, e da qual o último exemplo antes do Plano da Comissão de Melhoramentos fora a concessão ao engenheiro Vieira Souto para executar o projeto de arrasamento do morro do Senado, com a finalidade de utilizar a terra para terraplenar para uso portuário a área anexa ao morro da Gamboa, fazendo desaparecer, como conseqüência, as praias Formosa, das Palmeiras e o Saco do Alferes.

O segundo dos relatórios é de fevereiro de 1876, e sua leitura dá a sensação de ser uma defesa das propostas do primeiro, para o que cita amplamente as políticas urbanas que estavam se realizando em Paris, Lion, Marselha, Viena e Londres. Reincide na defesa da técnica de alinhamentos frente ao capricho ou conveniência dos proprietários que havia sido o modo de abertura de ruas até então. Também insiste na necessidade do estabelecimento de normas obrigatórias quan-

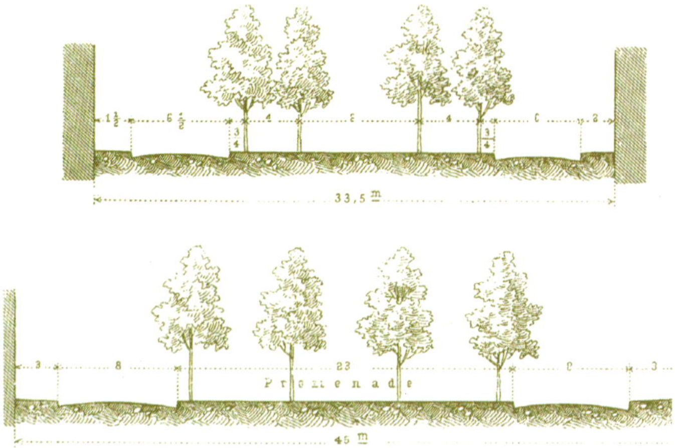

Stübben: Normalização de ruas. Der Städtebau

to ao aspecto das edificações, citando as leis inglesas de 1875. E reforça a necessidade dos instrumentos de traçado e norma para atender o crescimento da cidade em razão do progressivo aumento da população, comércio e riqueza da capital:

> *"Cumpre assentá-lo sobre as largas bases do futuro a que está destinada esta grande cidade, ainda que a sua execução tenha lugar lentamente, acompanhando 'pari passu' o desenvolvimento".*

As propostas do segundo relatório se centram na definição das operações precisas sobre a Cidade Velha. Este relatório completa as folhas 1:1000 dos alinhamentos da cidade que faltavam no primeiro, e menciona folhas em que se unificaria toda a planta da cidade em escala 1:5000, que não foram ainda encontradas.

É interessante a defesa que faz da largura das novas avenidas, 40m com calçada central de 18m e dois passeios laterais, tomando como referência as novas avenidas de Washington e Pensilvânia. O relatório se voltará sobre estas medidas ao comentar a influência da urba-nística norte-americana sobre o posterior Plano de Pereira Passos. Hoje pode parecer banal essa discussão sobre a largura das ruas, mas foi muito importante na época, como o prova a grande quantidade de espaço que destinou ao tema Cerdà na sua "Teoría General de la Urbanización"[15]. A argumentação utilizada em defesa dessa largura aponta também para a necessidade de espaço subterrâneo dos novos serviços urbanos:

> *"É que os nossos antepassados não sentiam as necessidades que têm criado a civilização moderna, para satisfazer às quais é necessário aumentar a largura das ruas".*

O limite inferior que fixa para essa largura é de 13.2m (60 palmos), ainda que desenhe alinhamentos

"La ville de Paris. Le XVIIe arrondissement en 1867". Bibliothèque Historique de la Ville de Paris

com 10m de largura, para "*evitar grandes despesas em desproporção com a importância das mesmas ruas*".

A descrição das ruas a ampliar ou prolongar é bastante prolixa, ainda que se concentre só nas principais delas. Destacam-se três propostas: a de abrir uma nova rua, de 18 m de largura, desde a Praça da Constituição até a Praça XV, em substituição à Rua Sete de Setembro, de modo que se uniriam as três praças principais da cidade (contando o seu prolongamento até o campo da Aclamação); a de completar uma trama regular sobre o espaço resultante do arrasamento dos morros de Santo Antônio e Castelo; e a de prolongar três eixos paralelos ao mar desde o Centro até a praia de Santa Luzia.

O esquema de ordenação resultante para o Centro é uma trama retangular parecida com a que já propusera Beaurepaire, porém mais grandiosa. Trama que, segundo o Plano, é urgente abrir, apesar de "*serem dispendiosas as suas obras por que teriam que desapropriar diversos prédios*", e anuncia que a Comissão já está trabalhando no orçamento dessas obras.

Parte das propostas deste relatório se centra nas ruas a prolongar em Laranjeiras e Botafogo, bairros que não haviam sido objeto de atenção no primeiro, ou a modificar algumas delas, como a ampliação da grande avenida transversal projetada desde o Campo da Aclamação ao Horto Botânico em Vila Isabel, que diminuiu para 35 m de maneira a não afetar o depósito de água do morro do Barro Vermelho.

A proposta mais destacada deste segundo relatório é a da criação de um cais de 3.900 m de comprimento e 40 m de largura desde o morro da Viúva até a praia do Flamengo, embrião da Avenida Beira Mar que se construiria mais tarde na etapa de Pereira Passos.

O ENGENHEIRO FRANCISCO PEREIRA PASSOS

Francisco Pereira Passos (1836-1913), filho do Barão e Baronesa de Mangaratiba, grandes fazendeiros de café, nasceu em São João Príncipe (depois chamado São João Marcos), no Estado do Rio de Janeiro.

Pereira Passos estudou na Escola Militar de1852 a 1856, graduando-se Bacharel em Matemáticas, o que lhe conferiu o título de Engenheiro.

Em 1858 foi admitido na École de Ponts et Chaussés de Paris. Em 1860 acompanhou as obras da Estrada de Ferro Paris-Lion e no Porto de Marselha na Europa.

Entre 1862 e 1865 foi diretor da Estrada de Ferro D. Pedro II (Central do Brasil). Em 1869 foi nomeado Engenheiro-Presidente da Estrada de Ferro D. Pedro II, cargo que voltou a ocupar em outros dois períodos: 1876-1880 e 1897-1899.

Em 1874 foi nomeado engenheiro do Ministério do Império do Brasil e formou parte da "Comissão de Melhoramentos da Cidade do Rio de Janeiro" por designação do Conselheiro João Alfredo de Oliveira, junto a outros dois engenheiros: M. Ramos da Silva e J. R. de Moraes Jardim. (Ver biografia completa no capítulo seguinte, expressamente dedicado ao Plano Pereira Passos).

O ENGENHEIRO, MARECHAL JERONYMO RODRIGUES DE MORAES JARDIM

Jeronymo Rodrigues de Moraes Jardim (1838-1916) nasceu em Vila Boa, antiga capital de Goiás.

Moraes Jardim estudou na Escola Central de 1858 a 1862, graduando-se como oficial-engenheiro.

Durante a sua primeira etapa profissional trabalhou na reconstrução de fortificações na Amazônia.

Entre 1864 e 1870 participou como voluntário na Guerra do Paraguai, e como oficial explorou uma via terrestre no oeste paranaense.

Em 1870 entrou na Inspetoria Geral de Obras Públicas, como auxiliar de André Rebouças, e em 1873 passou a ocupar a chefia dessa Inspetoria. Planejou e executou um Plano para o abastecimento de água para o Rio de Janeiro, compreendendo as adutoras de São Pedro e Rio do Ouro, a construção do reservatório do Pedregulho e várias outras obras de distribuição de água.

Reservatório Morro Pedregulho

Entre 1874 e 1876 esteve dedicado aos trabalhos da "Comissão de Melhoramentos da Cidade do Rio de Janeiro" citada anteriormente.

Também em 1875 apresentou um "Plano para a drenagem de águas pluviais", que foi elaborado conjuntamente com Antonio Fonseca Lessa e Antonio Paulo Mello Barreto.

Em 1882 participou nos preparativos do Primeiro Congresso de Estradas de Ferro do Brasil e da Exposição dos Caminhos de Ferro Brasileiros.

Em1889 presidiu a Comissão Geral de Viação, tendo elaborado o primeiro Plano Geral de Viação do país.

Em 1893 foi reformado como Marechal. Desempenhou diversas funções políticas tais como deputado e Presidente da Província do Estado do Ceará. Entre 1894 e 1896 ocupou o cargo de diretor da Estrada de Ferro Central do Brasil.

Em 1898 foi Ministro da Indústria, Viação e Obras Públicas.

O ENGENHEIRO MARCELINO RAMOS DA SILVA

Sua biografia está incompleta por falta de informação na literatura especializada. Teles, no livro sobre a História da Engenharia no Brasil, considera-o um "engenheiro ilustre" por sua participação no campo emergente das ferrovias, estradas, portos e serviços públicos no país de finais do século XIX.

Entre 1871 e 1875, durante o período do Gabinete Rio Branco, foi convocado pelo Conselheiro João Alfredo Correia de Oliveira para participar como técnico do seu governo.

Entre 1874 e 1876 esteve dedicado aos trabalhos da "Comissão de Melhoramentos da Cidade do Rio de Janeiro".

Entre 1881 e 1883 dirigiu as obras de prolongamento da Estrada de Ferro Rio-Petrópolis, no trecho da Serra da Estrela, a partir do projeto que Pereira Passos elaborou com tecnologia suíça chamada Riggenbach.

Em 1894 substituiu João Teixeira Soares na direção da "Comissão de Estudos e Saneamento da Baixada Fluminense" para resolver os problemas dos alagadiços, que eram focos de malária. Estes estudos resultaram no levantamento topográfico daquela área.

ALINHAMENTOS, ORDENAÇÕES, CONCESSÕES E DESAPROPRIAÇÕES NO URBANISMO CONTEMPORÂNEO

O planejamento urbano é um conjunto de técnicas pensado para prefigurar a forma que adotará a cidade em sua extensão sobre o território; e tem sua razão jurídica de ser quando nessa ocupação se há de distinguir o solo público do solo privado, e garantir a construção daquele antes de permitir a edificação neste, ou pelo menos de forma simultânea a ela.

Por isso, entre os instrumentos mais antigos de planejamento está o traçado, a antecipação da forma do espaço público (ruas, praças e parques) utilizando a geometria. A grelha ou malha regular foi a forma mais antiga dessa prefiguração, pela simplicidade de sua lógica de crescimento, e por isso foi adotada nos primeiros planos da cidade norte-americana (com o precedente do Plano de W. Penn para Pensilvânia de 1683, porém sobretudo pelo emblemático Plano de Nova York de 1811) e, anteriormente, nas cidades fundadas pela Espanha na América, onde o estiramento da malha de fundação mostraria sua eficácia como norma de crescimento.

A utilidade desses planos geométricos para garantir a existência e a forma do sistema de espaços públicos se reforçou na cidade industrial ao ser a grelha instrumento de extensão dos novos sistemas de comunicação e redes de serviços urbanísticos. A existência desses planos de alinhamentos foi também uma garantia da propriedade contra as disposições das autoridades locais e instrumento de arbitragem entre interesses particulares, dando como resultado que a simplicidade geométrica se traduz em um instrumento de consolidação e incremento notável do valor das propriedades; assim se explica, por exemplo, no prólogo justificativo da Real Ordem de Espanha, de 1859, pela qual se davam instruções para a redação de Planos Geométricos de Alinhamentos[16].

A técnica de alinhamentos, sejam quais forem seus antecedentes[17], é produto da nova ordem burguesa, porque resultava imprescindível para definir o conteúdo da propriedade urbana que emanou da consolidação do novo sistema político. Sua referência indiscutível é a Lei de Alinhamentos promulgada por Napoleão em 1807.

O primeiro grande problema do urbanismo do século XIX será conseguir que esses planos não sejam meramente consultivos, senão vinculadores. E para isso a sociedade há de se convencer das vantagens derivadas da sua existência, no lugar de entendê-las como uma limitação ao recentemente conquistado direito de propriedade privada; é curioso que sua consolidação venha a ser uma meta do liberalismo burguês alcançada de forma tardia, tenha-se em conta que essa técnica não se adotou na Espanha até 1846, sendo

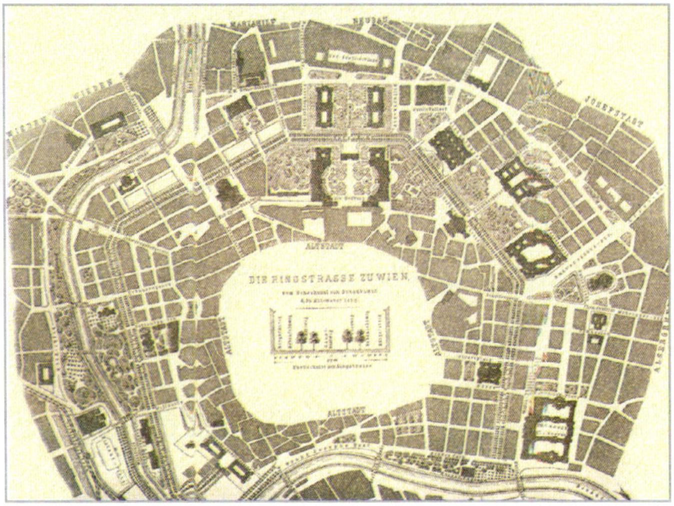

Ordenação de Viena no entorno da Ringstrasse. 1858

obrigatórias suas determinações desde as "Ordenanças" de Barcelona de 1852, e não se consolidou na Alemanha até 1875.

É por isso que são tão importantes as contínuas referências contidas nos relatórios da Comissão de Melhoramentos à necessidade desses alinhamentos e à exigência do seu caráter obrigatório, porque situam o Plano dentro da polêmica urbanística mais importante de seu tempo, sendo reflexo ao mesmo tempo de uma reivindicação liberal e de uma pugna pelo poder.

Também deve ser levado em conta que, como já destacou Piccinato[18], o postulado subjacente nesta reivindicação da necessidade de um traçado para a cidade é que esta deve crescer, porque isso produz riqueza, ao provocar aumento de valor dos terrenos incorporados nessa expansão[19]. Com essa filosofia, o melhor traçado é aquele que garante um crescimento homogêneo, contínuo e indiferenciado em todas as direções, de maneira que em toda a cidade os terrenos adquirem valor gradualmente, e a malha retangular tem a vantagem de fixar uma regra simples de crescimento em qualquer direção. Daí a necessidade de definir um grande esquema regular de suporte do crescimento, e daí também a magnitude da ocupação planejada no Plano da Comissão que se analisa. O grande impulsor do urbanismo alemão, Baumeister, argumenta na sua defesa da Lei Prussiana de Alinhamentos de 1875:

> *"Um plano é inevitável para manter a ordem dos interesses de todos e construir livremente em todos os lugares da cidade"(...) "a necessidade, ou pelo menos a opotunidade, de uma certa sistematização na subdividivisão do terreno urbano, está já na base das razões puramente econômicas, e, portanto, do uso ordenado, vantajoso e bem calculado dos terrenos edificáveis"* [20].

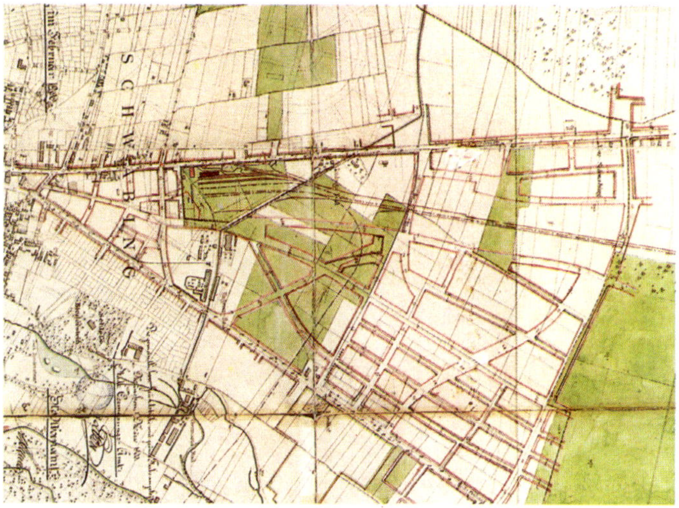

Plano de extensão de Munique, bairro de Schwabing : Elaborado por Theodor Fischer, 1900

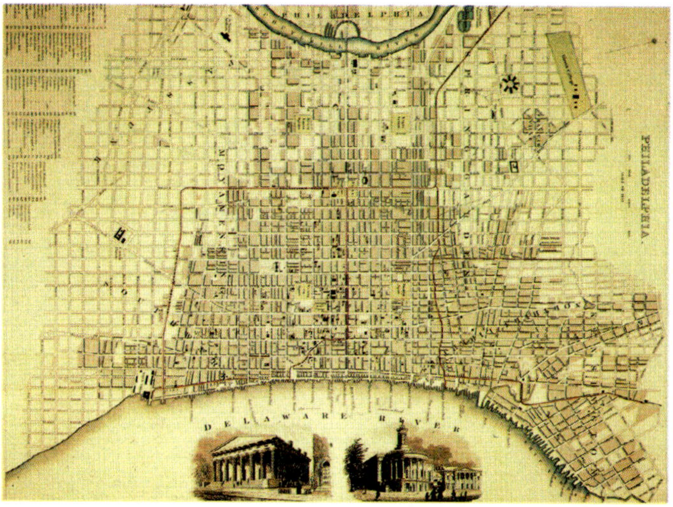

Philadelphia 1840. Society for Diffusion of Useful Knowledge: Atlas map. David Rumsey Collection

Palavras que recordam algumas das razões contidas no Plano da Comissão:

> *"No traçado das ruas dos novos bairros, a Comissão teve muito em vista evitar este inconveniente (a estreiteza das ruas), dando às que projetou, e que devem servir de base às subdivisões em quarteirões, larguras muito acima do comum no Rio de Janeiro".*

Mesmo quando o relatório só cite esta vantagem no parágrafo reproduzido, e se refira sempre a razões de circulação, escoamento de águas e ventilação como base justificativa do traçado, esta frase é bastante explícita e justifica o detalhe com que se planeja o crescimento urbano e a contundência de muitas das propostas do Plano.

A quadrícula foi no mundo ocidental o instrumento urbanístico identificado com a racionalidade capitalista mais crua, porque possibilitava um crescimento quase ilimitado e permitia a edificação sobre ela sem mais limites que o tecnológico e a capacidade de investimento de capital, como se colocou em relevo na edificação nas cidades norte-americanas. A quadrícula propiciava, em palavras de Manieri-Elia, duas operações urbanas simultâneas: uma de divisão do solo e outra de multiplicação da edificação[21].

Este modelo mostrava sua eficácia inclusive como método de integração dos conflitos sociais nas cidades com grandes ritmos de imigração, como as americanas, permitindo certa gestão das periferias pelos grandes "bosses" que gerenciaram primeiro a integração dessa imigração e depois a construção de suas casas, segundo o modelo que Tafuri tem analisado para Chicago e Nova York e sobre o qual Vazquez Rial escreveu uma interessante novela para Buenos Aires[22].

Possivelmente por isso, alguns urbanistas do século XIX, desde Ruskin no seu início até Sitte na transição ao século XX, coincidiram em extrair das plantas em xadrez interpretações negativas. Essas opiniões podem ter influenciado as contínuas referências no Plano da Comissão à defesa das formas sinuosas, da adaptação à topografia, de rechaçar regras simplistas de crescimentos "invariáveis e de aplicação constante", mostrando um paradoxo presente sempre nos Planos urbanos cariocas do século XIX: a contínua recorrência a tramas regulares e a condenação nas suas memórias da simplicidade e uniformidade desses esquemas.

Contradições que não se podem deixar de assinalar, e que mostram que o urbanismo carioca se mirava no espelho europeu e de relance começava a olhar a prática urbanística norte-americana, que alcançaria maior influência nas próximas décadas.

Este aparente dilema se resolveria com o tempo de modo semelhante ao da maioria das cidades norte-americanas. A malha regular encontrou sua maior aplicação nas cidades em que um território ilimitado colaborou na criação de uma periferia suburbana sem solução de continuidade, enquanto noutras cidades com natureza mais acidentada, como Rio, Caracas ou São Paulo, se deformou sem perder a sua utilidade, e inclusive se converteu em fator diferencial das formas de ocupação do território pelas diferentes classes sociais num reflexo da segregação espacial[23].

Outro instrumento incorporado pelo urbanismo ocidental será o regulamento da edificação: a norma. A partir de antecedentes diversos, emanados da aplicação de regras de polícia urbana, seguirá evoluindo até a regulamentação da forma da edificação, primeiramente, e depois dos usos do solo, já no final do século.

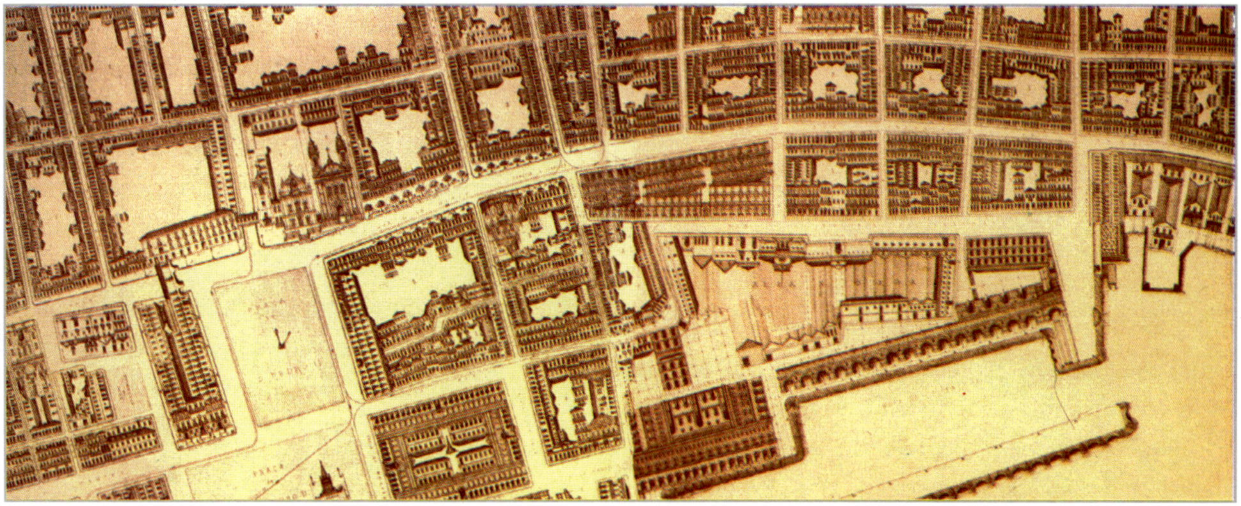

J. Rocha Fragoso e M. J. Aranha: Mappa Architectural da Cidade do Rio de Janeiro: Gravura, 1874

Os antecedentes das ordenações reguladoras da edificação devem ser buscados na "Rebuilding Act" de Londres de 1667 e nas do "Bureau de Finances" para Paris do mesmo ano. Nesta cidade, em1783 se vinculou pela primeira vez a altura do edifício com a largura da rua, mas não existiram ordenações globais da edificação até 1859, completadas logo durante o período de Haussmann e conhecidas com o nome de "Servitudes Spéciales d'Architecture".

São muitas as normas de caráter consuetudinário sobre a edificação e as servidões de vizinhanças que se foram introduzindo nos códigos europeus ao longo da História, e se consolidaram no domínio municipal quando no início do século XIX se reforçaram suas competências em matéria de polícia urbana. De fato, os Códigos de Posturas da Câmara Municipal carioca respondem a estas preocupações.

Apesar da introdução paulatina de aspectos relacionados com a saúde pública, a regulação dos aspectos higiênicos das moradias não se dará nas cidades mais adiantadas européias até finais dos anos cinqüenta desse mesmo século.

Por seu interesse como referência teórica se recorre ao conteúdo das ordenações para o "Ensanche de Barcelona" proposto por I. Cerdà, e que acabariam em parte recolhidas nas "Ordenanzas" posteriores desta cidade. Centram-se em medidas da altura dos edifícios e altura livre interior das habitações, tamanho das janelas, exigência de pátios com uma determinada superfície, regulação sobre latrinas e fossas sépticas, ventilação, etc.

Apesar das distâncias existentes entre as teorias justificativas, não deixa de surpreender o paralelismo de conteúdo e o alcance das propostas do Plano da

Comissão de Melhoramentos, por mais que suas propostas ficassem por muito tempo no vazio.

De fato, só com a Lei Orgânica do Distrito Federal, de 1892, assumirá o Prefeito a autoridade sobre o urbanismo da cidade; Barata Ribeiro, o primeiro dessa época, encomendou a realização da carta cadastral com os alinhamentos da cidade, e ditou normas sobre as condições higiênicas e o recuo das edificações. Mais tarde, em 1900, Coelho Rodrigues ditaria uma primeira regulação completa da edificação, e Pereira Passos iniciaria a numeração dos projetos de alinhamento, o que permite desde então comprovar sua vigência em cada zona.

Outro aspecto claramente moderno dos relatórios da Comissão é o que concerne à previsão do modo de gestão do Plano. A cidade de Paris, pioneira no enfoque do tema e referência do Plano, tinha oscilado na sua gestão entre dois sistemas alternativos de intervenção: a "regie" ou gestão direta pela Administração e a concessão a uma empresa privada. Rambuteau abriu a "Rue Rivolí" (citada pela Comissão) e "Les Halles" pelo sistema de "regie", recorrendo ao empréstimo externo para executá-lo; modelo que seguiu Haussmann para abrir os "Boulevars Sebastopol e Saint Michel", porque não encontrou nenhuma companhia financeira disposta a assumir o risco da concessão, apesar do enorme subsídio concedido pelo Estado. Apesar disso, nas suas memórias explica a preferência pelo mecanismo de concessão subvencionada, que aplicou no "Boulevar Strasbourg"[24].

No próximo capítulo se voltará sobre o mesmo tema, mas a dúvida sobre o modelo de gestão se manifesta também no Plano da Comissão, que opta por recomendar a concessão, possivelmente não consciente de seus riscos financeiros, sobretudo pela repercussão do fator tempo nos interesses do capital investido; a indeterminação de tempo era maior num país como o Brasil, onde não estavam tão desenvolvidos como na França os mecanismos de desapropriação para operações urbanas, país onde se promulgou uma prematura Lei já em 1793.

Esta questão é capital na formação do urbanismo contemporâneo, e vale a pena, como referência, estudar a evolução do direito urbanístico espanhol que, apesar de sua Lei de Expropriação Forçosa de 1836, não logrou impor que os alinhamentos determinassem automaticamente a utilidade pública necessária para desapropriar.

Os acontecimentos ligados à abertura da "Puerta del Sol" de Madrid, ou as discussões sobre a obrigatoriedade ou não da cessão do espaço da rua na realização dos "Ensanches" das cidades, inclusive a necessidade de declarar a utilidade pública de cada operação, estão na raiz do seu completo sistema urbanístico.

Em resumo, em vista dos aspectos comentados, pode-se afirmar que o Plano da Comissão está imerso de forma evidente na urbanística de sua época, ainda quando suas realizações haveriam de esperar a transformação do país, operada com a República, e suas propostas só se realizariam com outra concepção.

NOTAS

[1] Em frase de Prado Junior, op. cit. Nota 10, capítulo 3

[2] Caldeira, op. cit. nota 10, capítulo 2

[3] Rodrigues Carrasco, op. cit nota 9, capítulo 3.

[4] Furtado, C: *Formação econômica do Brasil*. Ed. Nacional. São Paulo, 1982.

[5] Gutman, M: *Buenos Aires 1910: Memória del porvenir. Historia de Buenos Aires*. Facultad de Arquitectura, Universidad de Buenos Aires. 1999.

[6] Benchimol, op.cit. nota 6 capítulo 3

[7] Gerson, B: *Histórias das ruas do Rio: e da sua liderança na história política do Brasil*. Lacerda Ed. Rio de Janeiro, 2000.

[8] Dados do Censo extraídos de Abreu, op.cit. nota 9, capítulo 1.

[9] Lamarão, S. T de Niemeyer: *Dos trapiches ao Porto*. Secretaria Municipal de Cultura. Rio de Janeiro, 1992.

[10] Csaba, D e Schiffer, S. Ramos: *O proceso de urbanização no Brasil*. Edusp. São Paulo, 1999.

[11] Citação extraída de Hall, P: *Ciudades del mañana*. Ed. Serbal. Barcelona, 1996.

[12] Constitui um bom resumo das técnicas de saneamento da época o "Proyecto de saneamiento del subsuelo de Barcelona" de P. Gàrcia Faria, do ano 1893. Publicado em: *Sota la ciutat*. Revista OP. Colégio Ingenieros de Caminos. Barcelona, 1991.

[13] Sabaté, op. ci nota 23, capítulo 3.

[14] Teherán, F: *Planeamiento urbano em la España contemporánea*. Gustavo Gili. Barcelona, 1978.

[15] Cerda, Ildefons: *Teoría General de la Urbanización*. 1859. Editada pelo Instituto de Estúdios Fiscales. Madrid, 1968

[16] Bassols, op. cit. nota 4, capítulo 3.

[17] A "Ordenance de 1754" de Paris determinou a formação de um Plano Geral de alinhamentos, que resultou no primeiro destes instrumentos da urbanística moderna: o plano de alinhamentos de 1766.

[18] Piccinato, G: *La construcción de la urbanística*. Alemania 1871-1914. Oikos-Tau. Barcelona, 1993.

[19] Herce, op. cit. nota12, capítulo 2

[20] Baumeister, R : *Stadtweiterungen in technicher, baupolizeilicher und wirstchaftlicher Beziehung*, Erns und Korn, Berlin,1976. Amplamente comentado enem Piccinato op. cit. nota 18

[21] Manieri-Elia, M: "Por una ciudad imperial; Burham y la City Beautiful", em Ciucci, G et alt: *La ciudad americana de la Guerra Civil al New Deal*. Gustavo Gili. Barcelona, 1975.

[22] Vazquez Rial, H: *Frontera sur*. Alfaguara. Madrid, 1994.

[23] Gorelik, A: *La grilla y el parque. Espacio público y cultura urbana en Buenos Aires*, 1887-1936. Universidad Nacional de Quilmes. Buenos Aires, 1998.

[24]. Pierre Pinon, P: "Entreprises et finances" em Des Cars, J e Pinon, P: *Paris-Haussmann*. Ed Picard, 1991.

Capítulo V

O PLANO DE REFORMAS URBANAS DE PEREIRA PASSOS (1903 a 1906)

Propostas do Plano de Pereira Passos sobre perspectiva da cidade de E. Bauch

AS MUDANÇAS ACONTECIDAS DO IMPÉRIO À REPÚBLICA

O período que compreende as duas últimas décadas do século XIX é uma época importante para se poder entender a evolução das políticas urbanas nas principais cidades do país. Muito se escreveu sobre isso, mas vale destacar os aspectos que se assemelham aos dos países ocidentais, dos quais se extraiu o ideário que inspirou as realizações que transformaram as grandes metrópoles brasileiras na transição do século.

Na última década do Império serão mais agudas as contradições do modo de governar de Dom Pedro II, sempre atento ao exercício do papel mediador entre os partidos, visando a unidade nacional. Por isso, incorporará ao poder, pouco a pouco, os republicanos, tentando integrá-los sem sucesso ao sistema político do Império. Já em 1878 incorporou ao governo os liberais, inclusive um ministro republicano da ala radical.

Sob a pressão dos liberais e republicanos se verá obrigado à aprovação em 1881 da Lei de Eleição direta de Deputados e em 1888 da Lei da Abolição da Escravatura, leis que o afastariam do apoio tradicional do partido conservador sem conseguir, por outro lado, retardar a inevitável mudança do Regime.

Nesse contexto não é de estranhar a multiplicação das concessões e privilégios associados ao processo de modernização. A bonança econômica emanada da exportação do café (que concentra dois terços das exportações), mas também de ouro, diamantes, e temporariamente de borracha, e a abundância de capital existente nos países mais adiantados serão uma tentação para todo tipo de iniciativas e investimentos, que se concentraram em obras de articulação do país com ferrovias, telégrafo, portos e nas infraestruturas das grandes cidades.

Na década dos anos setenta desse século se quadruplicou a rede ferroviária do Brasil (passando de 740 a 2.800 km), e na década seguinte se incrementou esse ritmo, tendo a rede alcançado 9000 km de extensão, como já foi mencionado, com o advento da República. Em 1874 se conectou o Brasil com a Europa com cabo telegráfico submarino, obra da "Brazilian Submarine Telegraph", associada à norte-americana "Western Telegraph Company", e em 1889 a rede interior de telégrafo atingiu os 10.000 km. Em 1899 se estabeleceu em São Paulo a companhia canadense "Light and Power" para distribuir energia elétrica, companhia que se implantará no Rio de Janeiro a partir de 1904.

Angela Marques e Lilia Schwarcz são autoras de um excelente livro que trata da renovação das sociedades carioca e paulista no advento da República baseada na certeza da prosperidade, sociedade de "sonhos ilimitados", dirigida por uma burguesia industrial e financeira orgulhosa dos seus avanços, que veria na ciência a possibilidade de alcançar seus mais altos desejos. Progresso simbolizado na proeza de Santos Dumont que em 1898 experimentou com êxito seu balão dirigível com motor a explosão na Estação da Luz de São Paulo[1].

O mais revelador, que contextualiza esta etapa da sociedade brasileira, é que esta "Belle Époque" se dá em todo o mundo ocidental, como conseqüência do mesmo progresso econômico e da internacionalização da ciência que provocará uma sucessão vertiginosa de inventos e aplicações técnicas.

Nas nações européias mais adiantadas, o liberalismo alcançou seu zênite na década 1870-80; em quase todas elas, o liberalismo havia dado origem a Constituições que garantiam os direitos parlamentares, a igualdade perante a lei e uma ampliação da base eleitoral. Na evolução do capitalismo, as ferrovias haviam significado a passagem de um capitalismo de sociedades familiares de responsabilidade coletiva a outro de sociedades anônimas de capital, com gama ampla de portadores de ações.

Esta prosperidade se estendia por todo o mundo ocidental; entre 1870 e 1900 se quadruplicou a produção industrial mundial, começando a Inglaterra a perder seu papel dominante, sendo já ultrapassada pelos Estados Unidos em 1880 e pela Alemanha no final do século. Ademais, no mundo começa a configurar-se o grande momento do imperialismo econômico,

L. Moholy-Nagy: Fotomontagem pela obra "Der Kaufmann von Berlin". Theaterwinssenschaftiche Sammlug de Colônia. 1929

simbolizado pela abertura do canal de Suez em 1869, no qual os investimentos no exterior e o transporte internacional se tornaram fatos relevantes.

Nessa época, os investimentos dos capitais britânicos no exterior passaram de um bilhão de libras esterlinas em 1875 a 2,4 bilhões no final de século (multiplicando-se, por exemplo, por dez vezes, os efetuados nesse período na Argentina, principal país latino-americano receptor deles). E o transporte marítimo mundial passou de 16 milhões de toneladas em 1870 a 31 milhões em 1900.

Esse progresso representa o triunfo de um liberalismo que deixou para trás sua ideologia revolucionária para assumir a doutrina da eficiência, legitimada pelo positivismo, como filosofia do progresso, mas imbuído de matizes socialistas. Assim, quando o liberalismo tomou o poder, abandonou a tradicional oposição ao Estado e passou a ver neste um instrumento eficaz para assegurar o ideal de liberdade e para utilizá-lo com finalidades de progresso econômico e social, mediante o emprego da coação[2].

Assim ocorrera nos países de referência: a França da III República e a Inglaterra vitoriana do domínio econômico mundial, mas também nos Estados Unidos, onde ao final do século os tempos estavam maduros para a grande mudança que supôs o abandono das políticas do "laissez faire" em mãos dos homens de negócios locais, e o início das grandes corporações criadas sobre os impérios ferroviários dos Hill, Harriman e Pulmann, o petroleiro de Rockfelller ou o do aço inoxidável de Morgan e Carnegie. É nestas transformações onde se há de buscar as principais influências, pouco estudadas até agora, nas políticas urbanas da República brasileira.

Será a Exposição Universal de Chicago de 1893 o ponto de partida do novo modelo americano centrado na renovação urbana, dentro da progressão de avanços e inovações mostrados em sucessivas Exposições Universais, como na de Filadélfia de 1876 à qual viajou o Imperador com uma ampla representação da burguesia industrial brasileira, ou na de Paris de 1889 onde o Brasil realizou um grande esforço para mostrar uma cara diferente de uma exótica monarquia tropical.

Nos primeiros anos da República, o erário público do país estava em situação de extrema crise monetária, agravada pelas lutas políticas e conspirações que tinha sofrido até o final do século. A solução foi recorrer à negociação da dívida externa, em 1898, com o Banco Rothschild conseguindo atrasar a devolução até 1911 e formalizando-se um novo empréstimo para pagamento de juros, fato que, por outro lado, pode demonstrar a confiança do capital internacional no desenvolvimento do país.

Pela Constituição de 1891, o antigo Município Neutro do Rio de Janeiro passou a ser Distrito Federal, segundo o modelo que a cidade vizinha de Buenos Aires tinha adotado em 1880 com um notável sucesso no seu desenvolvimento econômico. Em janeiro do ano seguinte seria aprovada a Lei Orgânica do Distrito Federal, pela qual o Poder Executivo Federal nomeava o Prefeito, exercendo uma ampla tutela sobre ele.

Neste contexto se dará a grande reforma da capital da República. Contexto no qual, junto à confiança no progresso, nas transformações da cidade, tinham também se agravado as contradições e conflitos sociais. Estas emanavam, fundamentalmente, do incremento da crise da habitação provocado pelos ritmos da

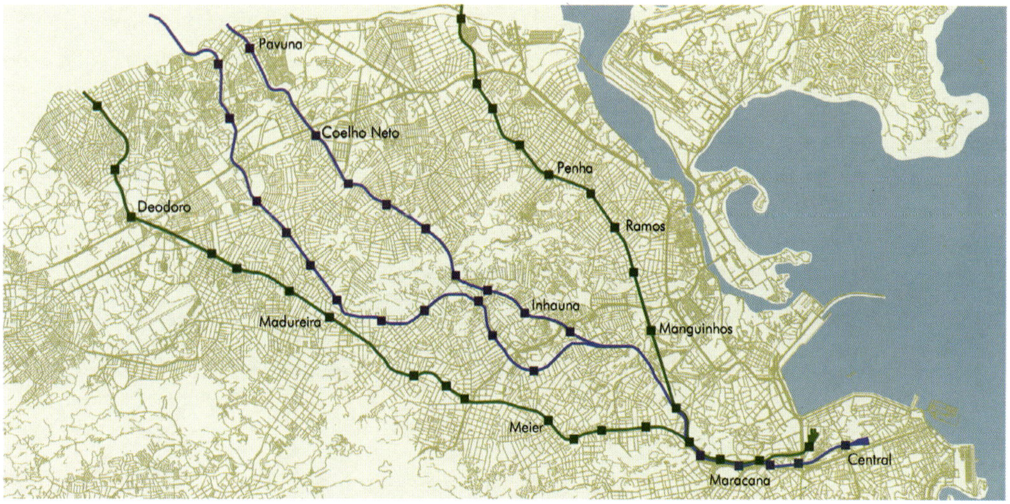

Estradas de ferro construídas nos finais do século XIX

imigração como conseqüência da abolição da escravatura, o que produzia também um incremento do número de desempregados e mendigos, em uma cidade endemicamente assolada por epidemias.

Estas contradições também se davam nas cidades ocidentais, porém com outras características, sendo a causa da criação de movimentos operários que desembocaram nos primórdios do século na formação dos primeiros partidos socialistas.

Com a geração de empresas industriais começou o afastamento dos locais de moradia e de trabalho, fato que incrementou de forma apreciável a escassez de habitações populares.

Foi o Conselho da Cidade de Londres o primeiro a criar uma Comissão de Habitação, mediante Lei de 1890, que até 1914 construiu 30.000 casas populares, e em 1909 aprovou uma Lei para Casas de Promoção Pública e Planificação de Cidades, unindo pela primeira vez ambos os conceitos.

Mas na sociedade carioca, junto ao positivismo como filosofia de progresso, se daria certa influência do movimento britânico do "fabianismo" que acreditava que o crescimento econômico levaria inevitavelmente ao socialismo, o qual resolveria o problema da moradia. O Governo Imperial iniciou em 1875 uma política de concessões a empresas construtoras para casas de operários, regulamentada pelo Decreto de 1882, e que resultou na construção até 1895 de aproximadamente 9.000 casas. Mas que continha também disposições de certa ingenuidade, como o Decreto de 1882, pelo qual se concediam benefícios às indústrias para construir "casas higiênicas para seus operários", ou aquele menos ingênuo de 1888, que concedia "isenção de impostos de importação de materiais às empresas que construíssem casas populares".

E. de Masheck: Planta da Cidade do Rio de Janeiro e de uma parte dos subúrbios. c. 1890

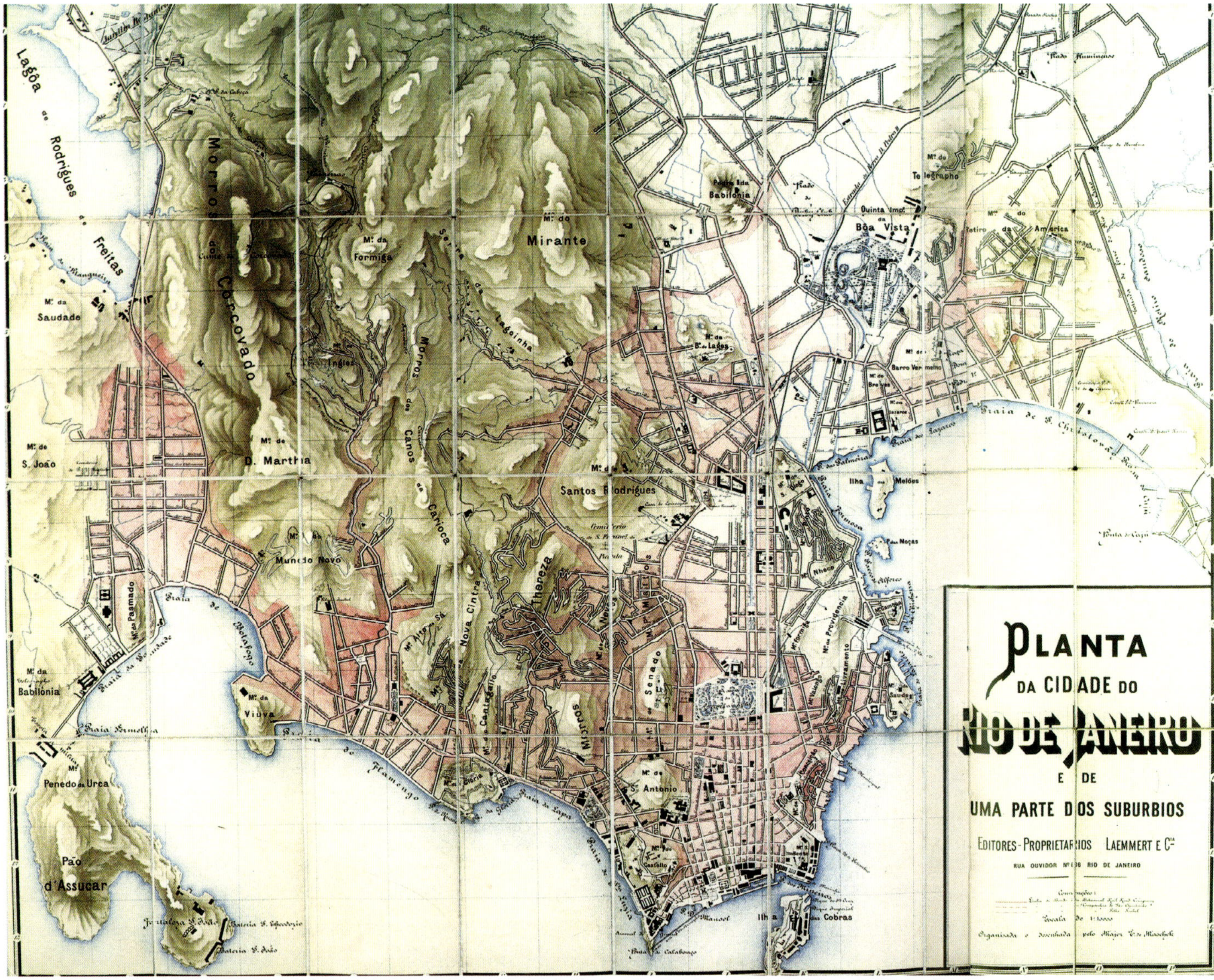

P. Citroën: "Metropolis" (fragmento), 1923. Rÿksuniversiteit, Leiden, Holanda

A CIDADE COMO EMPRESA, A ENGENHARIA COMO INSTRUMENTO

A tomada do poder pela burguesia republicana veio acompanhada por uma transferência de símbolos, e a "privatização da cidade" foi um deles porque representava a entronização do cidadão com capacidade de promover seu próprio progresso. É curioso constatar como para chegar a este processo se renunciou a grande parte do ideal liberal, que transformou a bandeira inicial do direito à propriedade privada (que havia dado lugar na França, Espanha e Portugal às desapropriações de bens da Igreja e outras instituições, para posterior venda a particulares) em reivindicação da desapropriação pública dos bens privados para realizar obras de interesse geral.

Este tema constituirá a grande polêmica do urbanismo ocidental, até o extremo de que na última parte do século se produziram importantes modificações do instrumento de desapropriação em quase todas as legislações, como também ocorreu no Brasil convertendo-se em ferramenta fundamental da reforma de Pereira Passos. A desapropriação da propriedade privada para garantir a expansão ordenada da cidade supunha também uma garantia de aumento do valor dos terrenos, com o que a desapropriação apareceu finalmente como instrumento de sustentação da propriedade privada.

Nas últimas décadas do século, as cidades se organizam como uma empresa, afirmação que pode ser entendida com um duplo sentido. De um lado porque se formou um sistema do governo da cidade com organograma de funcionários públicos, com delimitação das relações entre técnicos e políticos, e nisto se assentará a eficácia do poder municipal, ao estilo do

Eugène Hénard: La Ville de l'Avenir.1903-1909

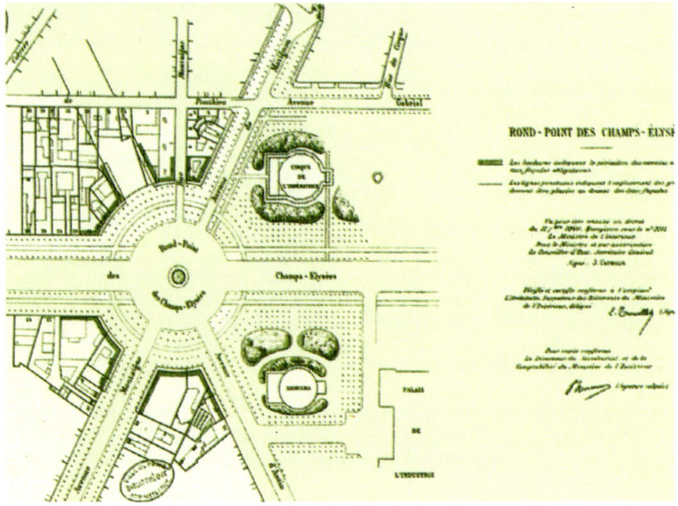

Roind-point des Champs-Elysés. Bibliotheque National de Paris

que introduziu Haussmann em Paris. A partir daí, se generalizou uma nova disciplina, a engenharia municipal, com seus distintos corpos para cada setor de competência, sobre os quais se desenvolveriam durante várias décadas a urbanística e o municipalismo , fundamentalmente alemã e francês.

A organização especializada de governo está presente na divisão de responsabilidades que estabeleceu o Presidente Rodrigues Alves para a reforma do Rio (Oswaldo Cruz, as sanitárias; Lauro Müller, as portuárias; Pereira Passos, as municipais; e P. Frontin, as grandes obras urbanas) e também na organização do governo municipal de Pereira Passos (C. A. Nascimento Silva - ao qual depois substituiu J. Coelho - como diretor de Obras e Viação; A. de Souza Rangel como chefe da Carta Cadastral; e Freire de Amaral como diretor de fiscalização).

A outra acepção daquela afirmação faz referência ao fato de que o caráter de metrópoles que as cidades da Europa assumiram entre 1870 e 1914 foi forjado sobre a fixação de regras que definiam uma nova relação entre a esfera pública e a privada nas cidades, que afetou tanto a realização do direito de propriedade quanto o financiamento das infra-estruturas e dos serviços urbanos. Nessa época se implantaram de forma generalizada os grandes parques públicos, as redes de transporte urbano, as redes de instalações técnicas urbanas, e se levaram a cabo grandes operações imobiliárias.

Estas operações foram tanto de extensão da cidade quanto de reforma urbana e consolidaram um processo de acumulação de capital, formado sobre a transformação do solo e a geração de valor sobre ele. Para a valorização de determinadas áreas foi necessária a

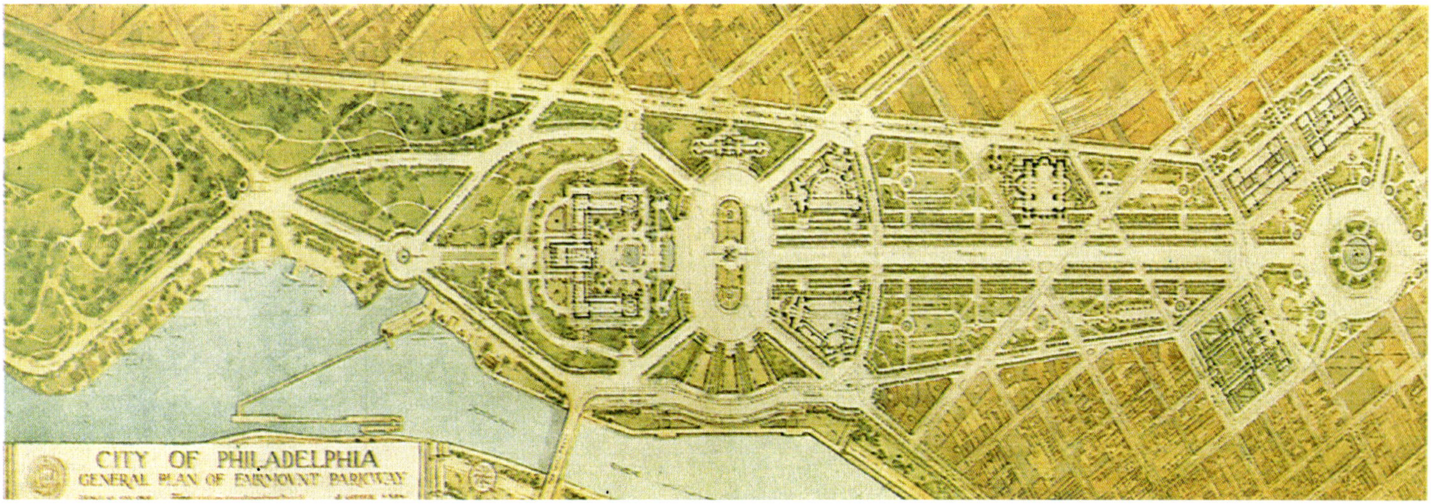

Fairmount Parkway de Filadélfia. J. Gréber. 1917

realização de obras públicas tendo como resultado um aumento do valor dos terrenos adjacentes; a conseqüência final foi, como muitos autores têm destacado, uma distância cada vez maior entre a cidade dos ricos e a dos pobres.

Dentro deste contexto seria na sociedade norte-americana onde mais claramente se daria esse novo modelo de relação público-privada, com raízes óbvias nas experiências de modernização das capitais européias, mas com um afã de eficiência traduzido na eleição precisa da relação entre finalidades e instrumentos visando ao máximo rendimento.

Comprova-se, assim, que não teriam sido as experiências européias o modelo a copiar, como foi dito tantas vezes, e que talvez o modelo deva ser buscado neste lado do Atlântico.

A Exposição de Chicago de 1903 é o símbolo deste novo modo de entender a cidade, que, sob o prestígio de uma tecnologia que triunfa por seus autênticos valores, propõe soluções que pretendem ser reflexo da lucidez dos homens de negócios de Chicago. A Exposição preconizava o milagre do prestígio e da monumentalidade, que pode parecer arremedo da Paris de Napoleão, mas para os americanos significava a possibilidade de se ressarcir da ocasião perdida em Washington, onde em 1898 se havia tentado sem êxito criar um comitê de cidadãos para promover iniciativas de embelezamento da cidade. E, neste sentido, essa Exposição era a desencadeadora do orgulho das novas capitais norte-americanas.

Essa Exposição foi o grande momento de consolidação do novo modelo de "cidade planejada" fundado na ideologia do civismo e caracterizado por ser promovido, concebido e administrado por um grupo privado. O plano de Chicago de 1909 será elaborado por D. Burham e ficará a cargo de uma Comissão constituída e remunerada pelos próprios promotores, que foi criada com a mentalidade do republicanismo iniciado por McKinley em 1897; a Comissão serviu também de pretexto para a fusão dos grandes clubes capitalistas da cidade (o Comercial e o Mercantil).

Dessa Comissão tomou parte George Pullman, empresário enriquecido com a construção do vagão-dormitório dos trens a partir de 1864. A sua presença no grupo que financiou a exposição e o plano da cidade possui um valor simbólico importante, destacado já por autores como Manieri-Elia. Este empresário havia construído em 1880 a "cidade Pullmann", com projeto de S. Beman e N. Barret, cidade que estava controlada em todos seus aspectos sociais pela "Company Town", o que gerou grandes conflitos sindicais que precisaram da intervenção do exército em 1894. Modelo de reforma social ligada ao negócio imobiliário que abandonou pelas vantagens da consolidação deste novo sistema de relação entre o poder público e o capital privado, converteu-se assim em referência de uma nova fase do capitalismo[3].

O urbano, a cidade, será o grande protagonista deste Republicanismo de fomento das grandes corporações, de concentração de empresas de ferrovias e serviços públicos e de intervenção do Estado na racionalização das redes viárias, sobretudo, a partir do início do ciclo do automóvel em 1911. Este urbanismo de operadores, de concentração de capital e de monumentalidade, será dominante na Europa até as experiências socialdemocráticas posteriores à primeira Guerra Mundial, e na América até o surgimento do movimento de Planificação regional e as políticas econômicas do "New Deal" de Roosevelt.

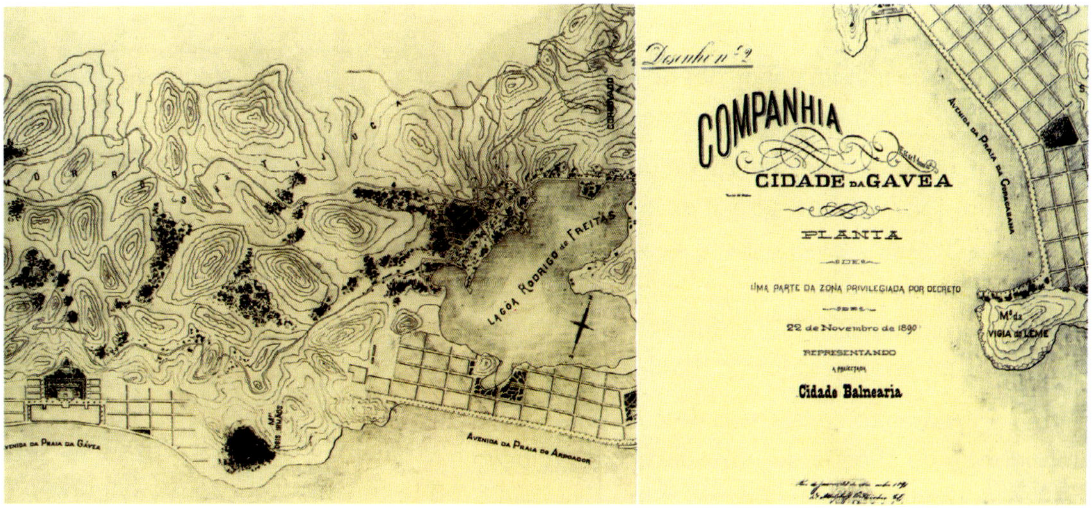

Planta de ordenação dos bairros do sul da Cia. Cidade da Gávea. 1890

Este sistema terá tal eficácia que seu principal opositor, Lewis Mumford, escreverá em 1924: "*planos que reduzem o trabalho do arquiteto a fachadas agradáveis e a comportar-se como um criador de mais valia urbana*"; e efetivamente, podem simplificar-se como "*esquemas de suporte de vistosos desenhos, e com uma densidade de edificação massiva que satisfaz os apetites do mais ávido operador imobiliário*"[4].

Modernização e privatização no Rio de Janeiro

O novo ciclo do urbanismo tem seu reflexo no Rio de Janeiro, com uma magnitude e ambição que só se dariam também em algumas capitais como Buenos Aires, São Paulo ou Cidade do México. Kessel expõe que "*os empreendedores oferecem serviços a cada momento, descrevendo propostas de transformação da cidade. O Arquivo Geral da Cidade do Rio de Janeiro guarda dezenas destas propostas sedutoras, algumas fundamentadas, outras simples esboços delirantes*"[5]. E Lilian Fessler Vaz ofereceu uma relação estudada e curiosa de todas as petições de concessão de privilégios que se deram na cidade na década dos noventa, também chamada período de Encilhamento, pelas penúrias do erário municipal[6].

Esta autora também recorda que, ao contrário da Paris de Haussmann, o Rio de Janeiro do século XIX só contava com capital privado dedicado aos setores de remuneração rápida como era o mercado imobiliário, em atividades de compra de chácaras e fazendas para serem loteadas e comercializadas ou de construção de moradias para as classes populares da cidade, atividade incentivada pelo governo. Dessa maneira, operações como a demolição do Morro do Senado teriam que recorrer aos Bancos ou ao capital externo, únicos investidores que tinham condições de suportar um longo processo para o retorno do investimento.

Coube ao engenheiro Vieira Souto a primeira concessão (1879) para executar o arrasamento do Morro do Senado; serviria tanto à obtenção de material para aterrar a extensa área entre o Morro de São Diogo e o Morro da Gamboa quanto à possibilidade de venda dos terrenos gerados com a demolição.

A primeira constituía a desculpa oficial, dada a importância de criação do novo porto e da estação ferroviária planejada no Plano da Comissão de Melhoramentos. A concessão foi vendida ao Banco Auxiliar em 1888, e em 1890 se constituiu a Empresa Industrial de Melhoramento do Brasil para adquiri-la.

Esta empresa agrupou um conjunto de engenheiros eminentes do Clube de Engenharia (Frontin, Sampaio e Vieira Souto) com importantes homens de negócios da cidade, como C. Niemeyer e E. Guinle. O objetivo da sociedade se concentrou em empreendimentos ferroviários, atividades de colonização territorial e projetos relacionados com a remodelação urbana do Rio de Janeiro, dentre os quais se destacava o novo porto.

Desses investimentos prosperou tão somente a Estrada de Ferro, cujo primeiro trecho entre Mangueira e Deodoro foi inaugurado em 1893. Em 1897, Frontin cedeu a presidência a Sampaio, que em 1898 conseguiu vender a concessão (salvo a ferrovia) ao grupo Anglo-Brasileiro "Docks Finance Corporation".

Durante este período, a Empresa de Melhoramentos continuou as obras de derrubada do Morro do Senado, e participou da operação de derrubada do cortiço "Cabeça de Porco" ordenada em 1893 pelo Prefeito Barata Ribeiro, como obrigação derivada da concessão que tinha essa empresa desde 1891 para construir um túnel sob o Morro do Livramento que unisse a zona portuária e o Campo de Santana.

Outra concessão interessante foi obtida pelos arquitetos Fogliani e o Dr. Ferreira de Souza em 1887 para construir uma avenida, de 1.130 m de comprimento por 25 de largura, que iniciaria na Rua Direita junto ao edifício da Bolsa, absorveria a Rua Senhor dos Passos e se prolongaria até o Campo de Santana.

O Congresso aprovou a operação com a ressalva de que esta se faria com a reserva dos direitos de terceiros, cujo hipotético exercício não daria lugar a nenhuma reclamação à Municipalidade. Apesar dessa cláusula, que dissuadiria qualquer financiador, a concessão se prorrogou e foi vendida a Américo Lage e Companhia que em 1903 voltou a apresentar o projeto ao Prefeito Pereira Passos, sendo aprovada a execução do trecho entre a Rua Primeiro de Março e a Praça da República em maio de 1904.

Outras, como as dos bondes (já comentadas), dariam lugar a empreendimentos imobiliários associados, como os de Vila Isabel, Copacabana, Ipanema ou Leblon, onde atuou também uma Companhia denominada Companhia de Melhoramentos da Lagoa, que, em 1891, chegou a iniciar a abertura de um trecho da futura Avenida Niemeyer.

As concessões para empreendimentos imobiliários se consolidaram somente depois do Decreto de 1888, que dava o privilégio de obter terrenos públicos e de isenção de impostos de importação de materiais às empresas que construíssem casas populares, tendo sido a Empresa de Saneamento do Rio, de Arthur Sauer, a primeira que construiu vilas operárias, até cinco, na década de noventa.

A implantação de redes de novos serviços urbanos fez parte deste processo de valorização do solo urbano. Desde meados dos anos oitenta, a Empresa de Obras Públicas do Brasil, de Buarque Macedo, tinha uma autorização provisória para implantar o serviço de telefonia na cidade; em 1890 conseguiu a concessão definitiva do novo Governo republicano; essa mesma empresa controlava o serviço de transporte marítimo Rio-Niterói e também o abastecimento de água da cidade.

Em 1887 se registra outra concessão a "T. Wilde e Siemens & Halke", que se transferiu em 1899 à empresa germânico-brasileira nomeada "Brazilianische Elektricitäts-Gesellschaft", que chegou, por sua vez, a controlar as companhias de ferrovias de Vila Isabel, Vila Guarani e Cachambi. Em 1905 estas foram compradas pela "Light &Power", que criou a empresa "Rio de Janeiro and São Paulo Telephone Company", cujo monopólio foi prorrogado em 1922 por Sampaio, atuando já como Prefeito, até 1955.

O surgimento da Light na cidade, o modo como logrou anular a denominada concessão Reide, de 1899, para distribuição de energia elétrica na capital, sua capacidade de absorver todo o tipo de concessões, e o seu caráter multinacional (com operações análogas em São Paulo, Rio de Janeiro, México, Bruxelas ou Barcelona) são amostras na cidade desse novo período das grandes corporações capitalistas.

O clube dos engenheiros empresários, o mito do higienismo

A importância da corporação dos engenheiros nas políticas urbanas da República já foi suficientemente mostrada no item anterior; existe sobre ela uma bibliografia interessante, destacando as obras de L. Silva[7] e C. Kessel, e, sobretudo, a de E. Campos Coelho, que é a mais especificamente centrada no tema[8]. Dessa literatura interessa destacar alguns fatos que permitem reforçar as hipóteses de importação de idéias comentadas neste livro, mas também a existência de uma mentalidade empreendedora própria que dirigiu, adaptou e transformou as influências exteriores.

Os numerosos nomes que se entrecruzam nas políticas urbanas da época (os Vieira Souto, Moraes, Pereira, Frontin, Freitas, Bicalho, Sampaio, Niemeyer, etc.) têm em comum sua formação politécnica, seu ideal positivista (e às vezes maçônico), e sua fé nos ideais republicanos de progresso social e pessoal. Une-os também sua pertinência a uma classe média urbana, mais poderosa e inclusive aristocrática na primeira geração (o pai de Pereira Passos era o Barão de Mangaratiba), e mais remediada na segunda (o pai do que chegou a ser mais poderoso, C. Sampaio, era um pequeno comerciante). Este esclarecimento pode parecer supérfluo, mas vale a pena fazê-lo porque não se pode julgar o enriquecimento e ascensão social dessa camada profissional com idéias e razões de hoje em dia.

A maioria deles começou sua trajetória profissional ou aperfeiçoou sua formação nas operações de construção das ferrovias. Pereira Passos centrou nelas sua principal atividade profissional: diretor e depois presidente da Estrada de Ferro Central do Brasil, presidente da Companhia de Ferro de São Cristóvão, planejou e dirigiu a Estrada de Ferro do Corcovado (1884) e o prolongamento pelos arcos da Lapa e a eletrificação do bonde de Santa Teresa (1891), presidiu a Estrada de Ferro de Sapucaí (1893) e foi o projetista da Estrada de Ferro de Cantagalo. Frontin (vinte e quatro anos mais jovem) dirigiu a Estrada de Ferro Central do Brasil de 1906 a 1910; Sampaio, da idade de Frontin, foi administrador da Estrada de Ferro do Jardim Botânico e vice-presidente da "Brazil Railway"; C. Niemeyer dirigiu os laboratórios de material ferroviário do Engenho de Dentro; e J. Moraes Jardim dirigiu a Central de Brasil de 1894 a 1896.

O fato que diferencia a construção das ferrovias na América Latina é que a maioria dos investimentos se fez com técnicos ingleses ou americanos; daí que os engenheiros brasileiros (com a exceção da obra citada da qual Pereira Passos foi projetista) serviram em funções gerenciais, de captação de capital, ou de mediação legal, o que explica a vocação empresarial desses engenheiros.

Benchimol explica com acerto o modo como consolidaram sua posição social: "*Os engenheiros pediam mais do que confiança; queriam concessões e proteção oficial*". Acreditavam ter esse direito não só por seus conhecimentos, como também por suas relações empresariais.

As finalidades explícitas do Clube de Engenharia assim o confirmam: "*promover e estreitar relações entre as classes de engenharia e as dos vários ramos industriais, no que diz respeito aos interesses recíprocos das suas profissões; estudar e acompanhar o movimento industrial do país, empregando todos os meios ao seu alcance para promover seus interesses*".

Esta corporação profissional se impôs sobre a hegemonia dos médicos no discurso higienista da época imperial, aproveitando a inflexibilidade da elite médica que dominava a Academia Imperial de Medicina, que tinha exagerado suas preocupações nesse campo em comparação às suas realizações práticas na época imperial. Impôs-se possivelmente pela recorrência em seu discurso modernizador às metáforas higie- nistas para reforçar suas propostas de renovação urbana, e também porque ao apropriar-se daquele discurso e aplicá-lo se mostravam como instrumentos da nova racionalidade republicana.

Os engenheiros demonstraram sua preocupação neste campo com debates importantes no Clube de Engenharia, como o efetuado em 1882 sobre o "reservatório D. Pedro II para abastecimento de água à cidade" ou o de 1887 de avaliação das propostas da Junta Central de Higiene para o saneamento da cidade, ou sobre a proposta de Frontin de 1889 (como Inspetor de Águas da cidade) para resolver em "seis dias" o problema do abastecimento de água.

Mas pouco a pouco o discurso de saúde pública foi decantando-se no arrasamento dos morros para seu aproveitamento em operações urbanas; em 1897 C. Sampaio como presidente da Empresa Industrial de Melhoramentos solicitou ao Instituto de Engenharia um informe sobre os requisitos para derrubar o morro do Senado e aterrar os pântanos das praias Formosa e dos Lázaros. E o Primeiro Congresso Nacional de Enge-

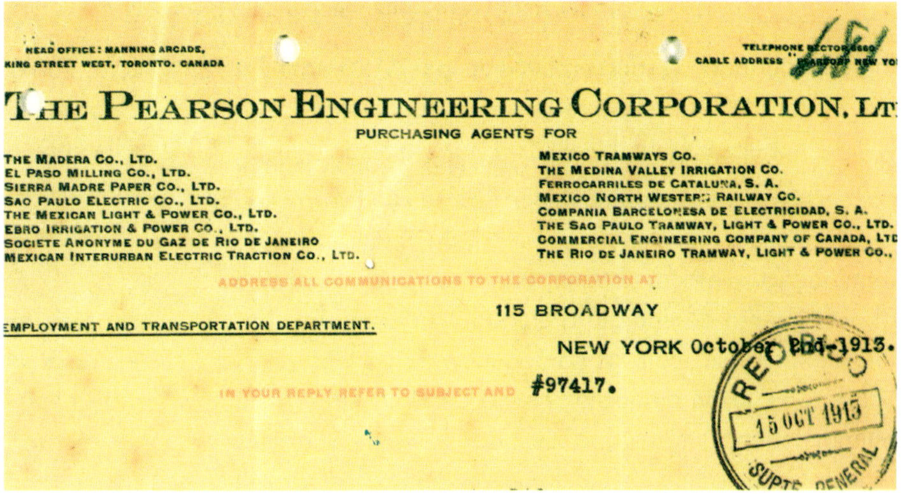

HEAD OFFICE: MANNING ARCADE,
KING STREET WEST, TORONTO, CANADA

TELEPHONE RECTOR
CABLE ADDRESS "PEARCORP NEW YO

THE PEARSON ENGINEERING CORPORATION, LT

PURCHASING AGENTS FOR

THE MADERA CO., LTD.
EL PASO MILLING CO., LTD.
SIERRA MADRE PAPER CO., LTD.
SAO PAULO ELECTRIC CO., LTD.
THE MEXICAN LIGHT & POWER CO., LTD.
EBRO IRRIGATION & POWER CO., LTD.
SOCIETE ANONYME DU GAZ DE RIO DE JANEIRO
MEXICAN INTERURBAN ELECTRIC TRACTION CO., LTD.

MEXICO TRAMWAYS CO.
THE MEDINA VALLEY IRRIGATION CO.
FERROCARRILES DE CATALUÑA, S. A.
MEXICO NORTH WESTERN RAILWAY CO.
COMPANIA BARCELONESA DE ELECTRICIDAD, S. A.
THE SAO PAULO TRAMWAY, LIGHT & POWER CO., LTD.
COMMERCIAL ENGINEERING COMPANY OF CANADA, LTD
THE RIO DE JANEIRO TRAMWAY, LIGHT & POWER CO.,

ADDRESS ALL COMMUNICATIONS TO THE CORPORATION AT

EMPLOYMENT AND TRANSPORTATION DEPARTMENT.

115 BROADWAY

NEW YORK October 2nd-1913.

IN YOUR REPLY REFER TO SUBJECT AND #97417.

15 OCT 1913

nharia de 1902, patrocinado pelo Clube, se concentrou nas questões de saneamento da cidade, porém ligadas ao "embelezamento". O discurso higienista dos engenheiros começava a mostrar a sua verdadeira face.

Foi no Clube de Engenharia onde Pereira Passos apresentou pela primeira vez seu Plano de reforma urbana, antes do que em qualquer outro lugar (o que tampouco resulta raro, levando-se em conta que a Câmara municipal estava suspensa), e tanto na sua atuação quanto na de seus sucessores engenheiros (Frontin em 1919 e Sampaio entre 1920 e 1922) é difícil encontrar argumentos sólidos que permitam afirmar que mostraram uma convicção verdadeira nos princípios de higiene pública que preconizavam, e que, por outro lado, já começavam a ser substituídos no mundo pelas idéias e práticas do socialismo de tipo assistencial de princípios do século.

A concentração monopolista dos serviços urbanos: a referência de F. Pearson

A história da consolidação da Ligth and Power como concessionária do abastecimento elétrico da Capital da Republica é um excelente exemplo do processo de concentração monopolista de companhias de serviços em mãos de capital multinacional que se deu no final do século em todo o mundo ocidental, determinando o que Ofner e Magrinyà denominaram terceira fase das redes de serviços urbanos (sendo para esses autores a primeira fase a construção de redes ramificadas desde um ponto para abastecer uma área limitada, e a segunda a formação de malhas por conexão das redes ramificadas)[9].

O monopólio da Light, incluindo a absorção de companhias de gás, bondes e telefones, tem sido amplamente estudado, fundamentalmente por S. Lamarão e por E. Von der Weid[10], e se resume a seguir.

A iluminação pública da cidade, a gás, era concessão da companhia belga "Société Anonyme du Gaz", que em 1889 obteve concessão municipal para iluminação elétrica, como primeiro passo para o abastecimento de energia à cidade. Isso criou um conflito de interesses com as companhias de bondes eletrificados, a Cia. Jardim Botânico e a Cia. Vila Isabel. Esta última pertencia ao grupo alemão "Siemens & Halske Aktien Geselllschaft", que conjuntamente com aquela companhia havia também comprado a "Brasilianische Elektricitäts Gesellschaft" que operava nas primeiras linhas telefônicas da cidade.

Nesse contexto, o Governo Federal outorgou em 1890 uma concessão ao inglês W. Reid para o abastecimento elétrico à cidade, da qual se excluía a iluminação. Com isso, ao conflito entre a sociedade belga e as companhias de bondes, provocado porque estas vendiam energia a terceiros, se uniria outro de competências entre a concessão federal de Reid e a da "Cia. Brasileira de Energia Elétrica". A origem desta está numa sociedade constituída em 1878, a "Gaffrée & Guinle", que em 1901 construiu uma Usina Hidrelétrica para o abastecimento do porto de Santos, e que, depois de associar-se em 1903 com o norte-americano A. Aschoff, conseguiu em 1909 a maioria da citada CBEE.

Este conflito foi aproveitado por F. S. Pearson para se introduzir no Rio de Janeiro e começar a consolidar um monopólio elétrico, associado a bondes, telefones e algumas operações imobiliárias. Este procedimento também foi utilizado, naquela ocasião, em São Paulo, Cidade do México, Barcelona e outras cidades, fato que merece destaque em um livro como este, em que se deseja evidenciar as correlações dos processos urbanísticos no Rio de Janeiro com seus contemporâneos em outras cidades.

Frederick S. Pearson, nascido em Massachussets em 1858, desde cedo se associou a empresas elétricas norte-americanas. Sabedor de que o desenvolvimento da eletricidade exigiria mobilizar grandes somas de capital (para construir barragens e represas, centrais e grandes linhas de transmissão e distribuição) iniciou alianças com empresas desse tipo e com o capital inglês, aproveitando o contexto legal canadense que até 1902 era o mais favorável para constituir grupos de sociedades. Assim, se associou com o advogado desse país A. Mackenzie, capitalista de Estradas de Ferro e, sobretudo, de seguros.

Começaram operando em bondes eletrificados, passando em seguida ao abastecimento elétrico do México e São Paulo. Em abril de 1889 se constituiu em Toronto a "São Paulo Tramway, Light and Power", que monopolizaria o transporte de bondes dessa cidade e o abastecimento elétrico desde a central de Parnaíba.

O endurecimento da legislação canadense levou ambos a constituir em 1904, em New Jersey, a "Rio de Janeiro Light and Power Co. Ltd", com outros três sócios financeiros: dois norte-americanos e um canadense. Ante a negativa do ministro da Indústria e Obra Públicas (L. Muller) de novas concessões, Mackenzie logrou de Pereira Passos, nesse mesmo ano de 1904, um decreto proibindo privilégios excludentes para a produção e distribuição de energia elétrica no

Distrito Federal. Provavelmente não foi casual, no que diz respeito a este decreto, o fato de Pearson e Mackenzie pertencerem ao Clube de Engenharia, ainda que este último só viesse a se inscrever meses mais tarde.

Dentro da estratégia de concentração de concessões, Mackenzie foi comprando ações das empresas de bondes, assim como a "Companhia Nacional de Eletricidade", propriedade do Banco Nacional. Em 1905 adquiriu para a Light a concessão de Reid e começou a operar na cidade, e nesse mesmo ano adquiriu todo o capital da empresa de gás. Conseguidas ambas as concessões, incrementou a compra de ações das empresas de ferrovias São Cristóvão, Ferroviários Urbanos e Vila Isabel, garantindo assim seus principais clientes.

Em 1907 se produziu o contrato de unificação das três companhias de bondes citadas, já controladas pela Light, que começou a adquirir ações da "Companhia do Jardim Botânico", à qual dominaria acionariamente em 1910. Finalmente, em 1912 se unificaram as companhias de São Paulo e Rio na holding "Brazilian Traction Light and Power".

Entre 1905 e 1915, a Light e o grupo brasileiro Guinle & Cia, desde 1909 denominado "Companhia Brasileira de Energia Elétrica", mantiveram um forte litígio pelo abastecimento energético da cidade, a partir de suas respectivas concessões municipal e federal. Litígio que se resolveu definitivamente a favor dos interesses da Light em 1917.

Em 1911 a Light adquiriu a "Interurban Telephone Company of Brasil", fundada pelo norte-americano E. D. Trowbridge, que tinha contrato desde 1909 com o Estado do Rio de Janeiro para o serviço telefônico, e que havia instalado um cabo de conexão submarina com Niterói. Desta forma a Light (de fato o grupo Brazilian Traction Light) se converteu num monopólio dos serviços urbanos, que por sua vez começou a operar em investimentos e empreendimentos imobiliários, mediante a "Brazilian Securities Company Ltd" criada em 1904.

Esta história se torna mais relevante ao se observar como se produziu um processo similar em outras cidades. A "Barcelona Traction Light&Power Co. Ltd." se constituiu em 1911 em Toronto, com a finalidade de atender a todos os ramos do negócio elétrico e em especial à construção de centrais na bacia do Rio Ebro para abastecimento da Catalunha. Para isso constituiu em Barcelona nesse ano a sociedade "Riegos y Fuerzas del Ebro S.A.", que ampliou em 1912 seu objeto social aos negócios de ferrovias, linhas telegráficas e telefônicas[11].

A Barcelona Traction fazia parte de uma trama financeira complexa; em primeiro lugar a "Spanish Security Company Limited", como sociedade financeira, ligada a um emaranhado conjunto de sociedades britânicas e canadenses cuja cara visível eram a "Insurance & Investment Company", constituída em Londres em 1901, e a "Canadian and General Finance Company Limited", constituída em Toronto em 1912, cujas oficinas principais estavam em Londres.

Desde a compra da "Société Anonyme du Gaz de Rio de Janeiro", Pearson havia estreitado laços com o financista belga A. Loewestein, o que lhe permitiu o acesso a amplos capitais europeus e estabelecer relações com a Companhia de Iluminação Elétrica de Paris

Fotografia da época do ferro-carril de Pearson em Barcelona

e com a Companhia de Gás de Lisboa, entre outras. E talvez isto explique o fato de que depois da morte de Pearson, em 1915, grande parte dessas empresas veio a fundir-se, na empresa belga "Société International d'Énergie Hidro-Électrique" em 1924.

A consolidação em Barcelona e toda Catalunha do grupo Pearson não envolveu apenas o monopólio elétrico, mas através de sociedades paralelas impulsionadas pela "Pearson Engineering Corporation Ltd.", dedicada às obras públicas e à construção, resultou também na compra das sociedades de bondes e em promover e construir linhas de ferro de via estreita que permitiram unir Barcelona com os territórios além da Serra limítrofe (mediante um túnel sob o monte do Tibidabo) e criar um importante negócio imobiliário. De 1912 é a constituição da sociedade "Ferrocarriles de Cataluña SA" que obteve a concessão de ferrovias; desse mesmo ano a aquisição da empresa "Tramways de Barcelona," e em 1913 começou a adquirir ações da "Energia Eléctrica de Cataluña", que havia sido criada em 1896 pela empresa de gás que detinha a iluminação pública municipal. Hoje em dia, só subsistem a empresa de eletricidade (FECSA), transformada e fundida com outras, as ferrovias (com o nome Ferrocarriles de la Generalitat) que formam parte importante da rede de metrô de Barcelona e uma cidade-jardim (La Floresta Pearson) nas proximidades da cidade.

Não vale a pena se estender sobre a "Mexican Traction & Light Power Co Ltd.", iniciada antes que a de Barcelona e a do Rio de Janeiro, porque as similitudes são tantas que pouco acrescentaria ao exposto. De qualquer forma, é preciso ter em conta o processo descrito para melhor entender o contexto em que se deu o Plano de Reforma Urbana de Pereira Passos.

Projeto de estradas de ferro da Companhía de Pearson em Barcelona. 1910

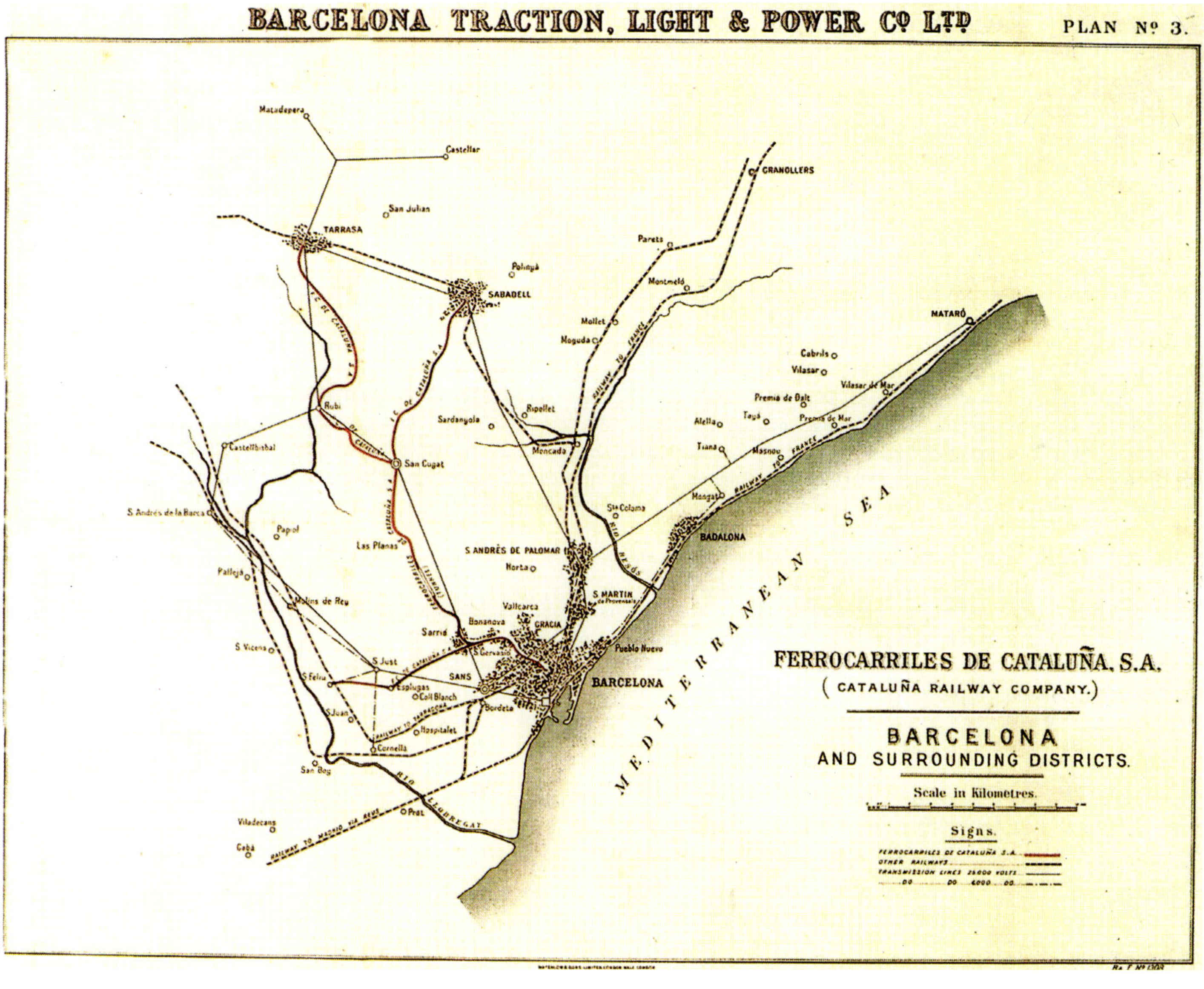

O PREFEITO FRANCISCO PEREIRA PASSOS

Francisco Pereira Passos (1836-1913), filho do Barão e Baronesa de Mangaratiba, fazendeiros de café.
Nasceu em São João Príncipe, depois chamado São João Marcos no Estado do Rio de Janeiro. Estudou na Escola Militar de1852 a 1856, graduando-se Bacharel em Matemáticas, o que lhe conferiu o título de Engenheiro.
Em 1858 foi admitido na École de Ponts et Chaussés de Paris. Em 1860 acompanhou as obras da Estrada de Ferro Paris-Lion e no Porto de Marselha na Europa.
Entre 1862 e 1865 foi diretor da Estrada de Ferro D. Pedro II (Central do Brasil). Em 1867 foi nomeado para fiscalizar as obras da Estrada de Ferro Bahia e São Francisco.
Em 1869 foi nomeado Engenheiro-Presidente da Estrada de Ferro D. Pedro II, cargo que voltou a ocupar em outros dois períodos: 1876-1880 e 1897-1899.
Entre 1871 e 1873 esteve em Londres como inspetor das estradas de ferro subvencionadas pelo Governo para solucionar a complexa situação do capital financeiro para a Estrada de Ferro Santos-Jundiaí. Ali publicou um livro de orientação para engenheiros: "Caderneta de Campo". Viajou à Suíça para estudar o sistema de cremalheira de subida ao Monte Righi.

De volta ao Brasil assumiu a direção do Estaleiro Ponta d'Areia, empresa do Barão de Mauá. Em 1874 foi nomeado engenheiro do Ministério do Império do Brasil e fez parte da "Comissão de Melhoramentos da Cidade do Rio de Janeiro" por designação do Conselheiro João Alfredo de Oliveira, junto a dois engenheiros, M. Ramos da Silva e J. R. de Moraes Jardim.
Entre 1876 e1880 foi diretor da E.F. D. Pedro II, período no qual construiu o ramal ferroviário de Marítima e pontes de atracação para navios na Enseada da Gamboa. Este ramal compreendeu também a perfuração de dois túneis sob o Morro do Livramento.
Entre 1881 e 1885 foi responsável pela construção da Estrada de Ferro do Paraná. Em 1884 planejou e executou a Estrada de Ferro do Corcovado, seguindo o processo técnico que conheceu na Suíça (Sistema Riggenbach de 1871).
Em 1887 voltou-se para o ramo industrial com a aquisição da Serraria Santa Luzia. Entre 1893-1896 presidiu a Companhia da Estrada de Ferro Sapucaí, e depois voltou à presidência da Estrada de Ferro D. Pedro II entre 1897-1899.

Entre 1902-1906 foi **Prefeito do Rio de Janeiro** por designação do Presidente Rodrigues Alves que através da assinatura da Lei 939 conferiu plenos poderes ao Prefeito para a administração da Capital Federal.
Nesse período a cidade passou por uma reforma urbana de grande magnitude, mudando o seu aspecto colonial com a abertura da Avenida Central, entre outras, e de um novo porto moderno. Participaram dessa reforma, junto com Pereira Passos, o engenheiro Paulo de Frontin, na direção das obras (abertura de ruas, avenidas, túneis, canalização de rios e melhora das infra-estruturas de serviços) e o médico sanitarista Oswaldo Cruz, na organização de um sistema de saúde pública e assistência social, quando se iniciou a obrigatoriedade da vacinação universal da população. A Comissão da Carta Cadastral foi chefiada pelo engenheiro Alfredo Américo de Souza Rangel e esteve incumbida de organizar o plano geral da reforma da cidade.

Terminado seu mandato, levado por uma peculiar curiosidade pelo que se passava no mundo e também pelos grandes inventos trazidos pelo século XIX, deu a volta ao planeta, demonstrando ser um grande viajante.
Por isso sua biografia incluiu, além de viagens para estudos e trabalhos na Europa, excursões de visita aos Estados Unidos, China, Japão, Índia, Pérsia, Egito, Terra Santa, Rússia, entre outros países, realizadas em diversas ocasiões. Sobre estas viagens escreveu o livro: Notas de viagens, publicado em 1913.

Morreu em primeiro de março de 1913 a bordo do navio Araguaya, antes de chegar a Lisboa.

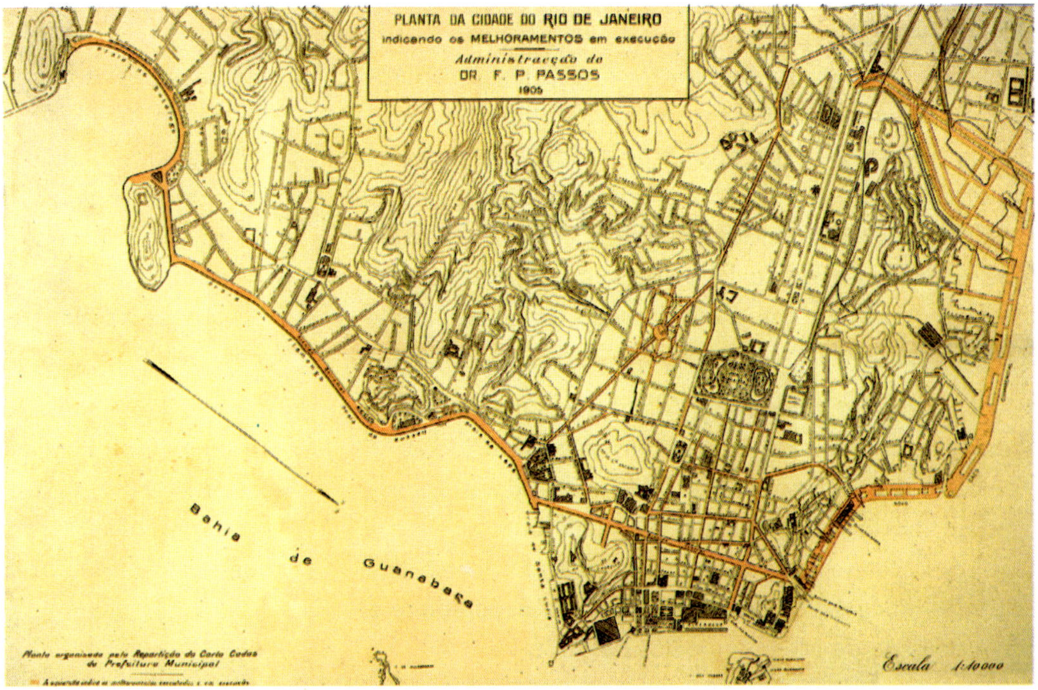

Planta da Cidade do Rio de Janeiro indicando os Melhoramentos em execução. 1905

AS PROPOSTAS DO PLANO DE REFORMA DE PEREIRA PASSOS

Dado que o presente livro pretende indagar as influências da urbanística de cada época nos sucessivos planos urbanos elaborados para o Rio de Janeiro, não teria sentido estender-se na descrição dos acontecimentos e obras dessa época e em seus efeitos, o que, por outro lado, tem sido objeto de inúmeros estudos.

O que neste capítulo se analisa são as idéias urbanísticas contidas no informe sobre "Melhoramentos da Cidade projetados pelo Prefeito Pereira Passos" apresentado pelo Diretor de Obras e Viação ao chefe da Carta Cadastral em abril de 1903, e ao Conselho Municipal em setembro de 1903, depois da sua nomeação, e nas modificações apresentadas em mensagens do Prefeito ao Conselho em abril de 1904 e setembro de 1906. O elenco de obras e projetos está refletido nos mapas e esquemas interpretativos que acompanham este livro, e o conteúdo concreto dessas mensagens e Decretos do Prefeito estão fidedignamente transcritos na publicação de G. Rosso del Brenna[12].

O Plano apresentado pelo chefe da Comissão da Carta Cadastral, A. de Souza Rangel, é breve e claro; e suas justificativas são todas propensas a programar a abertura de sete eixos viários, que configurariam o suporte da cidade remodelada. Um afã de execução imediata, de programação de obras é a característica distintiva em relação aos outros dois planos analisados, e sua subseqüente realização é a causa de que a obra de Pereira Passos apareça tão freqüentemente comentada como a iniciadora da configuração do Rio atual.

Na fundamentação da necessidade de aberturas e alargamentos de vias se encontram todos os tópicos assumidos no ideário coletivo da cidade: saneamento, ventilação, circulação e embelezamento da capital, parecendo uma repetição mais contundente das mesmas idéias mostradas nos Planos de Beaurepaire e da Comissão de Melhoramentos de 1875-76.

Uma leitura atenta permite detectar um matiz diferencial: o desejo de higiene domiciliar e de construção de prédios mais modernos (altamente justificada pela Comissão que presidiu o próprio Pereira Passos trinta anos antes) se liga decididamente à abertura de ruas:

> "*Este desideratum somente pode ser alcançado rasgando-se na cidade algumas avenidas,... e a determinar a demolição da edificação atual onde ela mais atrasada e mais repugnante se apresenta*".

O Plano de Pereira Passos mostra sua desconfiança em que possa alcançar-se uma rápida reforma da cidade com o simples instrumento dos alinhamentos, introduzidos no urbanismo carioca como conseqüência do Plano da Comissão de Melhoramentos de 1875, e também receia conseguir esse efeito com as concessões privadas outorgadas até então:

> "*se todos têm estado de acordo em que o saneamento da cidade deve iniciar-se pela abertura de avenidas, ninguém até hoje logrou realizar os planos imaginados ou explorar as muitas concessões decretadas, nem a administração pública pode fazer mais do que algumas ligeiras modificações de alinhamento*".

Tenha-se em conta que a palavra saneamento deve ser lida no contexto do Plano, isto é: a reforma física da cidade. E não como uma referência à higiene e saúde pública, como se fez às vezes, aspecto que o Plano comenta pouco, possivelmente porque considera que tenha sido já tratado em profusão.

O Plano também sustenta a necessidade de concentração de esforços públicos nestas sete ruas, por motivos de eficácia:

> "*Os autores dos planos de melhoramentos urbanos têm-se deixado levar pela beleza das suas concepções e, a força de aperfeiçoá-las, as tem tornado inexeqüíveis. Em lugar de projetar obras de utilidade imediata, sonharam vastas transformações. A força de procurar o ótimo, perderam os meios de conseguir o bom*".

Realismo, concentração de esforços, desconfiança em planos ambiciosos a longo prazo, obviamente são reflexos de um Pereira Passos que amadureceu suas idéias depois de uma trajetória de trinta anos, e que se sente com apoio político, financeiro e profissional para abordar com êxito um programa concreto de obras transformadoras. Aos sessenta e sete anos, longe estava a Paris de sua juventude, e devia pesar no seu ânimo mais a eficácia que comprovou em Filadélfia

Esquema representando as atuações propostas nos Plano de Pereira Passos e do Governo Federal

ou Chicago, que visitara em 1889, do que suas lembranças das avenidas de Haussmann, já refletidas em seu Plano da Comissão de 1875. E é certo que o animava o êxito, em São Paulo, da Avenida Paulista (de 30m de largura), construída em 1891, e lhe servia de incentivo a tão famosa Avenida Primeiro de Maio aberta no interior da Cidade de Buenos Aires em 1894.

Das sete avenidas propostas, quatro se referem à malha básica da cidade que já haviam definido sessenta anos antes Beaurepaire e trinta a Comissão de Melhoramentos. Eram dois eixos leste-oeste: o primeiro, de 4 km, desde o Largo do Matadouro ao mar, em continuação do Bulevar São Cristóvão pela Rua Visconde de Itaúna, Praça da República e Marechal Floriano; o segundo, também de 4 km, iria desde o largo do Estácio de Sá até o mar, pelas Ruas Frei Caneca, Visconde do Rio Branco, Praças da Tiradentes e da República, e Ruas da Carioca e da Assembléia.

Os dois eixos norte-sul eram: o definido pelo alargamento das ruas Prainha até Uruguaiana, e o seu

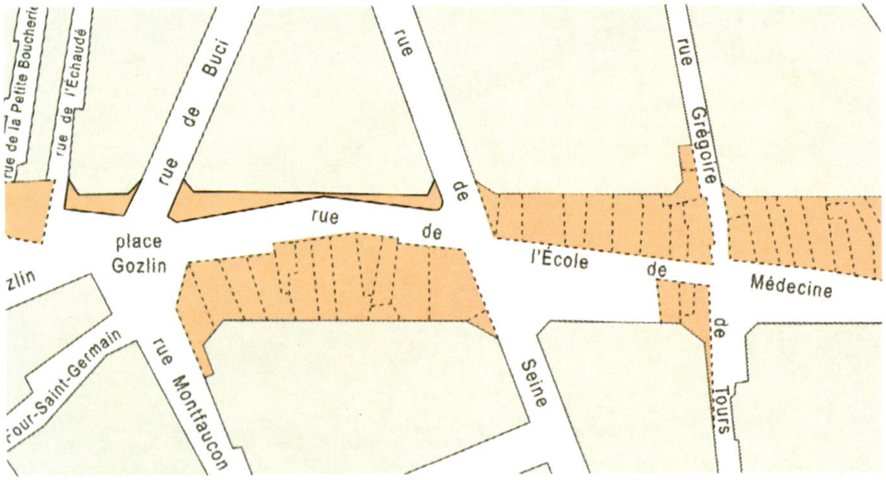

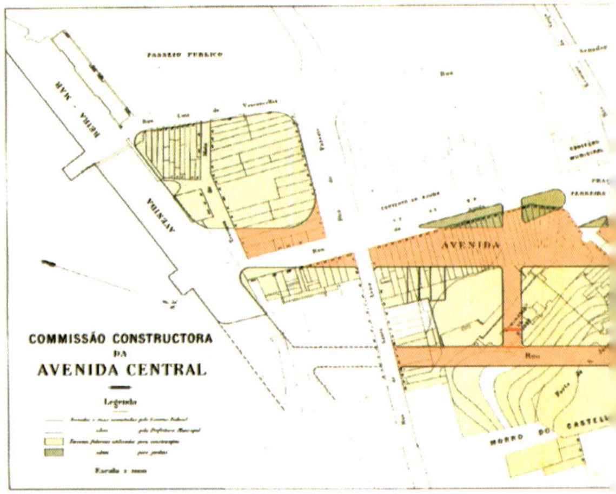

Traçado do boulevar Saint-Germain de Haussmann

prolongamento até a Rua Sacramento perto da Praça Tiradentes; e o definido pelo prolongamento da Rua Sacramento até a Rua Camerino com alargamento desta até o cais da Saúde. Ambos teriam entorno de um km de comprimento; e a largura prevista para os quatro eixos citados era de 17 m:

> *"apenas por motivos de maior relevância; maior largura acarretará considerável aumento nas desapropriações sem vantagens correspondentes... e aquela dimensão satisfaz as necessidades do movimento permitindo a arborização"*

A esta malha retangular se uniria a mais importante das operações previstas: a abertura da Avenida Beira Mar, desde a Rua Chile até a Praia de Botafogo (com 5 km de comprimento e 25 m de largura). Esta avenida havia sido iniciada por Vieira Souto (diretor de Obras Públicas), com projeto de A. Rebouças, e em 1893 se inaugurou um trecho ficando depois as obras paralisadas.

A outra grande avenida projetada era uma diagonal desde a Rua Frei Caneca até a Rua Riachuelo, passando pelos Arcos da Lapa, que ligaria o Largo do Estácio de Sá com o Passeio Público mediante derrubada do morro do Senado; avenida (atual Mém de Sá) também de 17 m de largura. O Morro vinha sendo derrubado desde a concessão a Vieira Souto de 1879 que, como explicado, adquiriu em 1890 a Empresa Melhoramentos do Brasil com a finalidade de conseguir terras para construir o cais da Gamboa.

A última das propostas, a de menor importância, é o alargamento de 17m das ruas Treze de Maio e Santo Antônio e o prolongamento da Travessa de São Francisco, para comunicar os Largos da Carioca e de São Francisco com a grande avenida projetada pelo

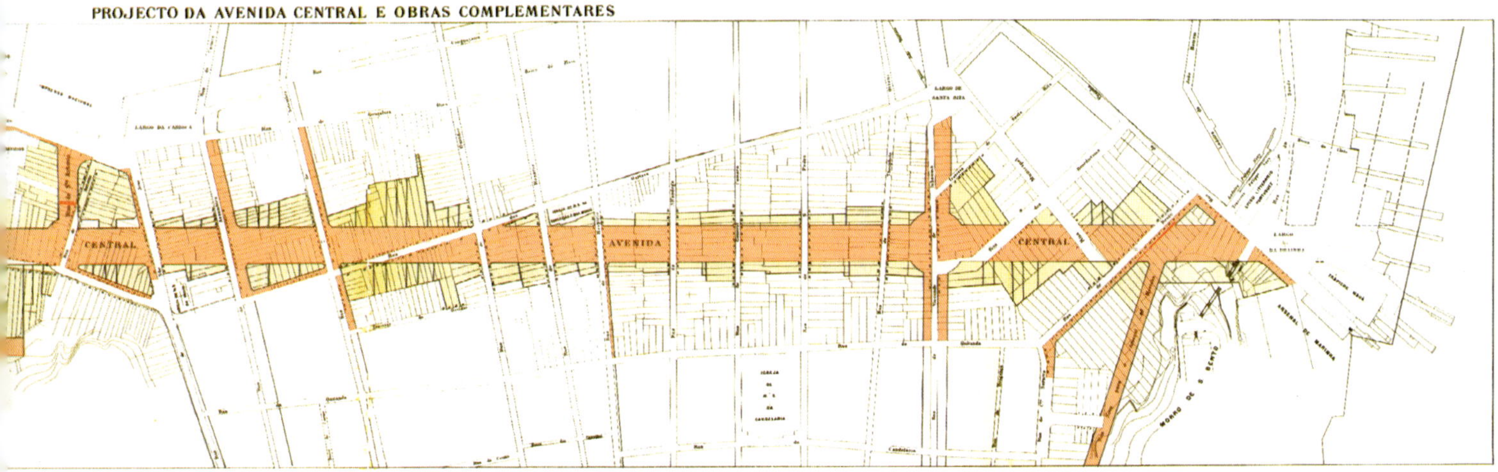

Traçado do Projeto da Avenida Central e obras complementares

Governo Federal entre o Largo da Prainha e a Rua Chile: a Avenida Central.

Esta última proposta se justifica porque algumas das obras de reforma seriam responsabilidade do Governo Federal. Portanto, o Plano municipal e o federal devem ser lidos como um todo, emanado das idéias modernizadoras de Rodrigues Alves; e como tal foi apresentado no Clube de Engenharia pelo Prefeito Pereira Passos naquela mesma época.

Em sua primeira mensagem ao Congresso, o presidente Rodrigues Alves justificava as obras do porto da Capital, dando-lhe prioridade sobre as do resto do país, tanto pela importância deste porto quanto porque os direitos de importação de bens eram do Governo Federal e já começavam a ser uma fonte de recursos importante que colaboraria para o seu financiamento (sendo dos Estados federados os direitos de exportação de mercadorias).

O ambicioso programa de renovação do Rio de Janeiro faria parte da sua política de atração de capital e investimentos estrangeiros ao país, uma vez que no período de seu antecessor (Campos Sales) se havia conseguido, pela primeira vez na época republicana, uma estabilidade política e econômica. Os trabalhos de criação do porto e de seus acessos, que precisavam de um investimento de quase metade do orçamento federal, seriam financiados por um empréstimo de oito milhões e meio de libras concedido pelo Banco Rothschild.

O programa federal de obras incluía a transformação portuária, com a criação de um cais contínuo de 3.500 x 40m, desde o Largo da Prainha até o novo canal que, em prolongamento do rio Comprido, permitiria terminar a ocupação do Saco de São Diogo, já iniciada pela Empresa de Melhoramentos; ademais incluía duas grandes avenidas de acesso: a Avenida do

Mangue (atual Francisco Bicalho) de 1.380 x 95 m, com um canal no centro em prolongamento do canal do Mangue, e a Avenida Central (atual Rio Branco) de 3.090 x 40 m, entre o largo da Prainha e a Avenida Beira Mar.

Para essas obras, Rodrigues Alves nomeou Paulo de Frontin chefe da Comissão Construtora da Avenida Central, e Francisco Bicalho Diretor da Comissão de Obras do Porto (cuja presidência coube a Viera Souto).

O esquema de ordenação resultante de todas essas avenidas pode ser observado no mapa interpretativo anexo, e superpõe à quadrícula básica duas grandes diagonais (as Avenidas Central e Mem de Sá), assim como uma ordenação da nova frente portuária marcada pela diretriz do cais, com formas organizativas modernas, segundo padrões de correspondência entre o viário e o tecido a edificar. A avenida do canal acabaria pelo oeste esse novo espaço norte ganhado pela cidade, e os morros do Pinto, Livramento, Conceição e São Bento ficariam integrados para sempre dentro da trama da cidade.

O Plano Pereira Passos de 1903 não acrescentava mais obras que a canalização, com galerias de secção oval, dos Rios Berquó, Banana Podre e Carioca nos bairros de Laranjeiras e Botafogo, respectivamente.

As duas mensagens posteriores do Prefeito ao Conselho Municipal adicionam alguns elementos ao Plano. Na de 1904 se decide a ampliação da Avenida Beira Mar até 33m, para adequá-la com a largura da Avenida Central, o alargamento das ruas Uruguaiana e São José, a alteração do alinhamento da prolongação da Rua Marechal Floriano deixando-a com sua largura existente hoje e, como conseqüência, limitando o alargamento da Rua Visconde de Inhaúma; assim como obras de canalização dos rios Maracanã, Joana e Comprido e a construção do novo Teatro Municipal na Avenida Central.

Esta construção inicia um período de monumentalização da cidade que continuará com a ampliação do Palácio Municipal em 1904, a Escola Modelo de Tiradentes, o Aquário do Passeio Público, a construção da Avenida Atlântica (aprovada pelo Decreto de novembro de 1905), a regularização do Largo da Carioca, os Jardins do Valongo, da Quinta da Boa Vista e da Praia de Botafogo, e a reforma da Praça XV. Dentro desse processo se incluirá também a construção do Palácio Monroe (réplica do pavilhão da Exposição Universal de Saint Louis), que seria depois demolido para a construção do metrô, e o início de outras obras levadas a cabo pelo Governo Federal, como a Biblioteca Municipal, o Palácio das Belas Artes e o Tribunal Supremo Federal.

Na mensagem final de setembro de 1906, o Prefeito deu conta de outros alargamentos de ruas efetuados, como na do Catete e na Av. Gomes Freire; a Avenida Maracanã começou a ser aberta como conseqüência do Decreto do Prefeito de dezembro de 1905, ainda que tivesse sido concluída pelos seus sucessores.

Para a realização das obras previstas no Plano, o Prefeito levou em consideração as dificuldades da sua execução pelo sistema de concessão e optou pela gestão direta; tal e como havia feito Haussmann, ou havia acontecido nas obras do "Il Rettifilo" de Nápoles, ou da "Via Laietana" de Barcelona, procedimento que demonstrou que só a Administração pode ser eficaz na aplicação das desapropriações.

Para isso, como assinala Benchimol, teve que confluir o poder excepcional conferido ao Prefeito pelo Decreto Federal de dezembro de 1902 e pela reforma da Lei Orgânica do Distrito Federal em novembro de 1903, com a alteração da Lei de Desapropriações de 1855 pelo Decreto de agosto de 1903, de tal forma que ao ligar-se o valor do imposto predial declarado e ao excluírem-se os edifícios ruinosos se diminuía grandemente o valor das indenizações. O mesmo Decreto de reforma da Lei Orgânica do Distrito Federal autorizou a venda dos terrenos restantes das desapropriações e autorizou a Prefeito a contrair um empréstimo de até quatro milhões de libras, viabilizando-se assim as operações.

A planificação financeira estrita do Prefeito também contou com a regularização das contas públicas mediante reformas internas da Administração e o incremento da arrecadação pelo número de afetados e quantia do imposto predial (dado como garantia do empréstimo externo), colaborando também a seriedade no regime de licenças de construção, implantadas a partir dos Regulamentos da Construção aprovados pelo Decreto do Prefeito de fevereiro de 1903.

A eficácia das operações mostra-se surpreendente: em junho de 1903 terminou o alargamento da Rua Sacramento; em dezembro o da Rua da Prainha;, em novembro de 1905 a Avenida Central; setembro de 1906 a Rua Sete de Setembro; em outubro desse mesmo ano a Avenida Beira Mar; e em novembro a Avenida do Mangue e parte do passeio do cais. Além das obras de ajardinamento e edificações citadas, foram realizadas obras de saneamento e melhoras do pavimento das estradas da zona suburbana (aprovadas pelo Decreto de novembro de 1905), e a construção de duas pequenas vilas operárias, uma de 56 casas junto à Avenida Mem de Sá e outra de 20 na Rua Camerino.

É fato que as obras de modernização do Rio de Janeiro levaram à expulsão de um grande número de pobres (que Lamarão estima em 20.000) do Centro, tanto pela derrubada de prédios quanto por causa da intensa valorização do solo, com o conseqüente adensamento dos cortiços e cômodos dos bairros interiores do Catumbi ou da Cidade Nova, aparição das primeiras favelas nos Morros da Providência e Santo Antônio, e também incremento populacional da zona suburbana norte.

E também não há duvida de que seus sucessores encontraram uma grande dívida pública para acabar as obras planejadas, que obrigou o Prefeito Souza Aguiar a solicitar um empréstimo de dez milhões de libras e Serzedelo Corrreia a outro de dois milhões.

Mas é justo concluir afirmando que não cabe fazer juízos de valor, sob a perspectiva atual, das políticas aplicadas de reforma da cidade, que foram as mesmas de todas a grandes capitais ocidentais da época, e cujos procedimentos e conseqüências se inscrevem no processo de geração de "mais-valia" que tem sido o motor de crescimento da cidade desde a revolução industrial. Em todo caso, só cabe destacar a eficiência com que foram abordadas essas reformas pelo Prefeito Pereira Passos, em vista do resultado posterior.

Projetos de embelezamento de espaços públicos na época de Pereira Passos

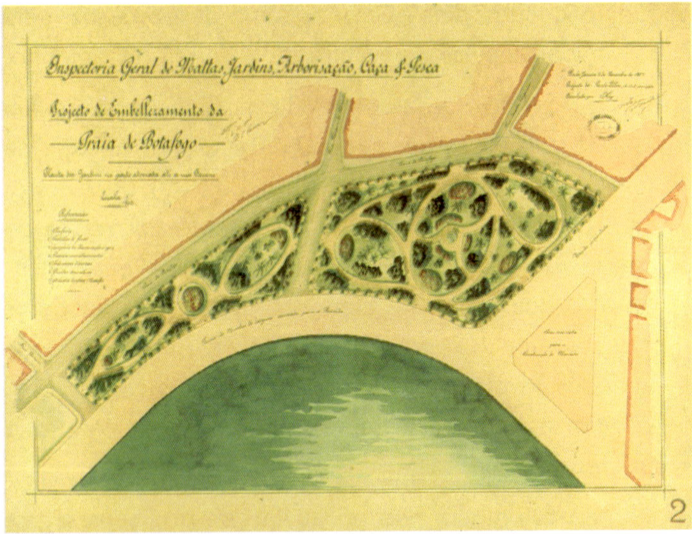

Praia de Botafogo. 1903

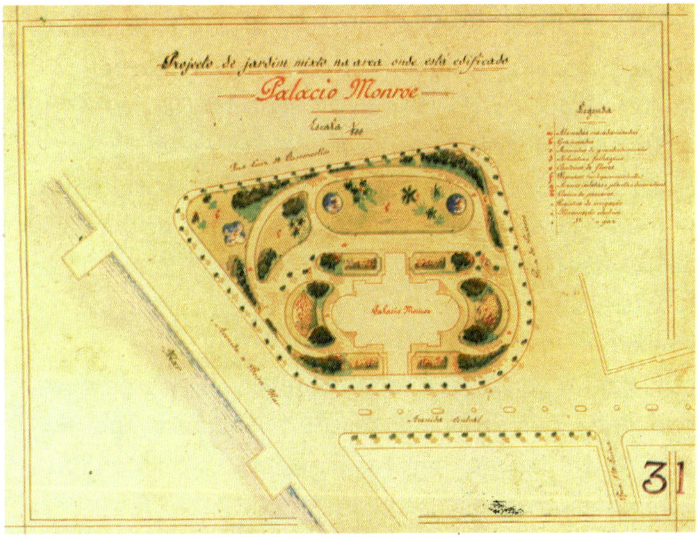

Jardim Palácio Monroe

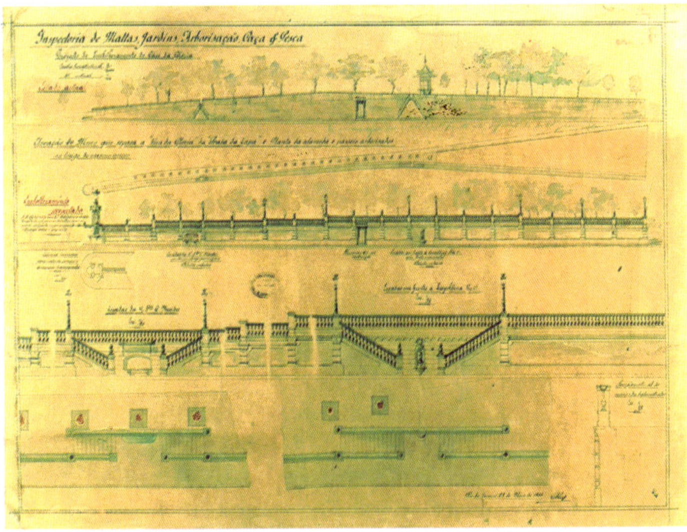

Cais da Gloria. 1904

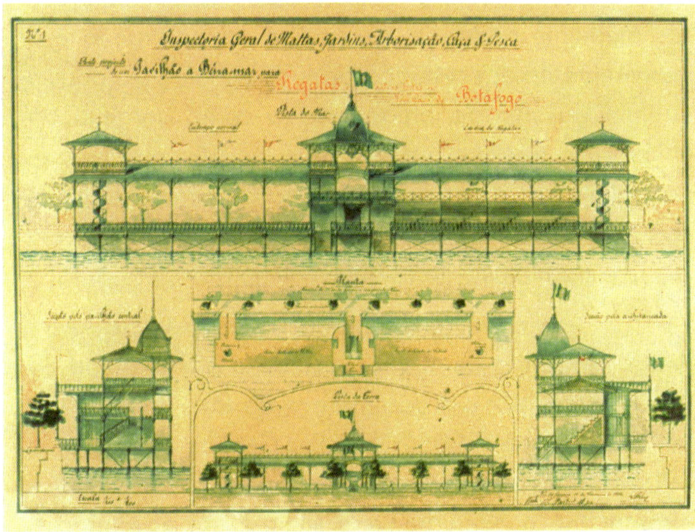

Pavilhão de Regatas em Botafogo. 1905. Anteprojeto

H. C. Andersen e E. Hébrard: "International World Center".
Tinta chinesa e aquarela . Galleria Nazionale d'Arte Moderna, Roma

J. Guérin: "City Beautiful", Chicago.
Perspectiva do centro da cidade, 1907. The Art Institute of Chicago

"CITY BEAUTIFUL" E "BELLE ÉPOQUE"

O movimento da "City Beautiful" teve suas origens na construção das grandes capitais européias e na segunda metade do século XIX suas referências foram a Paris de Napoleão III, a Ringstrasse de Viena ou o Plano de Roma de 1873, e extraiu delas a combinação entre avenidas e monumentalidade como instrumentos de valorização da cidade. Mas, como assinala Peter Hall, suas realizações principais se deram nas grandes cidades comerciais do centro e oeste americano, onde os líderes cívicos reformaram a cidade com a dupla finalidade de superar os complexos coletivos de inferioridade e de estimular os investimentos[13].

Os esquemas de ordenação de cidades que emanam desse movimento tratam de romper a monotonia da cidade criando espaços privilegiados dentro dela mediante o traçado de diagonais, ao estilo das propostas pelo Plano de L'Enfant para Washington, de 1792. Já Harder propôs em 1896 um plano para transformar a quadrícula de Nova York em esquema radial, mas seria o Plano de Burham para Chicago de 1909 o que se converteria no arquétipo das propostas formais desse movimento.

A estrutura deste Plano se baseia num esquema radial das redes de infra-estruturas (viária e de ferrovias) que converge no centro econômico da cidade. Partindo do novo centro cívico e do "Lake Front", um sistema de praças, parques e monumentos irão se sucedendo ao longo dessas avenidas. O Plano contempla uma área enorme além da cidade existente, com um raio de 60 milhas desde o centro.

O esquema do Plano de Chicago já havia sido ensaiado por Burham em 1889 num Plano para o cen-

Detalhe do Plano de Chicago de D. Burham e E. Bennett. 1909

tro de Washington e no plano de ordenação de São Francisco de 1906 e em seguida se estendeu às outras cidades americanas (Denver, Cleveland, San Diego, Columbus, e outras). A utilização de diagonais, monumentos e parques caracterizará a urbanística da transição do século até a primeira Guerra Mundial.

Para os técnicos do movimento da "City Beautiful", a aparência física da cidade era expressão de sua ordem moral, da lealdade cívica de seus cidadãos, seus monumentos e edifícios seriam representação de seu progresso econômico e moral. Daí a força com que arraigaria nos programas republicanos reformistas, dando-se as mãos neles o positivismo e a reforma social. Idéia de cidade da beleza reforçada pelos escritos de C. Sitte, impulsionador também da primeira revista de urbanismo, Der Sadtebau, editada em Viena em 1904, um ano depois de sua morte.

Esquemas de avenidas que convergem em praças e em parques, superpondo-se à quadrícula que tão útil era para a extensão dos serviços e o desenvolvimento imobiliário, que seria aplicado estritamente à planificação da nova capital de Minas Gerais (Belo Horizonte) em 1897; Plano, por certo, obra em grande parte de engenheiros cariocas coordenada por A. Reis. Esquemas de ordenação que também coincidem com os que Bouvard planejará em 1911 para São Paulo e que se implementarão no plano posterior de Freire-Guilhem para essa cidade, no qual se explicita sua adesão às idéias da "City Beautiful"[14]. E que também Bouvard aplicará no seu Plano para Buenos Aires de 1909, que foi a origem da aprovação em 1911 da abertura de 32 diagonais (das que só se fizeram duas e parcialmente) e da Lei de 1912 pela qual se aprovaram as desapropriações para essas obras.

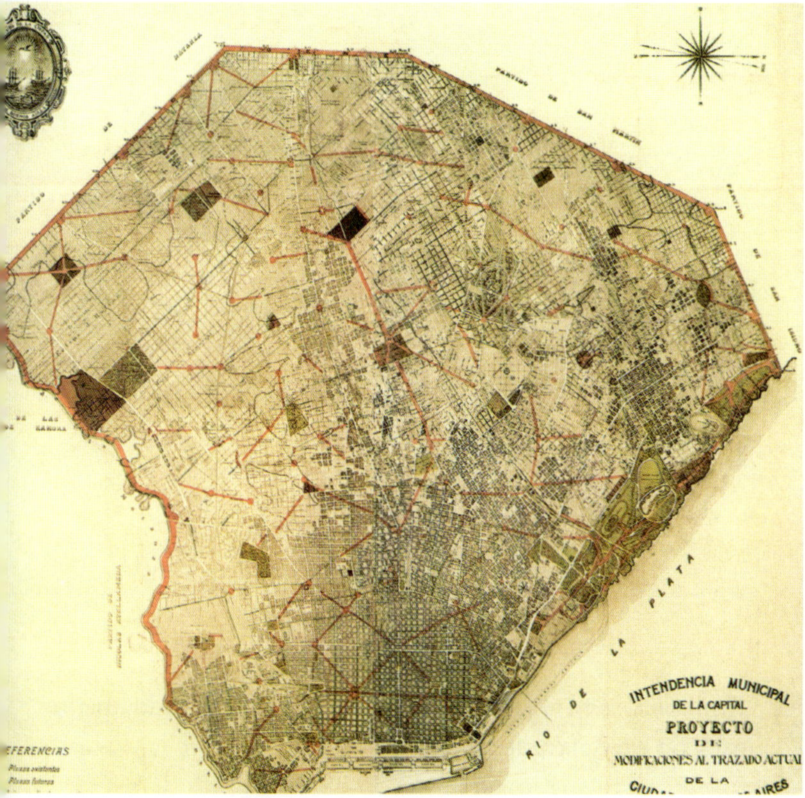

Projeto de modificação do traçado de 1909 (Plano das diagonais)

Imagem de satélite da Área Metropolitana de Buenos Aires, 1995

O parque urbano havia sido o elemento chave das grandes capitais européias, construídas normalmente por seus reis durante o Barroco. E seria precisamente a construção de um parque a primeira preocupação nas cidades independentes da América Latina, como o foi primeiro o Passeio Público e depois o Campo de Santana no Rio de Janeiro. A tradição inglesa do "landscape" introduzida na cidade (Hyde Park, Regent's Street, etc.) seria durante muito tempo o contraponto do parque barroco, mas para as cidades americanas alcançaria seu maior valor como elemento de qualificação urbana a partir da realização do Central Park de Nova York de 1858.

Grelha (trama xadrez) e parque como elementos de ordem, o primeiro a serviço de um crescimento imobiliário ilimitado, o segundo como contraponto de organização de centros onde se concentrariam as instituições republicanas e os monumentos pátrios, em magistral resumo de A. Gorelik[15]. Mas o modelo já não mais serão os parques europeus monumentais mas os

Villalobos: "La transformación de Buenos Aires". 1913

parques da "republican simplicity", que deram origem ao "Park Movement" americano. E assim sublinha este autor como a Avenida de Mayo e o Parque Palermo, aparentemente excludentes, se complementaram na nova ordem urbana de Buenos Aires.

Análoga mentalidade se aplicaria à edificação; construções monumentais, porém agora teriam objetivos de tipo cívico: museus, bibliotecas, palácios de justiça, etc. Mas também as estações ferroviárias, símbolo da tecnologia que havia aberto o território dos países americanos: a Sant Pancras Station de Londres de 1876, em aço e vidro, a monumental Central Station de New York de 1871, e tantas outras que se refletiram na nova edificação divulgada desde Chicago, tão influenciada por Violet-le-Duc.

Estações vistas como portas da cidade, desde a construção da Union Station de Washington, perto do Capitólio em 1901, idéia também observada na estação de Retiro de Buenos Aires de 1909.

Estilo próprio de uma nova época, de uma burguesia que havia criado seu território e que mostra seu poder e satisfação. "Belle époque" do Rio de Janeiro que com tanta graça têm descrito A. da Costa e L. Schwarcz: luz elétrica e velocidade como símbolos, rádio e telégrafos rompendo as limitações do espaço, o Brasil dos trópicos convertido numa renovada Europa.

Tudo isso está no Plano de Pereira Passos, não explicitado e, talvez, todavia não racionalizado, mas assumido em suas metas e seus instrumentos; uma vez mais aparece o urbanismo carioca como produto de sua época, e as idéias que o sustentam em afinidade com as dos seus contemporâneos.

A época seguinte se caracterizará pelo fato de que nunca antes se havia construído tanto no Rio, como

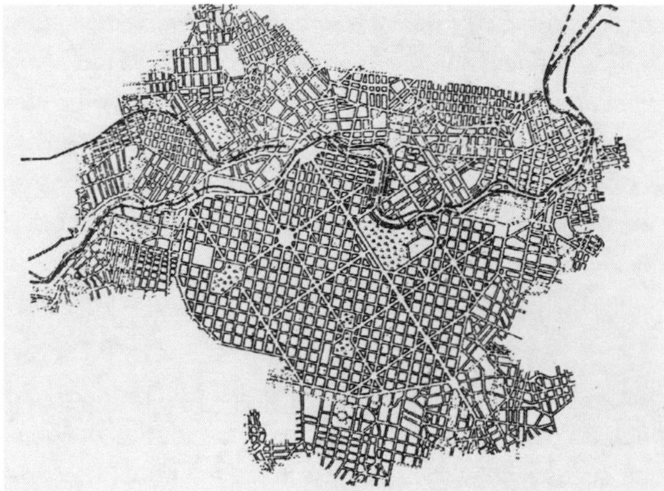

Planta de ordenação da cidade de Belo Horizonte. A. Reis, 1895

recorda o construtor Odebrecht em suas memórias: quando chegou ao Rio, na década dos anos vinte, encontrou uma cidade cosmopolita, vibrante, como nenhuma outra no Brasil. O estilo eclético era dominante; "*uma feira de cenários arquitetônicos improvisados*", na opinião posterior de Lúcio Costa; o mesmo estilo com que a burguesia industrial construirá mansões em Paris, Praga, Viena, Bruxelas ou Barcelona, com diferentes denominações englobadas no "modern style".

Também convém lembrar os instrumentos utilizados pelo Prefeito como próprios de sua época, e não como uma distante reminiscência do Haussmann que havia elogiado em 1875. No mundo ocidental ao longo desse período as obras públicas haviam passado da responsabilidade do Estado às concessões a particulares, e destas a uma nova repartição de competência em que umas e outras se apóiam entre si.

O grande invento de Haussmann, quando não encontrou nenhuma empresa para assumir o risco financeiro da concessão dos bulevares Sebastopol e Saint Michel, foi a criação da "Caixe des Travaux de la Ville de Paris", que atuaria como uma empresa que receberia os subsídios públicos, angariaria empréstimos, contrataria as obras e venderia edifícios e terrenos. Para financiá-la emitiria "bônus de caixa" garantidos pelas aquisições de solo e edifícios, empréstimos sem intermediário bancário, por subscrição pública[16].

Quando a estratégia começou a falhar, aproximadamente em 1865, Haussmann decidiu utilizar o crédito das próprias empresas construtoras e emitir "bônus de delegação", por valor equivalente às contribuições que se havia comprometido a fazer o Estado, o que logicamente o levou a assumir altos interesses desses créditos de construtor. Quando abandonou o cargo em 1870, 44% do orçamento municipal eram dívidas (principalmente ao Crédit Foncier), o que não parece excessivo, em vista da magnitude das obras efetuadas. Por isso até 1885 a gestão municipal se limitou a obras menores, mas desde 1885 se relançaram as operações com as obras de "Les Halles" e outras, com o mesmo sistema de recorrência ao empréstimo e gestão direta pactuada com as empresas construtoras.

Mas Paris não é a única referência. É curioso que entre as obras do mesmo estilo programadas ao final do século, destacam-se as das cidades italianas que sucessivamente foram assumindo o papel de capital do novo estado unificado em 1861 (Milão, Florença e Roma) ou a da Barcelona que aspirava ser capital de uma Catalunha autônoma, impulsionada pelo movimento da "Renaixença". Grandes obras e cidades capitais, fenômeno tão próximo ao do Rio de Janeiro. E também cabe lembrar as vicissitudes e fracassos da Via Diagonal de Turim, da Via Nazionale de Roma, ou da Viali de Florença[17].

A experiência que parece mais próxima é a da abertura da Via Laietana de Barcelona, já programada no "Plan de Ensanche" de I. Cerdà de 1859. Em 1872, a municipalidade de Barcelona constituiu uma Comissão especial, na que estava Cerdà, para escolher o melhor procedimento aplicável à reforma interior da cidade velha; mas terá que esperar a nova "Ley de Expropiación Forzosa" de 1879 para aprovar definitivamente esse projeto, o que fará em 1889. De acordo com o direito conferido pela nova lei, poderiam ser desapropriados os terrenos adjacentes à obra para que a Prefeitura pudesse aproveitar a revalorização produzida neles, e se autorizava os municípios a pedir empréstimos para as obras.

Nesse ano se convocou licitação pública de concessão da operação, não se apresentando nenhum postulante, com o que a concessão se adjudicou provisoriamente àquele que havia apresentado a solicitação que deu origem à licitação (A. Baixeras), que a transferiu em 1892 ao Banco Universal, que por sua vez haveria de renunciar a ela como resultado da anulação da concessão pelo Governo Central por solicitação da associação de proprietários afetados. Essa decisão obrigava o Governo municipal a resgatar a concessão e, em conseqüência, decidiu assumir a gestão direta e para isso contratou um empréstimo com o Banco Hispano Colonial em 1905.

Este contrato continha também um encargo de gestão, de modo que o Banco desapropriou, demoliu os edifícios afetados, e encarregou a urbanização à sociedade de Fomento de Obras e Construções. As obras da avenida se iniciaram em 1908 inaugurando-se em 1909; a avenida construída tem 1.200 m de comprimento e uma largura de 20 metros, afetando uma superfície de 160.000 m2 dentro do denso tecido da cidade antiga de Barcelona[18].

Este novo modelo de relação, às vezes com encargo de gestão total ou às vezes só com recorrência a empréstimos, deixava o risco da operação em mãos do setor público, que é por outro lado o único capaz de agilizar os trâmites administrativos que comprometem o prazo, que é a variável básica de todo investimento. Nova forma de gestão que, com todas as variantes de parcerias e de concessões parciais, segue vigente na gestão urbanística até nossos dias.

A grande operação da reforma do Rio de Janeiro teve três etapas: a denominada popularmente de "bota abaixo" de Pereira Passos; a abertura de vias

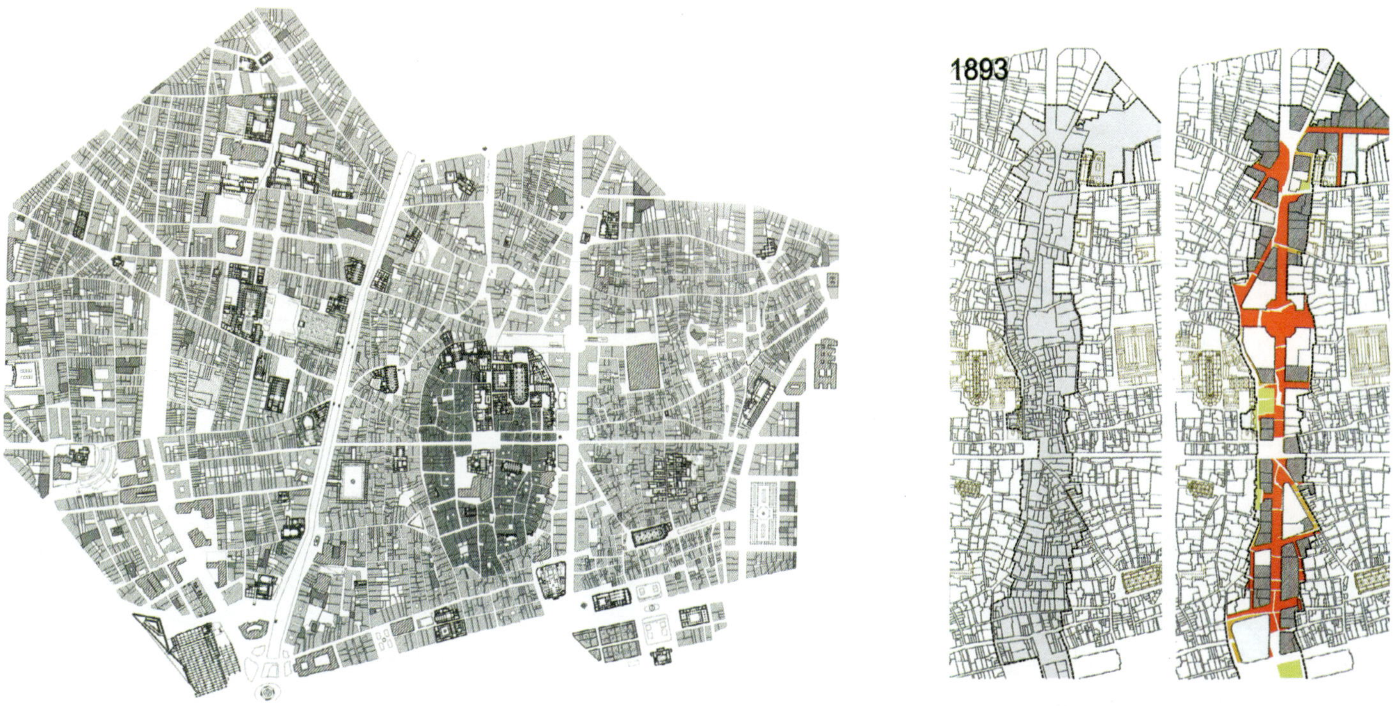

O projeto de Reforma da Cidade Velha de Barcelona e da abertura da "Via Layetana". 1909. J. Busquets. Ayuntamiento Barcelona, 2003.

por Frontin em1919 e as de Sampaio realizadas entre 1920 e 1922, culminado o período com a Exposição Comemorativa do Centenário da Independência, em 1922. Em palavras de Kessel: "O *Rio de Janeiro era, então sob todos os aspectos, uma metrópole. Com mais de um milhão de habitantes, contava com 4.415 automóveis e era cortada por 417 quilômetros de linhas de bonde*"[19].

Esse mesmo autor explicou com precisão o período que vai de Passos a Frontin: "*marcado pelas mudanças profundas trazidas pelo crescimento populacional, pela expansão dos serviços públicos e pela aceleração da segregação espacial determinada por políticas públicas que estabeleceram dois eixos distintos, norte e sul, de crescimento*".

A Frontin se deve o alargamento da Avenida Atlântica, as avenidas Delfim Moreira e Niemeyer, a extensão da Avenida Beira Mar até a Ponta do Calabouço e a construção do cais da Urca (investimentos cobertos por um empréstimo de dez milhões de

Tom Taborda: fotografia da enseada de Botafogo. 2000

dólares); e a Sampaio, o ambicioso projeto de obras que acompanhou a celebração do Centenário, com a demolição do morro do Castelo, o túnel de João Ricardo, assim como os aterros e avenidas da Lagoa, o aterro da Urca concedido à Empresa da Urca, e o início dos aterros da Esplanada da Exposição hoje ocupada por uma parte do aeroporto.

Os prefeitos que sucederam a Sampaio tiveram de arcar com as conseqüências financeiras desse período, que simbolicamente pode dar-se por encerrado com a administração de Prado Júnior e o encargo do Plano de ordenação de Agache. Este plano, quase extemporâneo, corresponde à mais canônica aplicação dos critérios de monumentalidade e de academicismo inspirados pela "École Beaux-Arts de Paris" e ao movimento da "City Beautiful", aos que se acrescenta o novo instrumento do zoneamento ensaiado desde inícios do século na Alemanha e divulgado desde as ordenações de Nova York em 1916 e nas soluções formais aportadas pelo movimento da cidade-jardim.

São curiosas as críticas que o próprio Sampaio destina ao Plano de Agache, que resumem a filosofia que havia guiado durante anos a política urbana na que esteve tão implicado; pode encontrar-se nelas um simbolismo do final da época dos engenheiros urbanistas e da passagem do seu poder a uma nova corporação profissional, a dos arquitetos. Frente à vontade de desenho e formalização de toda a cidade mostrada no Plano Agache, comenta o ex-Prefeito: "*em um desenho faz-se o que quer e tudo produz excelente impressão; mas no terreno só se faz o que se pode*"[20].

O certo é que no período já transcorrido do século XX haviam-se produzido mutações sociais profundas que se traduziriam em uma transformação importante da urbanística, que desembocaria, pouco mais tarde, no movimento moderno ou racionalista.

Nessa época coincidiria a constatação da incapacidade do urbanismo para resolver o grave problema da habitação com o surgimento dos movimentos operários que demandavam soluções aos problemas de organização social, convivência e trabalho, e também se havia dado a irrupção do automóvel como organizador da mobilidade e do território.

Já na Conferência de Urbanismo de 1910 de Londres se produziria o enfrentamento entre a visão de Burham (da City Beautifull) e o movimento das "garden cities", que no fundo era uma discussão sobre o problema da habitação popular.

Em 1915 P. Geddes publicaria "Cities in evolution", livro que esteve na origem do movimento de planificação regional[21]. E resulta curiosa a resposta norte-americana aos programas da habitação popular levados a cabo pelo Conselho de Londres desde 1900: a Comissão de Nova York no seu informe sobre o excesso de população disse estar a favor da extensão da cidade por meio do transporte para resolver o problema crescente de habitação.

Também nesse período o ciclo ferroviário cederia lugar ao do automóvel, no qual a cidade-jardim e a explosão urbana encontrariam seu instrumento mais favorável, aquele que acentuava a ânsia do sistema por novas terras. Uma época da urbanística estava definitivamente concluída, e com ela, um século de construção da cidade do Rio de Janeiro.

NOTAS

[1] Costa, A. Marques da e Schwarcz, L. Moritz. *Virando séculos. 1890-1914: no tempo das certezas.* Companhia das Letras. São Paulo, 2000.
[2] Artola, M: *La burguesia revolucionaria* e Fontana, J: *La burguesia conservadora.* Alianza Universidad: Madrid,1973.
[3] Tafuri,M: "La montaña desencantada; el rascacielos y la ciudad", em Ciucci, op.cit. nota 21, capítulo 4.
[4] Mumford, L: *The city in History.* Pelican Book. Middelsex, 1966.
[5] Kessel, C: *A vitrine e o espelho.* Secretaria das Culturas. Rio de Janeiro, 2001.
[6] Fessler Vaz, op. cit. nota 18, capítulo 3.
[7] Silva, L. H. Pereira da: *História do Urbanismo no Rio de Janeiro.Administraçao municipal, Engenharia e Arquitetura dos anos 1920 à Ditadura Vargas.* E-Papers Serviços Editoriais. Rio de Janeiro, 2003.
[8] Telles, P.C. da Silva: *História da Engenharia no Brasil.* Libros técnicos y científicos. Editora. Rio de Janeiro, 1984.
[9] OffnerJ.M: Reseaux et territories; significations croisés. Ed. de l'Aube. Paris, 1996.
[10] Lamarão op. cit. nota 9, capítulo 4; e Weid, ano, op.cit. nota 13, capítulo 1.
[11] Capel, H: *Las tres chimeneas.* FECSA. Barcelona, 1994.
[12] Del Brenna, G. Rosso: *O Rio de Janeiro de Pereira Passos. Uma Cidade em Questão.* Index/Solar Grandjean de Montigny. Rio de Janeiro, 1985.
[13] P. Hall, op. cit nota 11, capitulo 4.
[14] Leme, M. C. da Silva: *Urbanismo no Brasil, 1895-1965.* Studio Nobel. São Paulo, 1999. E consultas sobre o tema em home-page : www.spsitecity.com.br
[15] Gorelik, 1998, op.cit nota 23 , capítulo 4
[16] Pinon, op. cit nota 24, capítulo 4.
[17] Calabi, D: "O papel de Paris na urbanística italiana do século XIX: o mito da modernização", em Salgeiro, H.A: *Cidades capitais do século* XIX. Edusp. São Paulo, 2001.
[18] Martorell, V.: *Historia del urbanismo en Barcelona.* Labor. Barcelona, 1970.
[19] Kessel, op.cit. nota 5, capítulo 5.
[20] Memórias de C. Sampaio citadas no livro de Kessel, op.cit. nota 5, capítulo 5.
[21] Geddes, P: *Cities in evolution, an introduction to the town planning movement.* Howard Fertig. New York, 1968.

Anexo Gráfico

MAPAS INTERPRETATIVOS

Propostas de Ordenação do Relatório de Obras de Beaurepaire-Rohan de 1843

Propostas de Ordenação da Comissão de Melhoramentos da Cidade de 1875 e 1876

Propostas de Ordenação dos Melhoramentos da Cidade na Administração do Dr. F. Pereira Passos de 1905

Morro do São Januário
Morro do Pedregulho
Campo de S. Cristóvão
São Cristóvão
Praia de São Cristóvão
Morro Barão Vermelho
Morro dos Lázaros
Morro da Pedreira
Morro do Telégrafo
Quinta da Boa Vista
Morro dos Breves
Praia dos Lázaros
Ilha dos Melões
Ilha das Moças
Morro Gamboa
Praia da Gamboa
Morro da Saúde
Praia do Saco do Alferes
Praia do Valongo
Prainha
Ilha das Cobras
Morro de S. Bento
Morro da Conceição
Morro do Livramento
Morro da Providencia
Morro do Pinto
Praia dos Mineiros
Cidade Velha
Praia do Peixe
P. de D. Manuel
Largo do Paço
Praia Formosa
Morro São Diogo
Campo da Aclamação
Rua do Alfandega
Rua do Ouvidor
Rua da Alcantara
Ponta do Calabouço
Morro do Castelo
Praia de Santa Luzia
R. de S. Pedro da Cidade Nova
Rua de S. Cristovão
Cidade Nova
Morro de Santo Antonio
Ponte dos Marinheiros
Morro do Senado
Vila Isabel
Engenho Velho
Engenho Novo
Praia do Boqueirão
Passeio Público
Rua de Mata - Cavalos
Morro da Baronesa de Lages
Morro da Correção
Morro de Paula Matos
Morro de Santa Teresa
Praia da Lapa
Morro de Santos Rodrigues
Pedra da Babilonia
Aqueduto da Carioca
Praia da Glória
Glória
Morro da Glória
R. Bela Vista
Rio Comprido
Aqueduto do Maracanã
R. Andaraí Grande
Morro da Nova Cintra
Rua Bela do Príncipe do Catete
Morro do Rio Comprido
Baía da Guanabara
Caminho de Botafogo
Praça da Glória
Praia do Flamengo
Rua Nova de Laranjeiras
Laranjeiras
Canos da Carioca
Morro Azul
Morro do Mundo Novo
Morro da Viúva
Praia de Botafogo

MAPA INTERPRETATIVO DAS PROPOSTAS DE ORDENAÇÃO DO RELATÓRIO DE OBRAS DE BEAUREPAIRE DE 1843

BASE URBANA 1843

- Ruas
- Aqueduto
- Praças existentes
- Edifícios notáveis
- Mangue de São Diogo
- Limite marítimo-terrestre em 1843
- Zona urbana. Cidade Velha
- Morros
- Morros demolidos posteriormente
- Quinta da Boa Vista. Palácio Imperial
- Cidade existente em 1875 sobre base digital do ano 2000
- Território inexistente em 1875

PROPOSTAS PLANO BEAUREPAIRE 1843

- Ruas propostas abertas posteriormente
- Ruas propostas nunca abertas
- Praças propostas
- Mercados em construção
- Canal de navegação proposto

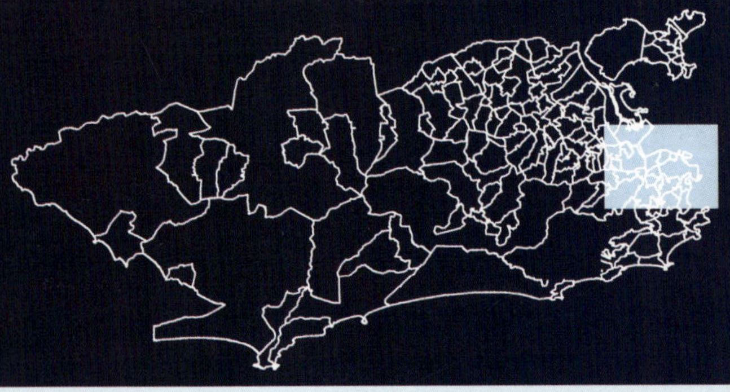

Autora: Verena Andreatta   Desenho: Mabel Alarcón, Eli Castellón

N

ANO 2006   ESCALA 1: 30.000

0 500 1000 2000mts

Morro do São Januário
Morro de Pedregulho
Praça Pedro I
São Cristóvão
Praia de São Cristóvão
Morro Barro Vermelho
Morro dos Lázaros
Morro da Pedreira
Morro do Telégrafo
Morro do Breves
Quinta da Boa Vista
Reserva para Parque de Exposiçoes
Morro São Diogo
Morro do Pinto
Morro da Providencia
Morro Gamboa
Morro da Saúde
Morro do Livramento
Morro da Conceição
Morro de S. Bento
Ilha das Cobras
Cidade Velha
Ponta do Calabouço
Praia de Santa Luzia
Morro do Castelo
Morro de Santo Antonio
Campo da Aclamação
Praça do Tiradentes
Largo do Paço
Passeio Público
Praia do Boqueirão
Praia da Lapa
Praia da Glória
Glória
Morro da Glória
Baía da Guanabara
Morro de Santa Teresa
Morro de Paula Matos
Morro do Senado
Cidade Nova
Ponte dos Marinheiros
Largo do Matadouro
Vila Isabel
Engenho Velho
Morro da Baronesa de Loges
Morro da Correção
Morro de Santos Rodrigues
Pedra da Babilonia
Reserva para Horto Botânico e Jardim Zoológico
Boulevard 28 de Setembro
Rua Teodoro da Silva
Rua Andaraí Grande
Morro do Rio Comprido
Morro do Rio Comprido
Estrada do Catumbi
Morro da Nova Cintra
Praça Duque de Caxias
Laranjeiras
Praia do Flamengo
Morro Azul
Morro da Viúva
Morro do Mundo Novo
Canos da Carioca
Botafogo
Praia de Botafogo
Rua S. Clemente
Rua Principe
Rua Dois de Dezembro
Rua das Laranjeiras
Rua do Cosme Velho

MAPA INTERPRETATIVO DAS PROPOSTAS DE ORDENAÇÃO DA COMISSÃO DE MELHORAMENTOS DA CIDADE DE 1875 E 1876

BASE URBANA 1875

- Ruas
- Praças
- Edifícios notáveis
- Mercados
- Canal de navegação
- Estrada de Ferro
- Estação Marítima - Portuária
- Limite marítimo-terrestre
- Zona urbana. Cidade Velha
- Aterros realizados entre 1843-1875
- Morros
- Morros demolidos posteriormente
- Cidade existente em 1875 sobre base digital do ano 2000
- Território inexistente em 1875

PROPOSTAS PLANO COMISSÃO DE MELHORAMENTOS

- Alinhamentos
- Canal do Mangue
- Aterros
- Parques e grandes áreas livres
- Cais

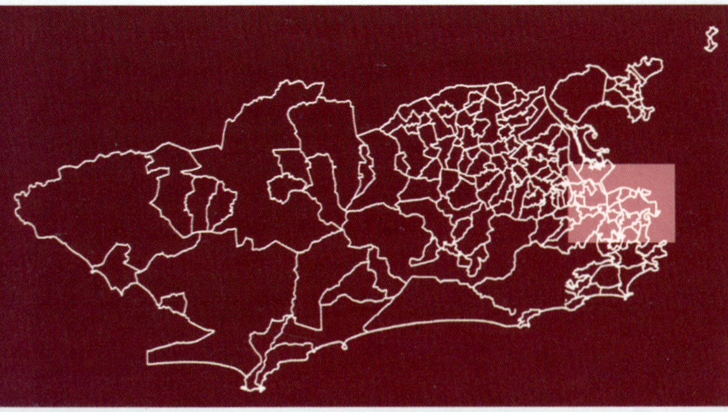

Autora: Verena Andreatta Desenho: Mabel Alarcón, Eli Castellón

N

ANO 2006 ESCALA 1: 30.000

0 500 1000 2000mts

Cais do Porto
Morro da Saúde
Morro da Gamboa
Ilha das Cobras
Morro de S. Bento
Cidade Velha
Morro da Conceição
Morro do Livramento
Morro da Providencia
Morro do Pinto
Morro São Diogo
Praça da República
Praça Tiradentes
Praça XV
Ponta do Calabouço
Morro do Castelo
Morro de Santo Antonio
Praia de Santa Luzia
Praia do Boqueirão
Passeio Público
Av. Mem de Sá
Rua Frei Caneca
Rua Senador Euzebio
Cidade Nova
Rua de S. Christovão
São Cristóvão
Campo de S. Cristóvão
Morro do São Januário
Morro de Pedregulho
Morro Barão Vermelho
Morro dos Lazaros
Morro da Pedreira
Morro do Breves
Morro do Telégrafo
Quinta da Boa Vista
do Engenho Novo
Vila Isabel
Engenho Velho
Boulevard 28 de Setembro
Teodoro da Silva
Morro Santo Antonio
Rua Andarahy Grande
Rua Falsa do Reto
Pedra da Babilonia
Morro da Baronesa de Loges
Morro da Correção
Morro de Paula Matos
Morro de Santa Teresa
Morro de Santos Rodrigues
Rua do Engenho Velho
Rua Bela Vista
Rua do Bispo
Rua Andaraí Grande
Andaraí
Rua Andarahy Pequeno
Rua Comprido
Largo do Bolde
Estrada do Catumbi
Rua da Conceição
Morro do Rio Comprido
Morro da Nova Cintra
Praia da Lapa
Praia da Glória
Largo da Glória
Glória
Morro da Glória
Baía da Guanabara
Rua Bela do Príncipe do Catete
Rua da Pedreira da Candelária
Praça da Glória
Rua Nova de Laranjeiras
Praia do Flamengo
Laranjeiras
Canos da Carioca
Morro Azul
Morro do Mundo Novo
Morro da Viúva
Praia de Botafogo
Morro do

MAPA INTERPRETATIVO DAS PROPOSTAS DE ORDENAÇÃO DOS MELHORAMENTOS DA CIDADE NA ADMINISTRAÇÃO DO Dr. F. PEREIRA PASSOS DE 1905

BASE URBANA 1905

- Ruas
- Praças
- Edifícios notáveis
- Mercados
- Canal do Mangue
- Estrada de Ferro
- Limite marítimo-terrestre
- Zona urbana
- Aterros realizados entre 1843-1875
- Morros
- Morros demolidos posteriormente
- Cidade existente em 1875 sobre base digital do ano 2000
- Território inexistente em 1875

PROPOSTAS PLANO PEREIRA PASSOS

- Ruas abertas
- Ruas abertas posteriormente
- Canal do Mangue
- Aterros realizados entre 1903-1910
- Praças
- Cais de Gamboa/Galpões

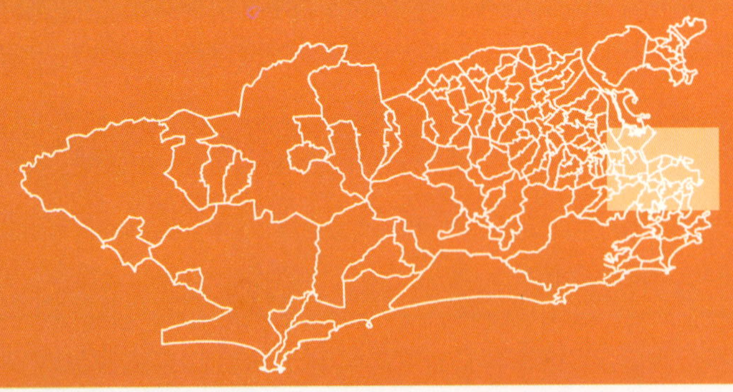

Autora: Verena Andreatta Desenho: Mabel Alarcón, Eli Castellón

N

ANO 2006

ESCALA 1: 30.000

0 500 1000 2000mts

Anexo documental

RELATÓRIO APRESENTADO À ILMA. CÂMARA MUNICIPAL DO RIO DE JANEIRO POR H. DE BEAUREPAIRE-ROHAN.1843

Texto que reproduz a transcrição do original realizada pelo Eng° José de Oliveira Reis no artigo História Urbanística do Rio de Janeiro (3ª. Parte Segundo Reinado: 1831-1889) para a Revista Municipal de Engenharia XLII. Janeiro-Dezembro 1992, N° 1/ 4, página 10 e sucessivas.

RELATÓRIOS DA COMISSÃO DE MELHORAMENTOS DA CIDADE DO RIO DE JANEIRO. 1875 e 1876

Texto que reproduz a transcrição do original realizada pelo Eng° José de Oliveira Reis no artigo História Urbanística do Rio de Janeiro (3ª. Parte Segundo Reinado: 1831-1889) para a Revista Municipal de Engenharia XLII. Janeiro-Dezembro 1992, N° 1/ 4, página 32 e sucessivas.

MELHORAMENTOS DA CIDADE PROJETADOS PELO PREFEITO DO DISTRITO FEDERAL DR. F. PEREIRA PASSOS. 1903

Texto que reproduz a transcrição do original realizada por Giovanna Rosso del Brenna no livro "O Rio de Janeiro de Pereira Passos. Uma Cidade em Questão II" de 1985, página 42 e sucessivas.

Nota (*) Os parágrafos marcados com asterisco correspondem a listas de obras ou anexos, que foram suprimidos pela sua extensão ou irrelevância para a análise realizada neste livro.

RELATÓRIO APRESENTADO À ILMA. CÂMARA MUNICIPAL DO RIO DE JANEIRO. HENRIQUE DE BEAUREPAIRE ROHAN

Ilustríssimos Senhores

Ao apresentar à Ilma. Câmara Municipal do Rio de Janeiro o relatório do estado de suas obras, ser-me-ia lisonjeiro poder também ofertar-lhes o resultado de algumas investigações minhas sobre a estatística do município. Guiado neste intento por inclinação aos trabalhos deste gênero, cheguei a reunir alguns documentos, que me servirão para organizar o resumo histórico fluminense, desde a descoberta desta terra, por Martim Afonso de Souza, em 1531, até princípios do século passado; mas conheci logo que não poderia progredir nesta empresa, sem auxílios, que nada me autorizava a reclamar, porque excedendo ela o termo das obrigações, que me são impostas, tenderia igualmente a desviar-me de ocupações, a que estou inteiramente ligado, pela natureza de meu emprego, e acarretaria despesas, para as quais se não acha consignada quantia alguma.

É sem dúvida, de lamentar que tão interessante objeto, qual a estatística, isto é, a descrição completa do país, em suas relações físicas e morais, continue a ficar abandonada, como tem acontecido até agora, donde procede a nossa falta de conhecimentos corográficos, em que nos deveríamos instruir, desde a mais tenra juventude.

Nossa satisfação seria completa, se a Ilma. Câmara tomasse a iniciativa, mandando levantar a carta do município, com todos os esclarecimentos, que respeitam a parte permanente da estatística, compreendida por tanto a descrição dos terrenos pertencentes aos próprios municipais, providência sem a qual se apresentarão no porvir dúvidas, que não poderão discriminar a inteligência do julgador. A planta da cidade, ultimamente levantada pelo Senhor engenheiro José Maria Manso, poderia servir de base a este trabalho, auxiliado também por uma carta de reconhecimento, que se encontrou no tombo do antigo Senado, feita nos anos de 1754 e 1755, debaixo das vistas do ouvidor geral Manuel Monteiro de Vasconcelos, a quem fora encarregada a medição e demarcação da sesmaria concedida ao mesmo Senado. A parte variável da estatística nenhuma dificuldade oferece, porque em todas as repartições públicas existem os documentos, a que nós podemos referir com segurança. Enfim, Senhores, segundo meus cálculos, com 30.000$00, distribuídos por seis anos de aturado trabalho, conseguiria o município fluminense possuir a sua estatística, e se as demais câmaras do Império, animado por este exemplo e impelido pelo governo geral, empreendessem o mesmo trabalho, chegaríamos a ter, dentro de poucos anos, a estatística nacional em todas as suas partes.

O presente trabalho limita-se, pois, aos trabalhos, que estão a cargo da diretoria das obras municipais. Na primeira parte, trato de todas as obras, que interessam a salubridade pública; na segunda de todas as que são relativas ao aformoseamento do município, e cômodo de seus habitantes. Indicando os melhoramentos, que mais urgentes me parecem, é, sobretudo quanto às vias públicas de comunicação, que mais extensão dou ao meu trabalho. Havendo empreendido ultimamente uma viagem, que levei até a freguesia de Guaratiba, pude convencer-me, por mim mesmo, do abandono em que parece existir o interior do município, ainda nos logares mais importantes, por sua posição comercial. A ação da diretoria das obras municipais não pode alcançar esses pontos tão distantes da corte. A não se criar uma repartição exclusivamente encarregada da inspeção das estradas, como me parece indispensável, dever-se-ia, pelo menos, aumentar o pessoal da atual administração, dando-se-lhe também um regulamento mais apropriado.

Motivos de economia tem, sem dúvida, demorado a tão desejada reforma; mas devemos sempre lembrar que a extrema economia é também uma causa de desperdícios.

Os rendimentos da Ilma. Câmara, orçados, para o ano financeiro de 1843 a 1844, em 204.542$000 não bastam para satisfazer todas as necessidades públicas. Conviria fazer reverter, em benefício do município, certos impostos, cujo produto deveria ter, no todo ou em parte, uma aplicação mais direta. Tais são, por exemplo, os das seges e carruagens, que rodam sobre as calçadas e as estragam; os dos botes e faluas, que precisam de cais; e os dos gados, que percorrem as estradas do município. Com este importante incremento, poder-se-iam empreender obras, que a falta de meios pecuniários tem pôsto de parte.

Terminando estas considerações, acompanha-me a satisfação de poder agradecer, não somente à Ilma. Câmara Municipal a atenção com que tem honrado a repartição de suas obras, como também a todos os Srs. Fiscais das diferentes freguesias a diligência que empregaram em me darem todas as informações, que me eram precisas, para prestar ao público um serviço, de que me sentirei eternamente recompensado, se V.V.S.S. o acolherem favoràvelmente.

Deus Guarde a V.V.S.S. Diretoria das obras municipais do Rio de Janeiro, em 20 de setembro de 1843. - Henrique de Beaurepaire Rohan

Parte primeira: Salubridade pública

Esgote das águas

As circunstâncias locais do Rio de Janeiro não favorecem o esgote das águas pluviais; e a defeituosa disposição das calçadas agrava ainda mais este mal, que se tem procurado evitar, por meio desses aquedutos, a que entre nós de dá impropriamente o nome de valas. Para que um aqueduto, em geral, seja bom, é preciso que, além de outras condições, se lhe dê suficiente inclinação, a fim de que as águas cheguem com facilidade ao reservatório, que se lhes destina; mas, como o solo desta cidade se acha quase ao nível do mar, é evidente que, por pouco que aprofundemos nossas valas, sujeitamo-las à ação das marés, inconveniente que não remediaria por certo o defeito de sua existência.

É, pois indispensável estabelecer-se o esgote sobre as calçadas; e isto se conseguiria facilmente dando-se a estas calçadas o necessário declínio, e guarnecendo-as lateralmente de sarjetas forradas de cantaria, por onde as águas pudessem correr sem prejudicar o calçamento. Esta medida faria com que muitos prédios ficassem com suas soleiras abaixo do nível da rua, o que excitaria provàvelmente o clamor da mor parte dos proprietários; mas, quando se trata de um trabalho, que além de interessar a saúde da geração atual, tende a melhorar a sorte de nossos vindouros, a autoridade pública desempenha a sua missão tomando-se inexorável; e nenhum preconceito, nenhum interesse, mal calculado da parte daqueles que, por sistemática indolência, nada querem sacrificar em prol da sociedade, devem jamais embaraçar a marcha dos que são encarregados da direção dos negócios públicos.

O mangue da Cidade Nova

Ainda que muito conviria extinguir-se este foco de miasmas, este obstáculo à edificação, abster-me-ei contudo de indicar agora um meio qualquer para chegarmos a este resultado; porque isto depende de explorações, a que não tenho procedido. É preciso porém notar-se que a esta paragem aflui grande quantidade de água, que se deriva das montanhas vizinhas. Esta circunstância justifica talvez um antigo plano de se estabelecer ali um canal de navegação, desde a bica dos marinheiros até o Rocio pequeno; e mesmo de os ramificar até a casa da Correção, plano que outros ampliam, querendo que o canal corte a cidade, até a praia dos Mineiros; e como esta idéia pode ser algum dia aproveitada, acho razoável nas arruações, que se vão efetuar, debaixo da direção dos Ilms. Vereadores Moura, Getúlio e Tavares, reservar-se o espaço para que em qualquer tempo, se execute o projeto em questão.

O morro do Castelo

A base deste morro ocupa uma superfície mais extensa que a da Praça da Aclamação, o que inutiliza grande parte do terreno, que poderia servir para edificações, além do que se destinassem para jardim dos convalescentes do hospital da Misericórdia, recolhidas, e expostos. Se chegasse a arrasar esta montanha, muito ganharia a cidade em extensão, salubridade e embelezamento, como foi demonstrado, pelo Ilmo. Dr. Emílio Maia, no seu relatório à Academia de Medicina.

Matadouro público

O matadouro de Santa Luzia consiste em um imundo telheiro, cercado de imundíssimas barracas, cujas evaporações produzem enfermidades endêmicas nas suas circunvizinhanças. Em conseqüência das ordens da Ilma. Câmara Municipal, apresentei a V.V. S. S., em 8 de abril do ano p.p., o plano de um novo matadouro na praia de S. Cristóvão, cuja despesa orcei então em 100.087$200. Além das considerações higiênicas, que me fizeram escolher este lugar, mais dois objetos tive em vista: 1°) a proximidade das águas e das pastagens; 2°.) a facilidade do transporte por mar em uma barca convenientemente construída, depositando-se as carnes em mercados próprios nas Praias do Saco do Alferes, Saúde, Praínha, Mineiros, Dom Manuel, Santa Luzia, Glória, Flamengo e Botafogo, devendo do primeiro destes pontos transportar-se em carros, para os mercados da Cidade Nova, cessando inteiramente o abuso dos açougues nas ruas, o que é contrário ao asseio, que se deve observar em uma cidade bem policiada.

Sei que a Ilma. Câmara, adotando o meu pensamento, tratou imediatamente de fazer a aquisição de um terreno, no logar por mim indicado, mas a execução do projeto, por mim oferecido, tem sido demorada, por motivos que estão fora do meu alcance. Entretanto, fizeram-se ultimamente algumas reparações no matadouro de Santa Luzia, segundo ordens, que me foram dadas pelo Exmo. Vereador Getúlio.

Cemitérios

Continua entre nós o uso das sepulturas no centro das igrejas, uso lamentável, filho de antigos preconceitos, ao qual, porém, deve a civilização pôr um termo salutar, estabelecendo cemitérios nas circunvizinhanças da cidade. Podem ser de um aspecto simples, conservando, todavia o caráter monumental. Convenientes recintos, com uma capela de sufrágios, deixando-se cada um a liberdade de levantar monumentos à memória das pessoas, que lhe foram caros, tal deve ser o último asilo das gerações que findam.

Arborização

Na série de melhoramentos materiais, que se introduzissem diàriamente nesta cidade, debaixo dos auspícios da Ilma. Câmara Municipal, devemos considerar a arborização, não somente como objeto ornamental, mas também como um poderoso meio de purificar a atmosfera. Mas, para chegar-se a um resultado feliz neste gênero de operações, é preciso o preenchimento de uma condição essencial -o exame do terreno, que tem de receber a planta. O solo desta cidade é composto de diferentes camadas de matérias heterogêneas, sobrepostas ao terreno natural, onde as águas marítimas fizeram larga moradia, como o provam muitos testemunhos o que os torna igualmente impróprios de uma vegetação forte. É pois necessário, nos logares em que têm de plantar árvores, fazerem-se espaçosas excavações, e enchê-las de terra apropriada às árvores, que se pretendem cultivar, havendo o cuidado de as regar diàriamente, até que tomem suficiente corpo. Teremos assim um arvoredo frondoso, e não enguiçado, como o que se apresenta em algumas das nossas praças.

Despejos públicos

A falta desta providência, torna as praias e outros logares da cidade de um desasseio e de uma indecência, que cumpre evitar, por meio de alguma medida, que se possa aplicar a todos os pontos mesmos centrais da cidade, como acontece nas mais civilizadas da Europa. Chegou-se a organizar entre nós uma companhia com este fim, mas eram seus aparelhos imperfeitíssimos, de que resultou não continuar em suas operações. Existe uma proposta de um empresário, que se encarrega de fazer o despejo no meio da bahia, na ocasião de refluxo, em uma barca de sua invenção.

Parte segunda: Aformoseamento da cidade e seu termo, e cômodo dos habitantes.

Vias públicas de comunicação

O Rio de Janeiro participa de muitos dos defeitos, que são ordinários nas cidades edificadas sem plano. É um deles a estreiteza das ruas, algumas das quais tem apenas trinta palmos de largura, que muito dificulta o trânsito, em ocasiões de concorrência. Conviria pois destruir-se esta imperfeição, como já foi indicado pelo Exmo. Tenente General Andréia, comandante do Imperial Corpo de Engenheiros, aproveitando-se também o ensejo para dar-se à cidade uma forma mais regular, às águas um esgote mais pronto, e aos habitantes uma residência mais cômoda, aprazível e sadia. Neste sentido, poder-se-iam adotar as seguintes medidas:

1°) Que as ruas sejam de 8 braças de largo, esquinadas de maneira que em cada cruzamento se forme um pequeno largo.

2°) Que cada quarteirão tenha 30 braças de extensão.

3º) Que, para esgote de águas, se forme o peão na praça da Aclamação, estabelecendo-se declívio para um e outro lado da mesma praça.

4º) Que cada casa tenha, pelo menos, 6 braças de frente, com mais de um andar, distribuídas interiormente em relação ao nosso clima e costumes peculiares; que, em logar de serem retalhadas, tenham sotéias; que se estabeleçam na parte superior do edifício, canos de metal, com condutos até a calçada, por onde as águas cheguem às sarjetas, sem produzirem incômodos das goteiras, medida que já propus, e que se deveria pôr, desde já, em execução; que todas as casas tenham espaçosos quintais, para plantação de arvoredo, separados dos da rua correspondente pelos fundos, por um beco mais particularmente destinado à passagem de carroças, escravos, quitandeiras, etc., ficando assim cada prédio com duas entradas opostas entre si.

5º) Que se distribua água potável, por todas as casas, encanando-se competentemente as da Carioca e Maracanã.

6º) Finalmente que, além das praças necessárias para o mercado, se reserve uma principal onde se reúnam os edifícios de todas as repartições públicas, que não exigirem uma localidade privativa.

Quando mesmo nos não coubesse a satisfação de vermos completa esta revolução, durante o período de nossa existência, restar-nos-ia sempre a esperança de legarmos aos nossos descendentes um grande exemplo de dedicação, que poderia servir de balisa a mais árduos empreendedores.

A muitos parecerá talvez inexeqüível êste plano colossal; mas tôdas as dificuldades desaparecem, quando se tomam medidas para as evitar; e a execução de um projeto desta ordem, em que a administração pública se deve interessar, a não ser empreendida pelo governo, deve ser o apanágio de uma companhia composta de todos os proprietários, com um número de ações proporcional a valor material de suas casas, além das somas com que quiserem livremente entrar eles, ou outra qualquer classe de capitalistas.

Segundo os esclarecimentos que me foram obsequiosamente prestados pelo Sr. Tomé Maia da Fonseca Silva, administrador da recebedoria do município, há hoje no Rio de Janeiro 4363 sobrados, e 9742 casas térreas, importando tudo, com pouca diferença em 72.000:000$000 de réis. Não admito certamente a necessidade de reedificar toda a cidade, senão a parte que existe da praça da Aclamação para baixo, e que é realmente a mais defeituosa. Neste espaço, existem 5657 casas, entre sobrados e térreas, que ocupam de frente cerca de 16.971 braças. Feita a aquisição destes prédios, garantindo-se a cada acionista o rendimento que se entender justo, de maneira que não sofram prejuízo os proprietários, que vivem de aluguel de suas casas, nem tão pouco a companhia, pela continuação da residência desses proprietários em casas sujeitas à empresa, deve-se delinear sobre a carta topográfica a projeção horizontal da nova cidade, antes de se encetarem os trabalhos arquitetônicos, que deverão principiar, quando possível for, nos lugares em que os edifícios a demolir são de menos valor.

Não me encarrego aqui de apresentar um orçamento de receita e despesa, pelo qual se possa a companhia guiar em suas operações financeiras. Este trabalho, que deve ser o resultado de um estudo mui rigoroso sobre todos os diferentes casos, que se podem oferecer, não me pertence; porque a isso se opõe minhas diárias ocupações. Direi, tão somente, que uma companhia semelhante não pode perder. Além de lhe ficarem pertencendo todos os materiais aproveitáveis, que resultarem das demolições, a nação a deve auxiliar isentando-a de qualquer imposto, e cedendo em seu benefício, durante um determinado tempo, um certo número de loterias (ficando entretanto suspensa a extração das que estão concedidas e outros estabelecimentos) e o produto da décima urbana, que importa hoje em 388.000$000 com o que, longe de fazer um favor, como parece à primeira vista, contribui para aumentar seus rendimentos, na razão da importância, que a edificação adquire. Ela emprega seus fundos em bens de raiz, que só uma catástrofe inesperada pode destruir; e uma segurança desta natureza, convém dizê-lo, Srs., nós a precisamos, para garantia de nossas fortunas. Não se permitirá mais a construção de casas de braça e meia, sem cômodos, cheias de defeitos; mas quem tiver um pequeno capital, e o quiser empregar em bens de raiz, o depositará na caixa da companhia, e receberá o seu juro, no tempo competente, em proporção do número de suas ações, que girarão na praça em todas as transações mercantis. Em lugar desses sobrados de três janelas, que, a pesar de seu exorbitante aluguel, acomoda dificilmente uma família ainda pequena, haverão prédios de dois andares, que poderão conter três, quatro, ou mais famílias, sem recíproco incômodo; e é por habitações deste gênero que deve principiar a companhia (V. Artigo hospedarias, no fim do relatório).

Desta sorte, Srs., o Rio de Janeiro, que, não obstante a opulência do seu comércio e a formosura de sua situação, não nos apresenta senão o aspecto da inópia, se converteria em uma cidade magnífica, se os encarregados desta empresa se pusessem debaixo da influência da Academia das Belas Artes.

Além das vantagens materiais, que resultariam destes trabalhos, o país ganharia em melhoramento moral e industrial. Em verdade, a notícia desta empresa, e o empenho do governo em a animar invitariam milhares de artistas estrangeiros a nos trazer suas fábricas, suas oficinas, seus conhecimentos, enfim; e isto contribuiria poderosamente para produzir um incremento notável em nossa população, uma revolução benfazeja em nossa indústria, que se acha em atraso, por causa dessa tendência para o fidalguismo, que a despeito das salutares teorias constitucionais, faz com que as artes mecânicas, e mesmo as liberais, vivam, entre nós, como em degrêdo; que muitos se envergonham de as professar, preferindo vegetar humildemente à porta de um ministro, à pista de um emprego público, do que entregar-se a um trabalho honesto, donde tire os meios de sustentar suas famílias, sem responsabilidades vãs, o perigo das intrigas do dia.

Todavia, Ilmos.srs., como a companhia proposta não se acha organizada, nem tenha eu a pretensão de a organizar, é de meu dever, como diretor das obras municipais, indicar alguns melhoramentos, que se podem, desde já executar no transito público, o que mui difícil, se não impossível, se tornará no futuro, à proporção que se forem construindo prédios de maior importância, na direção das ruas existentes, ou nos lugares em que outras se devem abrir, ao que pode a Ilma. Câmara obstar, por meio de convenientes posturas.

As ruas que se devem prolongar são: (* enumeram-se a continuação até 27 ruas)

Além destas ruas existentes, convém mais abrirem-se: (* enumeram-se 18 ruas)

Praças

Das nossas praças a mais notável, por sua extensão, é a da Aclamação

(República), outrora Campo de Santa Ana. Falta-lhe regularidade, mas isto se lhe poderia dar, estabelecendo-se do lado da Cidade Nova uma linha de sobrados, paralela à frente do museu, com fundos voltados para o ocidente guarnecidos de quintais fechados por gradis. Depois desta praça, outras temos que conviria ampliar; tais são as do Rosário, que deveria estender-se até a rua do Hospício, a do Capim, até a rua da Vala; a de S. Domingos, desde a rua da Alfândega até a de S. Pedro, ou mesmo até a de S. Joaquim; a de João Batista até a rua dos Ourives; e a de Moura, até a rua da Misericórdia.

A antiga imunda praia do Valongo acaba de converter-se em uma elegante praça, com a denominação de Municipal, depois da construção do cais da Imperatriz. Tenho também de indicar a formação das seguintes praças: (* enumeram-se a continuação até 7praças)

O público, justo apreciador dos benefícios, que se lhe fazem, não cessa de dirigir seus agradecimentos a V.V.S.S. pelos melhoramentos, que se tem apresentado neste sentido. Além da rua nova das Laranjeiras, aberta nos terrenos do Sr. Velasco, e da Conciliação (Barão de Petrópolis) no Rio Comprido, acaba a Ilma. Câmara Municipal de conseguir a abertura de outras duas, a Municipal e a dos Beneditinos, cruzando-se em angulo reto na antiga horta dos religiosos de S. Bento; a primeira dirige-se do beco dos Cachorros em continuação ao de Santa Rita, até a rua nova de S. Bento; a outra principal na da Prainha, em procura da dos Pescadores, com a qual ainda se não comunica. Em virtude das ordens, que me foram dadas pelo Ilmo. Vereador Emilio Maia, mandei colocar os convenientes marcos, depois de haver em companhia do mesmo Vereador e do Sr. Arruador da cidade, procedida ao necessário delineamento. Uma nova rua, que tem por objeto comunicar entre si as praias de Botafogo e Susano, e que muito facilita o transito para a praia Vermelha, se está a abrir, debaixo da direção patriótica do Exmo. Brigadeiro Castro, depois das explorações feitas pelo Senhor engenheiro Job Justino de Alcântara. Tem-se continuado a fazer o desmoronamento necessário, para comunicar a rua do Senado, com a sua correspondente na Cidade Nova; e o Ilmo. Vereador Moura cabe a glória de ter sido aquele debaixo de cuja proteção se efetuou uma abertura bastante larga, para que dela se possa usar facilmente. A Rua Príncipe dos Cajueiros (Senador Pompeu) se acha em comunicação com a da Conceição, pelos fundos da Imperatriz. Demarcou-se a rua do Bom Jardim, desde o aterrado de S. Pedro, até a rua nova do Conde; mas está de tal sorte obstruída, por diferentes acidentes de terreno, que não se presta ainda ao trânsito. Algumas ruas há na cidade que se podem alargar e retificar sem grande dispêndio. A das Laranjeiras, a do Rio Comprido, e a de S. Cristóvão estão neste caso. Quanto à primeira, posto que a derribação do Jequitibá que se achava tangente à propriedade do Exmo. Conselheiro Lisboa, tivesse dado o lugar a se alargar mais o trânsito naquele ponto, sou todavia de parecer que, desprezando-se esta passagem tortuosa, não obstante o melhoramento de que ela é suscetível, se estabeleça um caminho reto, por entre a chácara do mesmo conselheiro, guarnecendo-o de uma muralha, que se deve prolongar até o Jardim. São tais as vantagens, que daí resultariam ao público, que eu considero esta obra como uma das mais úteis, que se tem proposto mormente quando se acha tão bem combinado o interesse geral, com o interesse particular. A do Rio Comprido, que se vai diariamente tomando mais importante, é minimamente estreita e irregular. Conviria não demorar a ocasião de se lhe fazer algum benefício. A rua nova do Conde pode ser prolongada até o mangue, desviando-a na direção que conduz à casa da Correção. A de S. Cristóvão tem sinuosidades, que se poderiam evitar facilmente. Se eu fosse a mencionar todas as ruas, que precisam de providências tais, teria de fazer a descrição completa da cidade.

Já se acha alargada e melhorada a outros respeitos a estrada da Lagoa, no alto da Piaçaba, segundo o plano por mim apresentado a V.V.S.S., e posto em execução pelo Sr. José Antonio de Oliveira. Nas Laranjeiras está terminada a muralha de pedra seca, de que se encarregara o Sr. Antonio José Ramos, para segurança da estrada; e se não tivesse aparecido, da parte de um dos proprietários do logar, uma desarrazoada oposição ao plano traçado, esta obra teria sido certamente um delineamento mais regular, e mais conforme à solidez de sua construção. Dever-se-ia estabelecer uma semelhante muralha em todos os pontos em que o rio das Laranjeiras toca a rua do mesmo nome: e havendo eu procedido aos necessários cálculos, orço a despesa desta obra, desde a chácara pequena da Sra. Viúva Roso, até o novo pontilhão, em 10:586$400, desde a chácara do Exmo. Conselheiro Lisboa, até a primeira ponte da Sra. D. Ana Mendes; e desde o extremo da muralha nova no Areal, até a muralha velha, em 17:160$000; desde a segunda ponte da Sra. D. Ana Mendes até a Bica da Rainha, em 9:456$000, o que tudo importa em 37:202$400 réis. Por informação do Senhor fiscal Simões, consta-me que pessoas daquele lugar se encarregam desta obra, por um preço inferior ao do meu orçamento.

O Sr. Comendador José Bernardino de Sá encarregou-se de nivelar o campo de S. Cristóvão, fazendo os aterros e desterros necessários, para destruir duas lagunas, que ali existem, e cujas exalações corrompem a atmosfera. Continua o aterro da praça da Aclamação, das ruas do Bom Jardim, S. Diogo e Santa Ana estando por ora suspenso o de Andaraí, e rua da Conciliação.

A estrada da Lagoa, pouco além do portão da Bica, se acha arruinada, por causa das águas, que, derivando-se da propriedade do Sr. Domingos Antonio Duarte, atravessam o caminho obliquamente, o que impede muitas vezes o trânsito. É pois necessário mudar-se a direção da corrente, de maneira que corte a estrada no sentido perpendicular. Na do Jardim Botânico, existe um grande lamaçal, que vai convertendo em atoleiro, pelo derramamento do rio Cabeça, represado na chácara da Sra. D. Suzana Sampaio sobre o que deve haver pronta providência. A ladeira do Leme tem grandes escavações produzidas pelas águas, o que cumpre remediar, a fim de evitar o risco a que estão expostos os viandantes, mormente de noite. O alto do Pedregulho deve ser rebaixado, empregando-se os materiais resultantes para aterrar a mesma rua, junto da de S. Januário, que se acha constantemente encharcada. A ladeira do Castelo, na direção da rua do Carmo, está em deplorável estado. O mesmo acontece às do Saco do Alferes, do Barro Vermelho, em Mata Porcos e S. Cristóvão, e em geral a todas as ladeiras, que estão por calçar. Na praia Formosa, no lugar denominado Ponta do Boticário, convém destruir-se duas escavações produzidas pela ação do mar. Na de Botafogo, direção da rua de S. Clemente, em frente da Cadeia, existem também escavações causadas pelas águas, que desta rua correm a deitarem-se ao mar. Em alguns pontos da praia da Ponta do Caju, seria preciso fazer-se uma muralha, para segurança da estrada, que em vários logares é mui estreita, como acontece junto da casa do Sr. Antonio Tavares Guerra, onde tem apenas três palmos, com um precipício mui alto ao lado, o que pode ser causa de algum desastre de noite.

Já apresentei à Ilma. Câmara o orçamento da despesa, para se aterrar a estrada do Engenho Novo, junto da Três Vendas. A do Macaco precisa de aterro, em certos logares, onde se acha arruinadíssima.

A estrada geral de Santa Cruz, que percorre as freguesias do Engenho Velho, Inhaúma, Irajá, Campo Grande, e o curato de Santa Cruz, donde continua e se ramifica para as províncias do interior, é geralmente boa, não porque se lhe tenham aplicado todos os recursos da arte: mas só e unicamente porque a natureza do terreno lhe é favorável. Ela se tornaria notavelmente boa, se lhe desse dez braças de largura, guarnecendo-a de valas laterais, para salvá-la das inundações, que muitas vezes se manifestam nas campinas a que fica adjacente, e ornando-a com arvoredo umbroso e frutífero do país, para torná-la aprazível. Posto que eu não seja de parecer que tão longo caminho tenha uma direção retilínea, quando mesmo fosse possível sujeitá-lo a esta regularidade, porque a monotonia neste caso produz uma ilusão desagradável ao viandante, é todavia conveniente destruir algumas tortuosidades, que a tornam realmente mais longa. Mas, enquanto se não der execução a este, ou melhor plano, é preciso, desde já, além do que reclamo no artigo pontes, proceder-se a reparações, que se não podem procrastinar, sem prejuízo do comércio interior, sem quebra dos rendimentos nacionais. Pouco adiante da Ponte da Praia-Pequena, existem e vão-se destruir duas lagunas, que fazendo seu esgote por cima da estrada, a obstruem muitas vezes. No logar da Venda-Grande, é preciso desfazer-se os ressaltos, que ali se encontram, com grave incômodo dos condutores de carros. Em frente da fazenda do Viegas, na cancela de João Pereira, deve-a aplainar e alargar a estrada, providência também necessária no Lamarão, onde tem apenas 15 palmos de largo, por entre barrancos e pedregulhos, que impedem o desvio de carros, que se encontram. Em Mundaboá existe, no meio da estrada, uma grande pedra, que convém destruir-se. Finalmente, em frente da olaria do finado Coelho, 8 a 9 léguas distantes da corte, é indispensável desfazer-se uma elevação, que se torna muitas vezes incômoda aos viandantes. Não posso deixar de mencionar que o Sr. Agostinho José Coelho, morador no sítio da Carobá, alargou toda a sua frente, cedendo não pequena parte do seu terreno ao público, a quem faz destarte um relevante serviço.

O caminho, que se dirige da fazenda do Viegas para a estrada do Mato Grosso, percorrendo as fazendas dos Coqueiros, Mendanha, Rio da Prata e serra do Ipiranga, é mau a todos os respeitos. Atravessa diferentes voltas de rios, que se poderiam evitar e é tão estreito em certos lugares que não dá desvio a dois cavaleiros, que se encontram.

Dever-se-ia restituir ao público uma estrada, que do campo de Piracuara se dirige à capela de Nossa Senhora da Conceição do Rio Grande, pela terras do Sr. José da Silva Áreas, que, segundo as informações dos habitantes do lugar, a tem obstruído, em prejuízo do povo, obrigando-o a um trajeto de mais de légua e meia, pela privação desta estrada, que foi pública, por mais de vinte anos.

A estrada geral, que principia no Campinho, e atravessando a freguesia de Jacarepaguá, segue para a de Guaratiba, com comunicações para Marambaia, Ilha Grande, Santa Cruz, e outros logares notáveis, não está em relação com a importância comercial daqueles distritos. Além dos embaraços que muitas vezes encontram os viandantes, na passagem de vários regatos, que por ali serpeiam, e sobre os quais conviria colocar pontes de madeira, deve-se quebrar e remover grande quantidade de pedra, que dificulta o trânsito dos carros, com nímio incômodo dos habitantes, impossibilitados assim de trazer ao mercado o produto de sua indústria agrícola. É sobretudo, em Baité, testada do Sr. Marcelino José de Santana, na Várzea Pequena, fazendo dos religiosos de S. Bento, e na testada do Sr. Miguel de Melo, que esta providência se torna ainda mais precisa. O mesmo acontece, com pouca diferença, à estrada da Serra de Inácio Dias, que, tendendo por sua posição a abreviar muito a viagem da cidade ao alto da Serra, que domina sobre a freguesia de Jacarepaguá, se acha intransitável, no distrito de Inhaúma.

A estrada da Serra do Aragão, que segue do Engenho Novo para Jacarepaguá, é tão pedregosa e tem sido de tal sorte abandonada, que se acha quase inutilizada. Além das reparações que precisa a estrada da Tijuca, que segue da freguesia do Engenho Velho para Jacarepaguá, convém ser desviada da grota do Picapau, onde qualquer tentativa de melhoramento tem de ceder às dificuldades naturais. Em Muzema, na mesma estrada, é tal a disposição de alguns rochedos, que ali se encontram, que não há meios de passarem animais carregados.

Na serra sobranceira à cascata e várzeas da Tijuca existiu uma estrada que por capricho de um dos proprietários do logar, não é mais empregada na servidão pública. E como, por este abuso, ficam obrigados os moradores das serras de Jacarepaguá e do Papagaio, a percorrer um terreno mui desigual, até o alto da Boa Vista, é conveniente atender-se às multiplicadas reclamações, que a tal respeito se fazem constantemente.

As estradas, que atravessam a freguesia da Guaratiba, se acham em mau estado, principalmente as que se comunicam do centro com as povoações de Guaratiba e Praia da pedra. Além dos melhoramentos, que, para um e outra, indico no artigo pontes, convém destruir os ressaltos e atoleiros, que nelas se encontram. É também essencial reparar-se o aterrado da nova estrada, que, a expensa dos habitantes, se fez entre o primeiro e o segundo distritos. A estrada da Toca carece de alguns melhoramentos, cuja empresa excede as possibilidades dos moradores da circunvizinhança. Seria mui conveniente abrir-se uma nova estrada entre esta freguesia e a de Campo Grande, a qual, partindo da fazenda denominada dos Caboclos, fazendo do Rio da Prata, e continuando pela baixada da mesma fazenda, vá terminar-se no campo do Viegas, por uma pequena garganta, que divide esta fazenda da do rio da Prata. Esta estrada, além de poupar aos viandantes um trajeto de mais de três léguas, tornará mais opulenta a freguesia de Guaratiba.

Na ilha de Paquetá é preciso melhorar o caminho, que segue da Ponte da Ribeira, para a matriz, a fim de dar passagem, em maré cheia, o que não acontece agora. Obter-se-ia isto facilmente, fazendo uma escavação na montanha do fundo, ou deitando-se alguma pedra à beira-mar. Convém também obrigar alguns proprietários daquela ilha a se recolher em a seus antigos limites, a fim de alargarem os caminhos, que, por causa desta invasão, tem, em alguns logares, apenas quatorze palmos. Não obstante a pouca, ou nenhuma, importância comercial desta ilha, é ela tão interessante, pela variedade de suas situações, pela salubridade de seus ares, e é tão freqüentada por numeroso concurso, em certas épocas do ano, que alguma atenção merece da administração municipal.

Calçamento

O calçamento da cidade carece de um melhoramento geral, já porque muitas ruas existem por calçar, e já pelo estado de ruína, em que se acham outras. Conviria ensaiar-se algum dos meios, de que em várias partes da Europa se usa, para o que não nos faltariam os necessários matérias. A prática nos faria, ao depois, adotar o que mais vantagens oferecesse. É pelo sistema Mack-Adam que mandou a Ilma. Câmara calçar o aterrado de S. Pedro, à imitação do que fizera a companhia de Botafogo, na praia do mesmo nome; e, quanto a mim, deste nos devemos sempre servir, nos lugares onde é isto possível, tanto pela simplicidade da obra, e a modicidade do preço, como pela facilidade de as reparar. Qualquer porém que seja o método que adotemos, deve sempre o calçamento estar em relação com um sistema de esgote.

É este um dos objetos que mais tem ocupado a atenção de V.V.S.S.. À rua da Saúde (outrora praia do Valongo) de intransitável que era, em ocasião de chuva, tem-se tornado uma das melhores, à proporção que progride o calçamento a cargo de Manuel Luis Rodrigues. Êste empresário calçou igualmente uma parte da rua da Boa Vista,o largo de Santa Rita, o beco com mesmo nome e o dos Cachorros. A cargo do empresário José Quintela, debaixo da inspeção do Ilmo. Vereador, Pilar, está o calçamento das ruas da Lapa e Catete, depois de haver concluso o da rua dos Arcos. Principiou-se o da rua de Mata Cavalos, e prossegue o da de Resende, Regente, S. Jorge, Lampadosa, Belas Artes, praça da Constituição e rua dos Ciganos. Êste último, que principiou debaixo de direção do Ilmo. Vereador Moura, tem merecido particular atenção da parte da diretoria das obras municipais, por isso que seu mais interessante objeto é destruir a vala da rua do Regente, dando-se novo desvio às águas pluviais.

Vai-se principiar o calçamento da rua nova de S. Francisco da Prainha, cujos moradores contribuem com os materiais precisos. Já apresentei o orçamento da despesa para o do Rocio-pequeno, ruas do Príncipe dos Cajueiros, Santana, detrás dos Quartéis, S. Lourenço, Silva Manuel, Formosa e Ouvidor. É mister também calçar a rua da União, das praias do Saco do Alferes, Gamboa e Formosa, na distância de trinta palmos, pelo menos, além do alinhamento, como propõe o Sr. Fiscal Meneses Brasil; as do Saco do Alferes, desde a praia, até um pouco aquém do seu ponto mais elevado; do Bom Jardim, até o princípio do mangue; das Flores do Senado, em toda a sua extensão de um e outro lado da Barreira; de S. Diogo, Santa Rosa, São Leopoldo, Alcântara, Príncipe e Princesa do Catete, Catete, desde o canto da rua do Pinheiro, até a ponte; Pedreira da Candelária, Pinheiro, Santa Tereza, becos do Império, dos Carmelitas, travessa do Desterro, rua de S. Clemente, S. Cristóvão, Engenho Velho, Mataporcos, Hospício, Aljube, Fogo; Senhor dos Passos, e finalmente todas as ruas cujo calçamento se acha deteriorado. Os trabalhos para limpeza e abobadamento das valas do largo da Carioca deram logar ao calçamento da rua de S. José, desde este largo até o da rua dos Ourives, o qual se acha terminado. Aterrou-se a rua Catumbi-Grande junto da casa do Sr. Manuel Gomes de Oliveira Couto, onde se estagnavam as águas; e esta medida é necessária em todas as ruas, que estão por calçar.

Pontes

Existem atualmente no município 60 pontes públicas, das quais estão dez arruinadas. Menciona-las-ei todas, com a declaração do estado em que se acham, para que a Ilma. Câmara Municipal, à vista deste quadro, possa providenciar, como entender conveniente. (* enumeram-se as 60 pontes, em 10 freguesias, com comentários sobre o seu estado))

Cais

Um cais que abrangesse tôdas as praias desta cidade, à exceção dos lugares destinados para estaleiros, seria uma empresa interessantíssima a muitos respeitos. Dever-se-ia encetar esta obra em um dos pontos mais notáveis da praia, e continuá-la, enquanto houvessem fundos disponíveis. Com o andar dos tempos, teríamos um magnífico cais geral, em substituição aos que existem. O da praia dos Mineiros é construído com regularidade e solidez bastante. O de S. Cristóvão é suficiente para o serviço que ali tem de prestar. O do Saco do Alferes está completamente arruinado. O mesmo acontece ao do largo do Paço, na falta do qual serve o de Pharoux. Em toda a frente compreendida entre o arsenal de guerra e o da marinha, dever-se-ia estabelecer um cais; mas como esta obra absorveria somas imensas, sou de parecer que por ora só se construam, como partes de um sistema geral, pequenos cais nas praias de Moura, D. Manuel, largo do paço, e Peixe, em frente do mercado, onde reina a mais completa falta de asseio.

O cais da Imperatriz, cuja construção foi confiada ao Senhor administrador das obras. Joaquim José de Melo, debaixo da inspeção do Ilmo. Vereador Ferreira, se acha terminado; e quando outras obras se não tivessem feito, durante a atual administração municipal, esta bastaria para atestar o quanto se interessam V.V.S.S. no bem público.

Na distribuição dos terrenos de marinha, dever-se-ia aforar cada braça de frente, pelo preço porque se orçasse igual porção de cais, ou obrigar-se cada proprietário a fazer esta obra, na frente de seus prédios, segundo o plano, que se adotasse. No Valongo, convém permitir-se o aterro da praia até o alinhamento e ao nível do novo cais, obrigando-se porém cada proprietário a não edificar, senão na distância de 60 palmos, aquém do limite exterior do cais, ficando todo este espaço destinado para trânsito público.

Praças de mercado

A primeira praça de mercado, que se construiu nesta corte e que, a pesar de seus defeitos arquitéticos, enfeita a antiga praia do Peixe, basta para nos convencer da utilidade de semelhantes estabelecimentos. Além de rendosas (f), impedem que esse crescido número de quitandeiros obstruam as praias, ruas e praças públicas. Convém que outras se fixem em diferentes lugares, como o exige a comodidade pública. A que mandei construir na rua Formosa (Gen. Caldwell), segundo as instruções, que me foram dadas pelo Ilmo. Vereador Ezequiel, se acha em grande adiantamento. Já apresentei o projeto de outra no largo da Mãe do Bispo, exclusivamente destinada para a venda de carnes verdes; e outra e vai estabelecer na rua do Príncipe dos Cajueiros, junto do morro da Conceição.

Hospedarias

Ainda que o Rio de Janeiro ofereça, pela opulência do seu comércio, todos os recurso, que podem tornar cômoda a existência de seus habitantes, faltam-lhe, contudo, notáveis melhoramentos, a certos respeitos. Além de sua crescida população, aflui a esta cidade grande número de estrangeiros e de provinciais, atraídos uns pelo comércio, outros pela presença da côrte, dos tribunais supremos e das escolas científicas. Tudo isto dificulta a aquisição de casas, cujo aluguel, tornando-se de um preço exorbitante, desvia muita gente de habitar entre nós, por não ser a todos possível pagar um pesado tributo a esses hotéis estabelecidos por especuladores, que, aproveitando-se das circunstâncias difíceis dos hóspedes, os obrigam a uma extraordinária despesa.

Convicto pois de que está nos interesses da Ilma. Câmara Municipal favorecer o incremento da população, facilitando aos que chegam à nossa terra todas as comodidades, que a podem tornar agradável proponho a construção de um edifício com um ou mais andares, formando uma praça interior, e cujas lojas servirão de mercado, com lugares próprios para cavalariças e cozinhas, reservando-se para habitação os outros pavimentos, convenientemente distribuídos. A estampa, que já tive a honra de apresentar a V.V.S.S., é a projeção horizontal deste edifício, contendo 160 quartos. Supondo, no caso o mais favorável para os locatários, que cada quarto se alugue por 10$ mensais, o botequim por 30$, a cozinha e mais acomodações para casa de pasto, por 50$, a cavalariça, por 50$, e os repartimentos das lojas, em geral, por 1:500$, tudo isto montará no mês em 3:230$, no ano em 38:760$, e no fim de dez anos em 387:600$, ora quando mesmo, por um orçamento exagerado, importasse o edifício em 200:000$, e o custeio anual em 2:7760$, bastariam os lucros de pouco mais de cinco anos, para cobrir todas as despesas, rendendo o capital aí empregado 18% de juro.

Uma companhia, ou um particular, que tomasse sobre si esta empresa, seguraria sua fortuna; porém são meus desejos que a Ilma. Câmara dela se encarregue, porque além da satisfação que sempre acompanha aos que introduzem um melhoramento em qualquer objeto, seus cofres muito ganharão com o rendimento seguro proveniente desta empresa; e esta última consideração deve ser de muito peso, para uma administração que tem a seu cargo tantas obras consagradas ao bem estar do cidadão.

Diretoria das obras municipais, em 20 de setembro de 1843.

O Diretor, Henrique de Beaurepaire Rohan

PRIMEIRO RELATÓRIO DA COMISSÃO DE MELHORAMENTOS DA CIDADE DO RIO DE JANEIRO

Escritório da comissão de melhoramentos da Cidade. Rio de Janeiro, 12 de janeiro de 1875.

Ilmo. e Exmo. Sr. - Por aviso de 27 de Maio último (1874) dignou-se V. Ex. incumbir-nos de organizar um plano geral para o alargamento e retificação de 'varias ruas desta capital e para a abertura de novas praças e ruas, com o fim de melhorar suas condições higiênicas e facilitar a circulação entre seus diversos pontos, dando ao mesmo tempo mais beleza e harmonia às suas construções.

Na organização desse plano devíamos atender à conveniência de ficarem as novas ruas e praças, ou as que tiverem de se alargadas e retificadas, dispostas de modo que a ventilação das casas e o escoamento das águas pluviais sejam feitas com facilidade, projetando os novos alinhamentos de sorte a evitar o mais possível a demolição das propriedades públicas ou particulares mais importantes.

Cumpria-nos designar a largura das calçadas e passeios laterais nas novas ruas e praças, e a altura das arcadas ou pórticos contínuos no caso de haver vantagem em cobrir os passeios com essas construções; indicar quais as ruas e praças que devem ser desde já abertas ou alargadas e retificadas e aquelas cujo alargamento e retificação devem ser feitos à medida que se reedificarem os prédios existentes, a fim de que tais reedificações fiquem subordinadas aos novos alinhamentos adotados; propor, finalmente, todos os melhoramentos que possam interessar à salubridade pública, e cujo estudo fosse da nossa competência como engenheiros, ocupando-nos especialmente do desecamento dos terrenos e aterro dos pântanos, e indicando as regras essenciais que devem ser observadas na construção das habitações.

Taes são resumidamente as instruções que recebemos de V. Ex., e que temos enviados todos os nossos esforços por cumprir de maneira a satisfazer a elevada confiança que nós depositou o governo imperial encarregando-nos de trabalho de tanta importância para esta capital.

Foi nosso primeiro cuidado tratar de organizar uma planta geral, compreendendo toda a área da cidade em que tínhamos de projetar os referidos melhoramentos.

Para esse fim socorremo-nos dos trabalhos já existentes na inspeção geral das obras publicas procurando completa-los nos pontos que tem sofrido modificações desde que foram concluídos.

Já temos assim coordenado em varias folhas a planta da parte central da cidade e dos bairros do Engenho Velho, Andarai e S. Cristóvão, e bem assim a dos bairros do Catete e Botafogo, faltando-nos somente os bairros da Laranjeiras e da S. Clemente.

Os projetos de melhoramentos estão estudados e concluídos, ao menos tanto quanto nos foi quase toda a parte central da cidade, e nos bairros da Cidade Nova, do Engenho Velho, Andarai e S. Cristóvão, compreendendo naquela o alargamento e retificação de diversas ruas e praças e abertura de outras, e nestes a abertura de diversas avenidas e principalmente as obras que se referem ao canal do mangue.

Os vários trabalhos que à comissão coube estudar sendo de importância e natureza taes que não podem ser executados simultaneamente em toda a cidade, pareceu-nos conveniente que fossemos submetendo á apreciação de V. Ex. os projetos de melhoramentos á medida que os fosse-mos concluindo para cada distrito.

Assim é que, não tendo podido concluir ainda os orçamentos para os melhoramentos que se referem á parte central da cidade, por dependerem de longas e demoradas investigações sobre o preço do grande numero de casas que tem de ser desapropriadas, limitamo-nos a apresentar hoje a V. Ex. o que temos feito em relação á área da cidade que se estende desde o Campo da Aclamação até a Raiz da Serra do Andarai, com quanto nos desenhos que a este acompanham já vão indicados os melhoramentos projetados em grande parte do centro da cidade.

A planta de toda essa extensão da cidade, compreendida desde a Bahia até o Andarai, está figurada em duas folhas de desenho na escala de 1:100, distinguindo-se com tinta preta as construções existentes e com tinta carmim as que projetamos. A posição que atualmente ocupam os rios, valas, canal e praias vai indicada com orla azul claro; mostrando esta mesma cor carregada os canais e cais projetados.

Os bairros a que nos referimos, sendo os que melhores condições oferecem para o desenvolvimento da cidade, são também os que atualmente mais importantes melhoramentos reclamam e onde tais obras podem ser realizadas com menos dispêndios e menos dificuldades, por serem aqueles em que a propriedade tem relativamente menos valor e as construções não se acham tão unidas umas ás outras, como acontece na parte mais antiga da cidade. Sua grande extensão em planície, apenas interrompida por poucos e insignificantes acidentes de terreno, permite dar às ruas que ai se abrirem toda a expansão necessária, e proporciona á população da cidade amplo espaço para edificação de casas rodeadas de jardins, que tanto convém à salubridade das habitações em nosso país. A circunstancia mesma de achar-se aquela localidade rodeada de montanhas cobertas de vegetação, d'onde descem perenes mananciais de águas puras, muito concorrerá para amenizar o rigor da estação calmosa, e para a purificação do ar por tantas causas viciado em uma grande cidade.

O melhoramento ali mais momentoso, e cuja execução é de imprescindível necessidade para se elevarem as condições higiênicas daqueles bairros, é sem duvida o que requer o canal do Mangue, o qual, no estado incompleto e de abandono em que se acha, é um foco permanente de infeções miasmaticas. No intuito de prover remédio a esse mal, diversas propostas têm sido apresentadas ao governo imperial por empresas particulares; mas organizadas todas mais sob o ponto de vista do interesse aos capitães que têm de ser empregados, do que com o fim de beneficiarem á localidade, e além disso, referindo-se a uma parte muito limitada dos importantes melhoramentos de que carece aquele bairro, não estão semelhantes propostas no caso de serem aceitas pelo governo imperial. Tendo sido já analisadas quase todas por vários funcionários dos ministérios da agricultura, comercio e obras publicas e do império, que mais ou menos as impugnaram, não julga a comissão necessário desenvolver aqui as razoes que tem para aconselhar ao governo a rejeição de taes propostas nos termos em que estão concebidas.

A exposição que passa a fazer do seu projeto em relação ao canal do Mangue mostrará quais são suas idéias sobre este importante assunto, que mereceu toda a sua atenção e foi objeto de aturado estudo da parte da cada um de seus membros.

Dois meios se oferecem para fazer desaparecer esse receptáculo de imundícies, que constituem uma ameaça constante á população dos bairros mais próximos e é uma vergonha a nossa capital: ou o aterro completo do canal que seria substituído por uma grande galeria coberta, destinada a receber as águas pluviais e servidas, que ali vão ter; ou o seu prolongamento até o Andarai e conclusão até o mar, combinados com a construção de esgotos laterais e desobstrução da parte existente do canal, de modo a converter-se em realidade do pensamento primitivo que aconselhou aquela grande obra.

Foi o primeiro meio que a principio ocorreu á comissão, sob indicação de um de seus membros; um exame, porem , mais detido da questão levou-a a preferir o segundo meio, acompanhado de outras medidas tendentes a evitar que no canal sejam recebidas as águas servidas e as pluviais provenientes das ruas e das casas visto achar-se hoje demonstrado pela experiência, e por analises feitas em outros países, que essas águas são sempre carregadas de matérias orgânicas em decomposição e princípios miasmaticos em quantidade não inferior á dos produtos das próprias latrinas e mictórios. Assim, projetando a extensão e desobstrução do canal, adicionou-lhe a comissão , de um e outro lado, duas galerias cobertas, tendo 2m20 de altura e 1m10 de largura na base, nas quais desembocarão as valas e encanamentos que devem ser construídos para o escoamento das águas das ruas e dos quintais das casas.

Para tirar todo o partido possível de obra tão importante e dispendiosa, projetou a comissão prolongar o canal até perto da raiz da serra do Andarai, onde recolherá a considerável massa d'águas provenientes das montanhas circunvizinhas, e não aproveitadas para o abastecimento da cidade, as quais, derramando-se atualmente em diferentes direções, foram rios de pouca correnteza e charcos em vários lugares.

Essas águas canalizadas convenientemente serão reunidas em uma grande bacia ou lago, do qual partirá o canal, que mediante o emprego de comportas regulando a entrada e saída águas do mar, poderá não só conservar-se limpo, mas também prestar-se a uma navegação cômoda, barata, e até de recreio em grande parte de sua extensão.

Sendo de 9m720, segundo o nivelamento feito pela comissão e que consta do perfil longitudinal anexo, a diferença de nível das águas entre o ponto em que atualmente termina o canal e o lugar em que tem de ser feita a bacia de recepção, será necessário construírem-se algumas comportas que dividam o leito do prolongamento do canal em tabuleiros de níveis diferentes, para que a navegação possa estender-se até a bacia de recepção.

A conveniência de ser levada a navegação até aquele ponto é questão que pode ser deixada para ulterior decisão, pois que, qualquer que esta seja, a idéia do prolongamento do canal em direção ao Andarai não ficará prejudicada. A utilidade desta obra é principalmente para a descaimento dos pântanos e terrenos alagadiços daqueles bairros, concentrado em um leito regular, e não sujeito aos despejos das propriedades vizinhas, nem ás águas pluviais das ruas, os rios que atualmente se ramificam ali em diferentes direções e transbordam nas ocasiões de cheias.

O local escolhido para a bacia de recepção acha-se situado entre rua do Andarai Grande e o Boulevard 28 de Setembro projetado pela empresa Vila Izabel e junto do lugar destinado para a construção da universidade do Rio de Janeiro. Naquele local reservou a comissão terreno suficiente para o estabelecimento de um Horto Botânico e um Jardim Zoológico, que serão de grande vantagem para o estudo da botânica e zoologia na universidade.

Tem esse terreno uma área de 854.750 metros quadrados, isto é, 1.300 m de comprimento sobre 657m de largura média.

As galerias projetadas ao longo do prolongamento do canal virão terminar os ramais destinados a recolherem os pequenos mananciais mais próximos da cidade, que por sua posição não puderem desaguar na bacia inicial.

No lugar onde existe atualmente a cocheira da Companhia Vila Izabel, se ajuntarão dois ramos do canal em um tronco comum, e no principio deste está projetada uma bacia de 80 sobre 40 metros. Este tronco prolongado até o mar, indo terminar, entre as Ilhas dos Melões e das Moças, no cais que a comissão projetou entre a ponta da Chichorra e a praia dos Lázaros em S. Cristóvão.

De um e outro lado do canal, prolongando as ruas do Senador Euzebio e do Sabão do Mangue, formar-se-ão duas extensas e largas avenidas arborizadas oferecendo transito no centro para os carros e dos lados largos passeios ás pessoa a pé e a cavalo.

Todo o terreno marginal ao canal, desde a ponte da rua de Miguel de Frias até sua foz deverá ser aterrado, fazendo desaparecer aqueles pântanos tão prejudiciais á saúde publica e de tão repugnante aspeto, e convertendo-se assim os alagadiços em terrenos úteis de subido valor pela posição que ocupam em relação ao mar.

A comissão não se demorará em encarecer as vantagens que resultarão da execução desse grande melhoramento; mas não deixará de observar que sem o prolongamento do canal nunca se poderá conseguir o dessecamento completo dos pântanos existentes em diferentes lugares daqueles bairros, pântanos que provém da falta de canalização regular das águas das montanhas.

Foi mesmo esta a razão de que mais pesou no animo de cada um dos membros da comissão para preferir a conclusão do canal á sua obstrução. Sendo considerável a quantidade d'água que em ocasiões de chuvas torrenciais descem da serra da Tijuca, e duvidoso que por meio de galerias cobertas de conseguisse dar-lhes pronta saída para o mar, salvo construindo-se essas galerias com dimensões extraordinárias que elevariam o seu custo a somas enormes.

Ligados ás obras do canal do mangue estão outros melhoramentos de não menor importância para a salubridade publica e para facilidade de comunicações naquela parte da cidade. Tais são a abertura de ruas praças e avenidas, além do aproveitamento de terrenos baixos e pantanosos.

Um dos maiores defeitos que se notam na parte antiga da cidade são a estreiteza e grande sinuosidade de suas ruas, do que resultam não somente dificuldades á circulação dos veículos e das pessoas a pé, mas ainda impedimento sensível á renovação do ar viciado por tantas causas no interior das habitações.

No traçado das ruas nos novos bairros a comissão teve muito em vista evitar este inconveniente, dando ás que projetou, e que devem servir de base ás subdivisões em quarteirões, larguras muito acima do comum no Rio de Janeiro.

A comissão procurou atender principalmente á necessidade palpável a todos de uma via de comunicação direta do Campo da Aclamação á raiz da Serra do Andarai.

Depois de tentar diversos traçados tendentes a alargar e retificar as ruas do Conde d'Eu, do Engenho Velho e do Andarai, que constituem atualmente a principal artéria de comunicação para aquele arrabalde, reconheceu que qualquer desses traçados seria extremamente dispendioso por envolver a destruição de numerosas propriedades, muitas das quais de elevado custo, e nunca daria em resultado uma avenida regular e de largura uniforme. Buscando, pois, uma nova direção para satisfazer aquele fim, traçou a comissão uma avenida que, partindo do Campo da Aclamação, no lugar onde começa a rua do Areal, junto do senado, estende-se em linha reta até a rua do Portão Vermelho, passando por detrás da caixa d'água do Barro Vermelho, e portanto sobre os terrenos baldios que ficam entre as ruas do Conde d'Eu e do Sabão do Mangue.

Da rua do Portão Vermelho em diante essa avenida obliqua á direita, acompanhando por certa extensão a rua Andarai Grande, e limitando desse lado o terreno que deve ser destinado ao estabelecimento de um Horto Botânico e Jardim Zoológico, conforme já indicamos.

A largura da avenida deve ser de 40 metros, sendo 18 metros para a calçada e 11 metros para cada um dos passeios laterais, que devem ser ornados de duas filas de arvores. Sua extensão em linha reta do Campo da Aclamação até a rua do Portão Vermelho é de 4.870 metros, e dai em diante pode vir a ter um desenvolvimento de mais de 1,500 metros.

Perto da travessa da Babilônia cruza-a quase em angulo reto outra avenida, que do lado esquerdo se estende até a rua Andarai Pequeno, no lugar onde vem sair a rua Fabrica das Chitas ou do Comendador Izidro Borges, por meio da qual ficará em comunicação com os bairros do Trapicheiro e da Fabrica das Chitas, e pela rua do Andarai Pequeno com a subida da Serra da Tijuca. Do lado direito estende-se essa avenida transversal até além do prolongamento do Boulevard Vinte e oito de Setembro, limitando a frente do terreno destinado ao Jardim Zoologia e Horto Botânico, e passando defronte do lugar em que tem de ser construído o palácio da universidade.

Nesta mesma avenida transversal vem terminar as ruas que margeiam o prolongamento do canal do Mangue, formando-se no ponto de junção uma praça circular de 150 metros de diâmetro, na qual ficarão situadas as duas entrada, uma de cada lado do canal, para o jardim zoológico e horto botânico.

O prolongamento do Boulevard Vinte oito de Setembro do portão da Vila Isabel, onde atualmente termina até a Rua São Cristóvão, é outra linha direta de comunicação que se torna indispensável para os terrenos da Vila Isabel e para os que lhe ficam á direita.

A comissão projetou esse prolongamento com a mesma largura do Boulevard atual, que é de 26 metros, e admite uma fila de arvores em cada passeio.

Pela frente do portão da Coroa em São Cristóvão traçou a comissão uma Avenida também de 40 metros de largura, que se prolonga em linha reta, de um lado, ate a Rua Engenho Velho, cortando o canal e as duas Avenidas longitudinais, e formando uma praça circular de 200 metros de diâmetro no ponto de cruzamento com a grande Avenida que parte do Campo da Aclamação; e do outro lado, formando com o primeiro um angulo muito obtuso, vai sair na Praça D. Pedro I, pondo assim o bairro da S. Cristóvão em comunicação com os do Andarai, do Engenho Velho e do Rio Comprido.

Entre o canal do Mangue e a Rua do Conde D' Eu, cortando a grande Avenida que corre paralelamente aquele canal, projetou a comissão diversas Ruas de 20 a 25 metros de largura, a maior parte das quais tem de atravessar os terrenos, atualmente alagadiços, fronteiros á casa de correção, os quais, com os trabalhos ora propostos, ficarão dessecados, e serão aterrados para neles se fazerem quaisquer construções.

No espaço que atualmente ocupa o matadouro, aumentado com os terrenos adjacentes até a vala que passa nos fundos da chácara do Sr. Visconde de Mauá, projetou a comissão um grande parque, e dentro deste um vasto edifício destinado a servir para exposição permanente de machinas e aparelhos aplicados á industria e principalmente á agrícola, que é a principal base da riqueza nacional.

É tão intuitiva a utilidade de um estabelecimento desse gênero entre nós, que a comissão não julga necessário demorar-se em mostrar as razoes em que se fundou para inseri-lo no seu projeto de melhoramentos da cidade.

Já em 1872 um dos abaixo assinados teve ocasião de chamar a atenção do ministério da agricultura para este assunto, cuja importância revela-se imediatamente a quem considera o estado de nossa lavoura, comparada com a de outros países onde o emprego de agentes mecânicos cada vez mais aperfeiçoados multiplica em elevada proporção a quantidade de trabalho útil produzido pelo homem, e eleva na mesma escala o bem estar das classes agrícolas, desenvolvendo-lhes a inteligências e o gosto pela vida dos campos.

É indispensável, se queremos ver a indústria agrícola atingir no Brasil o nível necessário para poder competir com a de outros países, que os nossos lavradores possam verificar a importância e vantagens da aplicação das machinas e reconheçam quanto o seu emprego, judicioso e proporcionado aos meios de cada um, pode reduzir o trabalho muscular e aumentar a produção e a riqueza individual. É necessário que eles possam estudar o modo de usar dessas machinas e ver as que mais convém ao seu gênero de lavoura e ás condições locais. Por outro lado, os fabricantes, postos em contato com as nossas classes agrícolas, aprenderão destas quais as modificações que convém introduzir nos seus aparelhos para adapta-los melhor ao nosso solo e aos seus variados produtos.

E tais vantagens não podem ser obtidas em quanto não houver aqui, e em algumas das províncias do Império, vastos estabelecimentos como esse que a comissão projetou dentro do parque que deve ser construído em S. Cristóvão.

Não propomos um palácio monumental, como os que Paris e Londres se orgulham de possuir.

O que nos convém é ter um grande edifício, o mais modesto possível, onde a luz penetre em abundância por todos os lados, e possa acomodar machinismos em movimento, dispostos de modo que seja fácil examina-los por todos os lados e vê-los funcionar.

A entrada principal do parque será no mesmo lugar onde hoje é a entrada para o matadouro, e ali projetou a comissão uma praça de forma elíptica, á qual vem convergir diversas ruas, como convém para facilitar a admissão do publico nos dias de grande afluência.

O parque é limitado nos fundos por uma rua de 25 metros de largura, que começa no portão da coroa, forma um angulo na Rua de S. Cristóvão e vai ter ao prolongamento do canal em direção ao mar.

Entre essa rua e o mar, no espaço que tem de ser aterrado de um e outro lado do canal, estão projetadas varias ruas, umas perpendiculares e outras proximamente paralelas ao novo cais que tem de ligar a ponta da Chicorra á raia dos Lázaros, formando ali um quarteirão para casas de comercio e estabelecimentos industriais.

Quanto á rua de S. Cristóvão, que é a mais importante daquele bairro, a comissão limita-se a indicar que seja somente retificada e alargada em alguns lugares, conservando-se-lhe a direção geral que hoje tem.

O cais de que já temos feito menção e por meio do qual ficará ligada a ponta da Chichorra á praia dos Lázaros, estabelecendo comunicação direta entre os bairros da Gamboa e de S. Cristóvão, forma junto aquela praia um arco de circulo, e deve estender-se em seguida até além da praça de S. Cristóvão. Está projetado com a largura de 50 metros para que possa ser arborizado e prestar-se convenientemente aos fins de sua construção.

Uma vez construído esse cais e aterrado todo aquele espaço triangular que atualmente fica em grande parte descoberto nas marés baixas, parece á comissão que é esse o melhor local para a colocação da estação marítima da estrada de ferro de D. Pedro II. Assim, projetou a comissão um ramal desta estrada, partindo de dentro do parque de S. Cristóvão, e seguindo pela margem esquerda do prolongamento do canal até o referido cais, além do qual continuará sobre uma ponte de mais de 500 metros de extensão de encontrar fundo suficiente para a atracação de navios de grande calado, como os que se empregam no transporte dos nossos gêneros de exportação.

Construída a estação marítima da estrada de ferro de D. Pedro II, os gêneros de exportação, que por esta vem, podem ali ser arrumados e depois transferidos para bordo dos navios sem necessidade de serem baldeados, como hoje se faz, através das ruas da cidade, em carroças pesadas, que tanto dificultam a circulação de outros carros. Admitindo-se mesmo que muitos exportadores queiram embarcar seus gêneros nos trapiches da cidade, a baldeação pode-se fazer por mar muito mais facilmente do que por terra.

Para a própria estrada de ferro D. Pedro II, a estação marítima será um valioso auxiliar, porque lhe permitirá receber facilmente os artigos que para seu custeio e obras novas manda vir da Europa, e faz transportar com grande despesa e dificuldades através das ruas da cidade.

Muitos ramais nas mesmas condições desde, e executados por empresas particulares, já existem em diversos pontos da estrada de ferro, e experiência parece ter demonstrado que são eles de grande utilidade aquela importante via de comunicação, que o Estado tomou sobre si a tarefa de estender até os centros de produção, incumbindo-se somente da industria de transportes de estação a estação e deixando aos particulares o campo livre para todas as outras que a esta se filiam.

Nenhum inconveniente, pois, haverá em que fique a cargo de uma empresa a estação marítima, a qual todavia pode ficar pertencendo á administração da estrada de ferro D. Pedro II, indenizando esta a empresa do canal das despesas que fizer com a preparação do local, construção de cais, etc.

Entretanto a comissão não trata aqui deste assunto, que reconhece ser mais da competência Obras Publicas, senão porque considera a referida estação marítima como um complemento indispensável das obras do prolongamento do canal do Mangue em direção ao mar, e um elemento de receita, único capaz de contrabalançar as grandes despesas que exige a realização dos melhoramentos propostos.

A comissão incluiu igualmente no seu projeto a construção de uma capela ao lado direito da estrada de ferro D. Pedro II e sobre a margem direita do canal, por não haver atualmente um templo nas proximidades daquele lugar, e destinou os lados da bacia de bifurcação do canal em direção ao mar para o estabelecimento de uma grande praça de mercado, porque ali poderão facilmente ir ter todas as verduras e outros gêneros alimentícios trazidos quer pela estrada de ferro D. Pedro II, quer em embarcações pelo canal.

Os planos que acompanham esse relatório mostram com clareza o complexo das obras que a comissão propõe para serem executadas na parte da cidade que se estende do campo da Aclamação á raiz da serra do Andarai. Os principais desses melhoramentos são os que acabam de ser descritos, e se resumem nos seguintes:

1°) Desobstrução do atual canal do Mangue e o seu prolongamento até perto da raiz da serra do Andarai em uma extensão de 2.790 metros, devendo terminar ai em um lago, para o qual serão canalizadas as águas que descem das montanhas.

2°) Construção de um tronco comum, ligando os dois ramais do canal com o mar entre as ilhas dos Melões e das Moças, interpondo-se entre os ramais e tronco uma bacia de 80 metros.

3°) Construção de um cais ligando a ponta da Chichorra com a praia de S. Cristóvão, passando pela frente daquelas ilhas.

4°) Aterro dos terrenos que ficam por detrás desse cais e abertura de diferentes ruas nos mesmos terrenos depois de consolidados.

5°) Construção de um ramal da estrada de ferro D. Pedro II sobre a margem esquerda do canal e de uma estação marítima para a mesma estrada, com a extensa ponte para a atracação de navios de grande calado.

6°) Abertura de largas avenidas de um e outro lado do canal e em toda a sua extensão.

7°) Abertura de uma grande avenida a partir do campo da Aclamação até o Andarai, com largos passeios arborizados.

8°) Abertura de outra avenida no prolongamento do boulevard Vinte e oito de Setembro, com a mesma largura deste, até a rua de S. Cristóvão.

9°) Abertura de outras avenidas transversais, cortando as primeiras em ângulos quais retos.

10°) Preparação de um vasto jardim zoológico e horto botânico, contornado de largas avenidas, no lugar em que vai terminar o canal prolongado.

11°) Estabelecido de um grande parque em S. Cristóvão, e dentro deste a construção de um edifício apropriada á exposição permanente de machinas e aparelhos destinados á indústria agrícola.

12°) Abertura de diferentes ruas e praças, e retificação e alargamento de outras.

13°) Aterro e dessecamento dos pântanos existentes entre a rua Conde D' Eu e a do Sabão do Mangue.

14°) Finalmente, construção de uma capela e de uma praça de mercado junto ao canal.

Quanto aos melhoramentos de importância secundaria, e que se reduzem á abertura de pequenas ruas e á retificação e alargamento de outras, a comissão não julga necessário entrar aqui em minucioso desenvolvimento, e limita-se a pedir a atenção para os referidos planos.

No desempenho desta primeira parte de sua honrosa, mas árdua tarefa, supõe a comissão ter, tanto quanto lhe foi possível, cumprido as instruções que recebeu de V.Ex.

No traçado das novas ruas e avenidas a comissão procurou conservar as direções retilíneas tanto quanto o permitiam os acidentes do terreno e as construções existentes, sem perder de vista as condições de beleza e as conveniências da circulação. Extensas ruas em linha reta nem sempre produzem bom efeito, por que a uniformidade dá-lhes geralmente um aspecto monótono e triste, ou pelo menos fatiga a vista de quem as percorre. Algumas inflexões de alinhamento são necessárias para produzir variedade e mostrar os edifícios sob ângulos diversos; e determinam igualmente efeitos de sombra e de luz, que contribuem para realçar a beleza do panorama, oferecendo novos pontos de vista.

A quase todas as avenidas a comissão deu a largura de 40 metros, que admite uma calçada de 18 metros e dois passeios laterais de 11 metros cada um. Nas outras avenidas e ruas a largura varia de 25 até 15 metros, que é a mínima capaz de admitir arvores nos passeios laterais. Uma folha de desenho anexa aos planos da cidade mostra o perfil tipo para cada largura de rua.

Determinando essas dimensões, a comissão teve em vista a facilidade de circulação e a conveniência de abundante ventilação, aproveitando do melhor modo a área do terreno disponível e prejudicando o menos possível ás construções existentes. A uniformidade de largura não era admissível para todas as ruas, e nem a comissão cogitou de estabelece-la.

Correndo as principais artérias em direções normais ás montanhas que circundam a planície, o escoamento das águas pluviais será fácil, ainda mesmo sem dispendiosas obras de canalização.

Quanto ás regras essenciais que devem ser observadas nas construções de edifícios particulares, entende a comissão que deve limitar-se a indicar as que interessam á salubridade das habitações, e a designar os limites de altura que convém dar aos pés direito dos prédios. Em sua opinião não convém marcar para os edifícios de cada rua um tipo de fachada. Neste ponto é preciso deixar a cada um a liberdade de construir segundo seus gostos, seus hábitos e suas conveniências pessoais; o aspecto exterior de cada casa deve denunciar o fim a que é destinada ou a posição social dos que a habitam. A uniformidade na aparência seria prejudicial á beleza das construções e daria uma idéia falsa do seu interior. É conveniente a variedade, não somente no caracter e ornamentação dos prédios, mas ainda na sua largura e na altura dos andares, com tanto que esta não se afaste dos limites prescritos a bem da solidez da edificação e da salubridade dos aposentos.

A variedade nas formas é uma conseqüência inevitável da variedade das necessidades.

Isto posto, passa a comissão a examinar as questões de higiene que se prendem á construção dos prédios particulares.

A principal causa da insalubridade das casas em nosso país reside no péssimo sistema de sua distribuição interna. Construídas geralmente por homens práticos sem instrução alguma profissional e sem a menor idéia das condições de conforto e de higiene, que devem presidir á disposição dos aposentos, são as nossas habitações desprovidas dos meios de ventilação e de renovação de ar nos quartos de dormir, e de muitos outros cômodos indispensáveis em uma residência.

Alheios ás mais simples noções de estética e até muitas vezes aos mais insignificantes preceitos da arquitetura, esmeram-se os nossos mestres de obras em sobrecarregar as fachadas dos prédio com molduras e cimalhas sem sujeição , já não diremos, ás regras da arte em que tanto primaram a Grécia e a antiga Roma, e que ainda hoje merece tanto cuidado nos países mais cultos, mas ás leis mais simples da conveniência e da harmonia; intercalam ornamentos sem gosto, nem justeza nas proporções; distribuem irregularmente as aberturas dos edifícios, empregando nelas pesadas e dispendiosas ombreiras e vergas de cantaria mal lavrada, que ás vezes são mais tarde pintadas ou caiadas; decoram as vidraças com vidros de cores variadas e mal combinadas, cujos efeitos são além de prejudiciais, desagradáveis á vista; forram freqüentemente as paredes exteriores com azulejos que absorvem o calor solar e aquecem horrivelmente o interior das casas; fazem, enfim, como essas, muitas despesas inúteis que além de darem ás nossas ruas uma aparência sem arte e sem gosto, imprópria sem duvida da nossa civilização, tornam-se ainda nocivas ao conforto do interior do lar. E, entretanto, descuidam-se dos arranjos mais essenciais á salubridade das habitações. Os quartos de dormir são em geral alcovas mal arejadas, que só recebem a luz do dia através de outros aposentos.

Nas cozinhas não há receptáculos apropriados de águas servidas, nem encanamento para estas.

As varreduras e outros resíduos domésticos, contendo matérias vegetais e animais, que se decompõem rapidamente neste clima tropical, são em varias casas conservados por muito tempo com prejuízo sério da saúde de seus habitantes.

Poucas são as casas providas de closets, e os que existem, sendo destituídos de meios de ventilação, tornam-se àspiradores de gazes mephiticos dos sumidouros ou dos esgotos das ruas.

Estes, pelo sistema de construção e falta de aparelhos apropriados de ventilação e desinfecção, tem contaminado todo o subsolo da parte da cidade onde se acham estabelecidos, corrompendo o ar em todos os pontos onde os gazes acham meios de se desprenderem na atmosfera e viciam ainda as nossas praias nos lugares onde os líquidos são despejados.

E causa notável, ao passo que os romanos compreenderam perfeitamente a necessidade da ventilação nos condutos subterrâneos, como atestam os poços que ainda hoje se notam em alguns de seus antigos encanamentos, e as obras de esgoto ainda visíveis nas ruínas do Coliséo em Roma, ao passo, dizemos, que aquele povo antigo conhecia a importância vital para a salubridade publica de impedir a entrada dos gazes de esgotos no interior das casas, parece, entretanto, que os engenheiros que vieram aqui introduzir esses obras não atendiam a tão comesinhos princípios da sciência sanitária.

Disse um engenheiro notável que esgotos sem ventiladores apropriados são muito mais perigosos do que caldeiras de vapor sem válvulas de segurança.

A experiência tem, com efeito, demonstrado quão perniciosas são as conseqüências da falta de ventilação nos esgotos, ou quando os aparelhos adaptados são imperfeitos; pois nas cidades onde isso se dá tem-se notado que a febre typhoide e outras moléstias do mesmo caracter tornam-se endêmicas. A cidade de Croydon, na Inglaterra, fornece-nos disso uma triste prova. As obras de esgoto foram ali projetadas de modo que todas as matérias fossem rapidamente descarregadas dos canos e estes lavados com tão copiosa quantidade d'água, que a decomposição não pudesse ter lugar; mas a pratica demonstrou o erro dessa teoria e a insuficiência de ates meios, porque, apenas concluídas as obras de esgoto, foi a cidade visitada pôr uma epidemia de febre typhoide, que elevou a mortalidade de Croydon de 18,53 por mil, que era em 1851, a 28,57 por mil em 1853, que foi quando o sistema começou a funcionar; e só mais tarde, depois que os esgotos foram providos de aparelhos eficazes de ventilação, desapareceram as febres e a taxa da mortalidade baixou 18 por mil; fato notável em uma cidade de cerca de 60.000 habitantes.

Muitos outros casos, como este, poderiam ser citados, dos perniciosos efeitos da falta de meios apropriados de ventilação dos esgotos; e esta mesma cidade do Rio de Janeiro é um exemplo patente a todos.

Não é menos prejudicial á salubridade desta capital a falta de impermeabilidade dos seus canos de esgoto. Erradamente construídos com o fim, segundo cremos, de concorrerem também para o dessecamento do subsolo e tendo por conseguinte interstícios na parte superior; devendo, além disso, ter muitas juntas em mão estado como conseqüência das alterações que tem sofrido os calçamentos, deixam esses canos escapar gazes que se infiltram no subsolo poroso e pela ação capilar vão-se estendendo até debaixo das casas. É mesmo possível que os próprios líquidos, elevando-se acima daqueles orifícios, derramem-se no terreno e ali acumulem focos de infecção, cujos maus efeitos se sentem quando, na abertura de valas para quaisquer fins, rasga-se a camada impermeável do calçamento. Ë o que aconteceu em 1871 no bairro do Cattete.

A comissão entende igualmente que o sistema aqui adaptado de se lançarem ao mar os líquidos separados da parte sólida, tendo apenas passado por um processo de desinfecção muito imperfeita, deve prejudicar á salubridade do lugar; e acredita que analises e experiências feitas com todo o cuidado demonstrarão a procedência desta asserção.

O mau resultado que o Rio de Janeiro tem colhido do seu sistema de esgotos não é, pois, devido unicamente á falta de um abundante suprimento d'água para lavagem dos canos, como acreditam algumas pessoas. Há no sistema vícios graves que devem ser quanto antes corrigidos.

A comissão deixa, entretanto, de estender-se mais sobre este assunto, que já foi objeto de um relatório apresentado por um de seus membros ao Ministério da Agricultura em 1872, e do qual ocupou-se recentemente uma comissão de abalizados profissionais, nomeada pelo mesmo ministério. E passa a tratar especialmente da ventilação e desinfecção dos closets no interior das habitações.

Ali mais do que nos canos de esgotos gerais são indispensáveis os aparelhos de ventilação, porque os gazes que se escapam nas ruas, diluem-se em grandes massas de ar atmosférico, que neutralizam-lhes aos menos parte dos compostos orgânicos e diminuem seus efeitos destruidores, ao passo que quando os mesmos gazes são atraídos ao interior das casas, sobretudo á noite, concentram-se em um pequeno espaço fechado e viciam o ar já em parte privado de seus princípios vitais pela respiração animal.

E aqui convém consignar um fato importante, e é que a presença ou ausência do mau cheiro nem sempre é indicio de inficionamento ou pureza do ar: tem-se notado que alguns dos gazes mais perniciosos são destituídos de cheiro.

Estudando-se os fenômenos que se dão no interior dos canos de esgotos reconhece-se logo a necessidade indeclinável de ventiladores eficazes.

No interior desses canos o ar está continuadamente sujeito a expansões e condensações produzidas pelas diferenças de temperatura das massas líquidas lançadas nos encanamentos, e a força expansiva do ar, sob a influência de um aumento de temperatura, ainda mesmo de pequeno numero de grãos (pois o ar dilata-se de 1/491 parte por cada acrescimento de 1 grão Fahrenheit) é bastante para romper a fraca coluna d'água que enche o sifão dos closets.

A diferença de temperatura entre o ar exterior e o interior dos esgotos é outra causa que concorre para atrair os gazes dentro dos aposentos. Se no verão a temperatura do ar exterior deve ser geralmente superior á do interior dos encanamentos, o contrário dá-se no inverno, e neste caso os gazes dos esgotos tendem a escapar-se para o interior das casas.

A causa, porém, mais enérgica de escapamento de gazes é a variação do volume da massa líquida acarretada pelos encanamentos, variação cujo efeito é comprimir ou dilatar o ar no interior dos canos.

Supondo-se, por exemplo, que um encanamento esteja cheio até a metade, e que nova carga de líquidos venha aumentar o volume de mais uma Quarta parte, os gazes que antes ocupavam metade do tubo ficarão comprimidos na metade do volume primitivo, e como a pressão dos gazes é inversamente proporcional ao volume que ocupam, a pressão será aumentada de uma atmosfera, equivalente a uma coluna d'água de cerca de 10 metros de altura sob uma tal pressão é evidente que a pequena coluna dos closets não podem oferecer resistência alguma, se os encanamentos não estiverem providos de meios suficientes de ventilação.

O abaixamento da pressão barométrica também provoca o escapamento dos gazes dos esgotos e favorece a decomposição.

As considerações que precedem mostram quanto é indispensável prover de meios eficazes de ventilação, não só os canos que ligam os closets aos encanamentos das ruas ou aos sumidouros, mas também os que conduzem as águas servidas aos encanamentos gerais.

Desses meios o que até hoje tem provado melhor ainda é o que usavam os romanos na drenagem dos edifícios, e que consiste na colocação de tubos indo do ponto mais elevado do encanamento, o mais próximo possível do closets, até acima do telhado das casas.

Esses tubos podem ser providos de aparelhos de desinfecção na parte superior, e devem ser colocados do lado de fora das paredes.

É conveniente que tenham as juntas bem estanques e não terminem perto dos topos das chaminés, nem de janelas de outras casas.

Um erro grave que se comete em muitas casas é o de se ter um só deposito d'água para todos os usos domésticos e para suprimento dos closets. Desta disposição resulta que o tubo condutor d'água do deposito para o closets torna-se um aspirador de gazes impuros que vão contaminar a água do deposito, a qual facilmente absorve as impurezas. O meio mais simples de evitar esse mal consiste em se ter um deposito especial para cada closets.

Convém igualmente que os closets sejam colocados o mais longe possível dos quartos de dormir e em aposentos arejados, com aberturas mais próximas do teto do que do soalho.

Os encanamentos de águas servidas não devem ter comunicação direta com os esgotos gerais. Um aparelho simples em forma de sifão, e ao qual deve ser adaptado o ventilador, pode servir para receber as águas servidas e passa-las para os esgotos das ruas.

Há ainda um objeto que reclama toda a atenção, pelo importante papel que representa entre as causas as insalubridade desta cidade: referindo-se ás fossas de despejo, vulgarmente conhecidas sob a denominação de sumidouros. Estes focos de infecção, que existem em muitas casas do Rio de Janeiro, nos bairros onde ainda não foram assentados os encanamentos gerais, constituem pelo modo porque são construídos um perigo iminente para os habitantes desses lugares, e devem ser proibidos, ou pelo menos sujeitos a medidas que atenuem seus maus efeitos.

Esses sumidouros consistem geralmente em uma câmara de maior ou menor capacidade, cavada no solo, revestida de alvenaria de pedra seca e coberta de lajes á qual vão ter os canos dos closets e das águas servidas. Algumas vezes o revestimento é substituído por um simples tonel sem fundo enterrado no chão, e em outros é ele inteiramente suprimido.

Em tais reservatórios de matérias orgânicas em constante fermentação formam-se gazes mephiticos da pior espécie, que infeccionam o ar e invadem sem cessar as habitações; e os líquidos carregados de impurezas, infiltrando-se no subsolo, estendem-se até grandes distancias e vão corromper as águas dos poços, que em muitas casas servem para vários usos domésticos. A epidemia desenvolvida, não há muito tempo, em Buenos Ayres não teve outra causa.

A condição fundamental de uma fossa de despejo para que possa ser, não permitida, mas tolerada, é ser perfeitamente estanque; e dizemos tolerada porque tem-se reconhecido que é quase sempre impossível obter-se perfeita impermeabilidade, ainda mesmo empregando-se alvenaria hidráulica para revestimento das paredes e dos fundos e para a cobertura das fossas: a desigualdade de resistência do solo, as trepidações a que este está sujeito, o contacto de matérias corrosivas, a falta de cuidado na construção ou a má qualidade dos materiais, ocasionam cedo ou tarde a formação de fendas nas paredes ou no fundo das fossas, por onde os líquidos escapam-se para o sub-solo.

As perniciosas conseqüências desse systema são apontadas por todos os profissionais que na Europa tem sido incumbidos do exame das questões relativas ao saneamento das cidades; e é sabido que a elevação da taxa da mortalidade em Paris em outras cidades da França em relação ás cidades inglezas, onde s 'e faz uso dos esgotos de circulação continua, é principalmente devida ao uso que fazem os francezes das fossas de despejos, ainda que construídas e conservadas com muito cuidado sob a rigorosa vigilancia das autoridades.

Se, apezar de executado com toda a perfeição, o systema dá lugar a maléficos resultados, é fácil imaginar quaes devem ser os effeitos produzidas entre nós por esses receptáculos immundos, d'onde se desprendem gazes infectos e cujos líquidos impregnados de miasmas morbificos se derramam livremente pelo sub-solo das habitações e vão se confundir com as águas de alimentação das casas.

Quasi sempre com esses sumidouros coincidem closets imperfeitos, sem água e desprovidos de todo a meio de ventilação, quando não acontece que as proprias fossas, cobertas apenas por algumas taboas, servem ao mesmo tempo dia closets.

Parece incrível que em uma cidade, como esta, onde o luxo vai invadindo todas as classes da sociedade, sejam permitidos tão repugnantes e perniciosos meios de remoção das matérias fecaes, meios que poderíamos chamar de acondiciona- mento dessas matérias para melhor produzirem to-dos os seus effeitos destruidores da saúde publica.

Mas essa é a verdade, e cumpre aponta-la em toda a sua nudez para que cada um compreenda bem a necessidade de, economisando em outros objetos de pura vaidade, não poupar despesas para dotar suas habitações de ciosets asseiados esgotos convenientes.

As mesmas causas que produzem os phenomenos de compressão e dilatação dos gazes no interior dos encanamentos de circulação continua ,terminam effeitos análogos dentro das fossas abertas, o nestas com maior intensidade, porque capacidade é menor.

Esses gazes são também de natureza inflamável, como provam alguns fatos de explosão observados em Paris.

E se não se acumulam em quantidade suficiente para comprometerem a solidez da cobertura as fossas é porque a falta de impermeabilidade do envoltório permitte-lhes escaparem-se em todas as direções para irem produzir efeitos não menos desastrosos corrompendo o sub-sólo e o ar dos aposentos.

A comissão entende que é necessário tomar providencias promptas e enérgicas que ponham termo a um mal de tanta gravidade. Convém fazem obstruir os sumidouros que existem atualmente e obrigar os proprietários das casas, onde existem, a substitui-los, na falta de esgotos de circulação continua, por fossas perfeitamente estanques, providas de aparelhos de ventilação especial para fossa e outra para o closets. empregando-se naquela o sistema de desinfecção pelo carvão de madeira.

Taes fossas devem ser esvaziadas periodicamente e ficar sujeitas à mais rigorosa vigilância das autoridades.

A comissão aconselha também o uso do sistema Moule, cuja aplicação foi autorizada na Inglaterra, e que consiste no emprego de um deposito a terra seca adaptado ao closets e munido de um aparelho regulador da quantidade de terra que deve ser despejada sobre cada dejeção.

A terra seca reduzida a pó tem grande poder absorvente e destróe rapidamente os vapores nocivos e o mau cheiro.

Quando empregado convenientemente, este sistema tem provado bem e tem a grande vantagem de ser econômico.

Os productos que se retiram das fossas estanques e dos reservatórios do sistema Moule podem ser empregados para adubar e fertilisar as terras.

Os meios que ficam apontados não devem, porém, ser considerados senão como paliativos, e só aconselhados na falta de um conveniente sistema de esgotos de circulação continua, preferível qualquer outro quando construídos e conservados nas condições prescritas pela sciencia sanitária.

Se no interior das casas não existem os arranjos exigidos para o asseio, conforto e higiene das habitações, os que se fazem nas ruas para comodidade publica resentem-se do mesmo mal: os mictorios que por ai se tem colocado, desprovidos d'água corrente e com o interior exposto à curiosidade dos que passam, são focos permanentes e exalações fétidas, onde a decência não é menos sacrificada do que a salubridade publica. Apontados os defeitos, fica indicado o modo de remedia-los. Basta prover cada mictorio de uma pena d'água que o lave constantemente, e fecha-lo por todos os lados, de sorte que as pessoas que dele estiverem se servindo não possam ser vistas fóra.

Algumas dessas construções, feitas com elegância e conservadas com asseio, seriam mais úteis e teriam mais cabimento do que esses kioskos de varias côres e casas de quitanda com que ultimamente se tem atravancado as poucas praças que possuimos.

A umidade do subsolo das habitações é outra causa de insalubridade comum a quase toda a cidade do Rio de Janeiro, e principalmente a parte situada em planície, onde as edificações tem sido quase sempre feitas sobre pântanos mal desecados. Nas construções que se fizerem d'ora em diante convém evitar esse mal, o que se conseguirá facilmente com o assentamento de algumas filas de drenos de barro, de pequenos diâmetros, a cerca de 0m,60 abaixo da superfície do solo, fazendo-os comunicar com as sarjetas das ruas, quando a altura do terreno o permitir, ou com os encanamentos de águas pluviais.

Um abundante suprimento de água potável é outra condição de salubridade que falta ao Rio Janeiro. A experiência de outros paizes tem demonstrado que um bom sistema de esgotos, combinado com um abundante abastecimento de águas puras, tem sido medidas suficientes para reduzir, consideravelmente a taxa de mortalidade em muitas cidades. Mas em relação a este assunto, já debatido na imprensa e largamente desenvolvido no projeto apresentado pela inspeção geral das obras publicas desta côrte, a comissão limita-se a fazer votos para que o governo possa brevemente realizar tão importante melhoramento.

A plantação de arvores nas praças e ao longo dos passeios nas ruas, que tiverem largura suficiente para admiti-las, é uma necessidade indeclinavel para o Ria de Janeiro, e é de lastimar que objeto de tanta importância não tenha até hoje merecido toda a atenção da nossa municipalidade.

A utilidade das arvores como abrigo contra a ação do sol, sua influencia sobre a purificação do ar, e, mais que tudo, sua ação benéfica como meio combater a insalubridade produzida pelas matérias orgânicas e a grande humidade do sólo, são fatos incontestaveis que a comissão julga desnecessario encarecer.

Para reconhecer-se a influencia das arvores no saneamento dos terrenos basta atender a que pelas raízes ramificadas em todas as direções elas roubam á terra a água contendo em dissolução princípios orgânicos alteráveis e materiais salinas, e salinas, e pelas folhas a restituem á atmosfera, depois de ter assimilado para a sua própria nutrição e desenvolvimento uma grande parte com os compostos orgânicos e os sáes. No solo humido e poroso do Rio de Janeiro os vegetais devem ser, pois, considerados como poderosos agentes de desinfecção subterranea, e tanto mais eficazes quanto mais susceptiveis de rapido desenvolvimento forem os indivíduos plantados, porque absorverão mais rapidamente as matérias alteraveis e salinas contidas no subsolo.

A plantação e colocação das arvores devem ser feitas com inteligência e critério: convém distribui-las de modo que as raizes tenham bastante espaço para se estenderem sem serem prejudicadas pelos canos de esgotos nem pelos alicercers das casas; é preciso que as espécies sejam apropriadas à localidade e que a exposição lhes convenha; é, finalmente, indispensavel que um certo espaço em torno do tronco seja substituído por terra vegetal de boa qualidade e coberto por uma chapa de ferro vasada para impedir que a terra seja calcada em torno do tronco, e para facilitar ao mesmo tempo a admissão das águas e do ar exterior até as raizes. Quando há excesso de humidade no subsolo convém rodear cada arvore de tubos de drenagem postos em comunicação com os encanamentos gerais, com o que se consegue secar e arejar o terreno.

A limpeza e irrigação das ruas e praças são assuntos que altamente interessam à salubridade publica, e sobre os quais a comissão já teve oportunidade de emitir parecer. E' de absoluta necessidade que esses serviços sejam quanto antes organizados como convém à capital do Imperio, e não se poupem despesas para eleva-los ao grão de perfeição que tem atingido nas cidades da Europa. Neste clima tropical a lavagem das ruas e a remoção dos resíduos são tanto mais necessarios quanto a decomposição das matérias orgânicas é mais rápida e dá lugar a efeitos mais perniciosos.

A remoção das varreduras das casas e de outros resíduos domesticas deve ficar a cargo da mesma administração incumbida da limpeza das ruas, e é de toda a conveniência que as inmundicias não sejam depositadas sobre a calçada, mas despejadas diretamente nas carroças que as tem de transportar.

As águas estagnadas nas depressões das ruas, provenientes da imperfeição dos nivelamentos das calçadas ou de alterações destas em conseqüência do assentamento de carris de ferro, colocação de encanamentos, etc., são outros tantos focos de miasmas deletérios que convém remover prontamente, quer estabelecendo o declive regular dos calçamentos, quer melhorando a canalisação subterranea das águas pluviais, onde esta já existe, e estabelecendo-a nos outros lugares.

Tendo o ministério da agricultura nomeado ultimamente uma comissão para tratar deste objeto e organizar o projeto de canalisação das águas pluviais nas ruas e praças da cidade e seus arrabaldes, limitamo-nos a mencionar o assunto como devendo merecer toda a atenção a bem da salubridade publica.

De acordo com os principias que enunciou em relação à higiene e conforto das habitações, a comissão preparou e submete à consideração de V. Ex., no anexo n° 1, as regras essenciais que, no parecer da comissão, devem ser observadas na construção das casas particulares.

Mas a comissão julga do seu dever ponderar que, para obrigar os proprietários a observarem na construção de seus prédios as prescrições que o governo estabelecer a bem da salubridade e solidez das habitações é necessário que haja em cada um dos distritos em que for dividida a cidade um engenheiro ou arquiteto nomeado pelo governo ou pela municipalidade, ao qual devem ser submetidos todos os planos de construções particulares, dentro do mesmo distrito ficando a cargo desse funcionário a inspeção e fiscalização das obras até sua conclusão. Um pequeno imposto pago ao governo ou à municipalidade por cada prédio que se construir, variando a importância com a extensão da área e a altura da fachada do edifício, será suficiente para compensar as despesas que resultarão da criação daqueles funcionários. Este sistema está adotado em Londres, onde os district surveyors, que lá são remunerados pelos emolumentos cobrados sobre cada casa que se constrúe e por cada inspeção das que ameaçam ruina, são de grande utilidade para a observância dos regulamentos concernentes à construção dos prédios particulares.

Quanto à maneira de se realizarem as obras, cujo projeto é ora submetido a V. Ex., pensa a comissão que haveria toda a conveniência em ficarem a cargo do Estado, que poderia depois vender a particulares os terrenos beneficiados ao longo das novas ruas e avenidas.

Por este modo todas as vantagens pecuniarias resultantes da realização das obras reverteriam dentro de curto prazo aos cofres públicos, em proveito comum de todos; e os importantes melhoramentos de que esta capital é digna poderiam ser executados com prontidão e não seriam objeto de especulação mercantil. Prevendo, porém, a oposição que muito provavelmente encontraria a idéia de despender o governo elevado capital em obras que a muita gente parecerão de puro interesse local, embora se refiram à capital do Imperio, a comissão não duvida aconselhar que se entregue a execução do projeto a uma empresa capaz de leva-lo a efeito; e nessa hipótese submete a consideração de V. Ex., no anexo n° 2, as bases principais da concessão.

As obras que no parecer da comissão, devem ser feitas desde já são as que, segundo as referidas bases, a empresa tem de executar no prazo de oito anos, a saber:

1. Desobstrução do canal existente e arborização de suas margens:

2. Prolongamento do mesmo canal até o Andarai e construção do tronco em direção ao mar com todas as obras anexas, como galerias laterais, canalização e bacia de recepção das águas dos morros, pontes, etc.

3. Construção de um cais ligando a ponta da Chichorro à praia de S. Cristóvão.

4. Aterros dos pântanos e terrenos baixos de um e outro lado do canal.

5. Construção do ramal e estação marítima da estrada de ferro de D. Pedro II.

6. Abertura de avenidas sobre ambas as margens do prolongamento do canal em direção ao Andarai e do tronco em direção ao mar.

7. Abertura de uma extensa avenida desde o campo da Aclamação, canto da rua do Areal, até a rua do Portão Vermelho no Andarai.

8. Abertura de uma avenida transversal desde a rua do Andarai pequeno, canto da rua da Fábrica das Chitas, até encontrar o prolongamento do Boulevard Vinte e oito de Setembro.

9. Preparação de um jardim zoologico e horto botânico junto ao terreno em que tem de ser construído o palácio da Universidade.

10. Estabelecimento de um grande parque em S. Cristóvão, e dentro deste a construção de um edifício para exposição de machinas e aparelhos destinados à indústria agrícola.

11. Construção de uma capela e de urna praça de mercado junto ao canal e à estrada de ferro D. Pedro II.

As outras obras indicadas no plano geral consistem na abertura de varias ruas, praças e avenidas, e na retificação ou alargamento de algumas ruas existentes; e, se bem que sejam tais obras um complemento indispensável das que devem ser feitas desde já, não julga a comissão que se deva impor à empresa a obrigação de executa-las simultaneamente, porque exigiria isso o emprego de capital muito considerável, que não seria fácil obter.

Em relação a esses melhoramentos complementares basta que por ora, sendo aprovado o plano geral, fique estabelecido que todas as construções ou reedificações sejam no futuro subordinadas aos alinhamentos ali indicados, e a cidade irá pouco a pouco tomando a fôrma delineada no projeto, até que novos capitais se formem e se reunam em associação para concluírem-se todas as obras.

O orçamento anexo sob n° 3 mostra a importância total dos trabalhos que devem ser feitos desde já eleva-se a 32.000:000$000.

Com a execução desses trabalhos a empresa adquirirá uma extensa área de terrenos com cerca de 23.400 metros de testada e 40 a 100 metros de fundo em ruas e avenidas largas e arborizadas; terrenos que serão, por conseguinte, de subido valor e apropriados, quer para construção de habitações particulares, quer parę estabelecimentos comerciais ou industriais.

Para fazermos o calculo de rendimento supusemos que a empresa venderá esses terrenos a 1:000$000 o metro de testada, e os materiais provenientes das demolições por 600:000$000, ficando desse modo reduzido a 8.000:000$ o capital primitivo; e avaliamos aproximadamente em 640:0003000 a renda anual que produzirão o ramal e a estação marítima da estrada de ferro, o canal, o parque e palacio de exposição, o jardim zoologico e horto botânico, e a praça do mercado, o que corresponde ao juro de 8% do capital restante.

Verificamos assim que a empresa obterá vantagens razoaveis do emprego de seus capitais, e acreditamos que ainda mais lucrará se fizer por si mesma as edificações de prédios particulares, em vez de dispor dos terrenos. Entretanto, para que estes possam ter o valor que supusemos, é mister que os prédios que neles se levantarem sejam bonificadas não somente com os trabalhos a cargo da empresa, mas ainda com certos auxílios por parte do Estado, como isenção de decima urbana e dos direitos de transmissão de propriedade, concessão gratuita de penas d'água, etc., ao menos por um certo lapso de tempo.

Incluímos esses auxílios nas bases que organizamos para a concessão, e pensamos que em troca de tais auxílios conseguirá o Estado inúmeras vantagens que largamente compensariam ainda maiores sacrifícios.

Concluindo aqui este primeiro relatório, pedimos a V. Ex. que nos releve qualquer falta, sem duvida inevitável em trabalho de tanta magnitude, e sinceramente agradecemos a V. Ex. a subida prova de confiança com que nos distinguiu incumbindo-nos de urna tarefa que consideramos sumamente honrosa.

Deus guarde a V. Ex. - Ilm. e Exm. Sr. conselheiro Dr. João Alfredo Corrêa de Oliveira, muito digno ministro e secretario de estado dos negocios do imperio. - Francisco Pereira Passos. - Jeronymo Rodrigues de Moraes Jardim Marcelino Ramos da Silva.

ANNEXO N. 1 (*)

Regras para a construção de casas particulares.

Regulamento das construções

(* Relaciona-se a seguir somente a matéria regulada em cada artigo)

Art. 1° - Altura das fachadas das casas

Art. 2° - Afastamento das fachadas

Art. 3° - Altura edifícios nos cantos

Art. 4° - Altura nos afastamentos

Art. 5° - Altura mínima dos aposentos

Art. 6° - Saliência dos beirais dos telhados ou das varandas

Art. 7° - Face exterior das trapeiras

Art. 8° - Materiais das paredes

Art. 9° - Argamassa das paredes

Art. 10° - Projeção da base dos alicerces das paredes

Art. 11° - Espessuras mínimas das paredes exteriores e divisórias

Art. 12° - Espessura das paredes diferentes do artigo precedente.

Art. 13° - Espessura das paredes segundo a altura do andar.

Art. 14° - Espessura das paredes segundo a altura do andar.

Art. 15° - Características dos tijolos.

Art. 16° - Vigamento dos soalhos e coberturas

Art. 17° - Coberturas dos prédios

Art. 18° - Chaminés das casas

Art. 19° - Tratamento do piso de base dos fogões

Art. 20° - Distancia das peças de madeira às chaminés.

Art. 21° - Canos e condutores das aguas pluviais.

Art. 22° - Aberturas das casas

Art. 23° - Latrinas nas habitações.

Art. 24° - Encanamentos de esgotos

Art. 25° - Depósitos d'água potável.

Art. 26° - Depósitos das latrinas e mictorios.

Art. 27° - Dessecação do terreno destinado à edificação.

Art. 28° - As presentes regras serão aplicadas à construção dos novos prédios, e à reconstrução dos existentes, quando mais da metade destes, medida em metros cúbicos, for demolida.

ANNEXO N. 2(*)

Melhoramentos da cidade do Rio de Janeiro na parte compreendida entre o Campo da Aclamação e a Andaraí.

Bases para a concessão a uma empresa.

(*O anexo contém dez artigos que fixam os privilégios, obrigações, prazos, multas e requisitos legais exigidos da empresa a qual seriam concedidas as obras)

ANEXO Nº 3(*)

Melhoramentos da cidade do Rio de Janeiro na parte compreendida entre o Campo da Aclamação e o Andarai.

(* Detalha todo o orçamento, que se resume nos seguintes dados)

ORÇAMENTO. Despesa: Rs 32.000:000$

Receita: Rs 24.000:000$

Resta um capital de:....... Rs. 8.000:000$

Rendimento deste capital por ano: Rs.640:000$

Corresponde esta renda ao juro de 8% do capital acima de 8.000:000$.

SEGUNDO RELATÓRIO DA COMISSÃO DE MELHORAMENTOS DA CIDADE DO RIO DE JANEIRO

Rio de Janeiro em 29 de Fevereiro de 1 876.

Ilmo. e Exmo. Sr. -Em seu primeiro relatório indicou a comissão os melhoramentos de mais vital interesse para a parte da cidade que se estende do Campo da Aclamação ao Andarai e S. Cristóvão.

Entre as medidas propostas sobresahe a que se refere à conclusão do canal do mangue até o mar e seu prolongamento em linha reta até o Andarai, combinada com a construção de esgotos laterais e desobstrução da parte existente do canal, de modo a converter em uma obra de utilidade publica aquele receptáculo de inmundicias e permanente foco de infecções miasmaticas.

A comissão não tem motivo senão para insistir nas idéas e opinião que então emittio sobre tal objeto, pois as tem visto confirmadas pelos estudos a que posteriormente tem procedido e pelo parecer de profissionais competentes. Limitar-se-ha, pois, agora a pedir de novo a atenção de V. Ex. para o que já expoz naquele relatório.

O prolongamento do canal até o Andarai é, não menos que a sua conclusão até o mar, obra de incontestavel utilidade para o saneamento daqueles terrenos pelo escoamento direto das águas provenientes das montanhas circunvizinhas, e por outras razões que seria agora escusado reproduzir.

Como complemento indispensável à obra de melhoramento do canal indicou a comissão, entre outras medidas, o aterro dos pantanos marginais e o aproveitamento desses terrenos para; diversos fins, a saber: a construção de um ramal da estrada de ferro D. Pedro II sobre a margem esquerda do canal e de uma estação marítima para a mesma estrada com extensa ponte para atracações de grandes navios; o estabelecimento de um parque em S. Cristóvão compreendendo os terrenos do atual matadouro e outros proximos; a construção nesse parque de um edificio apropriado a uma exposição permanente; a preparação de um jardim zoologico e horto botânico na extremidade do canal prolongado; a abertura de avenidas, ruas e praças, etc.

No duplo intuito de diminuir a importancia dos aterros de um e outro lado do tronco do canal e aproveitar para uma doca destinada a pequenas embarcações a enseada existente entre a Praia da Chichorra e a Ilha das Moças, a comissão modificou o seu projeto primitivo de um cais direto ligando a Ponta da Chichorra com a Praia de São Cristóvão, passando pela frente das ilhas das Moças e dos Melões, e fez o referido cais contornar o lado - Este da primeira daquelas ilhas de modo a formar ali uma bacia aberta por um dos lados e de 88.748 metros quadrados de área.

A comissão delineou também as principais avenidas, ruas e praças, que além das projetadas sobre as margens do canal devem ser abertas, e as existentes que precisam ser retificadas ou alargadas naquela extensa parte da cidade.

Não se trata certamente de obras que tenham de ser executadas de chofre ou simultaneamente, que os recursos financeiros do país ainda não comportam; mas sim da organização de um plano geral ao qual fiquem subordinados os futuros alinhamentos, a fim de evitar que se continue a abrir ruas estreitas e tortuosas. Sem atender ás condições de salubridade publica e circulação geral.

Muitas, entretanto, das obras que projetou a comissão podem e devem mesmo ser levadas a efeito em curto prazo de tempo. O sacrifício de alguns milhares de contos, que para tão elevado fim faria o pais nos primeiros anos, seria sobejamente compensado pelos incalculaveis benefícios que dai colheria imediatamente.

Não basta calçar as ruas, iliumina-las a gás, dar água e esgoto ás casas: temos visto que só com alguns desses melhoramentos a cidade não tem lucrado muito nas suas condições higiênicas. É preciso remover os pântanos e outros focos de infecções permanente, rasgar novas ruas, que sejam outros tantos canais para a circulação de ar puro beneficio; e sobretudo modificar o atual sistema de construção das casas particulares, abolindo as alcovas sem luz direita, nas quais o ar viciado pela respiração animal e pelas inmundicias nelas acumuladas não pode ser facilmente renovado, e introduzindo as comodidades mais indispensáveis a uma habitação asseada e sã.

Para se reconhecer que a empreza não é tão dificil, ou ao menos tão desproporcional ás nossas forças, como muitos imaginam, basta atender a que nas cidades da Europa tem-se executado e se estão executando trabalhos semelhantes com os simples recursos locais.

Paris, que tem pretensões a ser a capital do mundo civilizado, foi a primeira a dar o exemplo de abertura de novas ruas e reconstruções em grande escala, que a principio foram consideradas como obras meramente de luxo e de aformoseamento para atrair à grande capital maior numero de estrangeiros.

Entretanto, os resultados econômicos obtidos nos primeiros ensaios, os beneficies que resultaram para a salubridade publica da substituição de casas antigas, mal construídas, por prédios novos feitos com todas as condições de conforto, e as vantagens colhidas para facilidade de circulação, animaram o governo francês a empreender reconstruções semelhantes segundo um plano geral e metódico em todos os bairros da cidade; a largas ruas e avenidas, ornadas de elegantes casas, têm ido pouco a pouco substituindo os quarteirões antigos, onde a população apinhava-se em casas insalubres, desprovidas das acomodações necessárias.

Outras cidades da França e principalmente Lyon e Marselha, não tardaram em seguir o exemplo.

Varias capitaes da Europa também imitaram Pariz. Vienna fez arrasar suas trincheiras, e, onde estas existiram, admiram-se hoje magníficas ruas que se extendem pelo coração da cidade e ramificam-se pelos arredores. Bruxellas, que não conta mais habitantes que o Rio de Janeiro, fez abater extensos quarteirões e abrir longas avenidas. Em Londres, na própria cíty, onde as casas 'têm um valor incalculável, os inglezes, considerados o povo mais conservador do mundo, não hesitararn em rasgar ruas largas e levantar elegantes predios naquelle labirinto de ruas estreitas e sinuosas, em que os representantes do comercio e da indústria vivem aglomerados e pagam sommas enormes pelo mais pequeno escritório. Edifícios grandes, construídos com todo o luxo architectural e conveníentemente divididos em repartimentos de variadas dimensões, todos bem arejados e nos quais a luz do dia penetra diretamente por áreas distribuídas em todo o edifício, acomodam atualmente mais escritórios, lojas, hoteis, etc., do que as mesquinhas casas que outrora se erguiam no mesmo espaço. E ainda ultimamente a repartição das obras (Board of Works) não duvídou pagar pelo palácio do duque de Nortbumberland uma soma consideravel, maior do que seria talvez necessária para desapropriar uma das ruas deste cidade, com o fim de abrir comunicação, se bem que curta, do Charíng Cross ao cais sobre o Tamisa.

A cidade do Rio de Janeiro, já importantíssima pelo seu comércio, riqueza e população, tem ante si um futuro imenso, que lhe garantem sua situação geográfica e a circunstancia de ser a capital de um dos mais extensos e mais férteis países do mundo.

Entretanto, nada se tem feito até hoje para dota-la de construções mais apropriadas ao nosso clima e de ruas que estejam em relação com as necessidades de seu trafego e satisfaçam ás imperiosas exigências da higiene publica.

Edificada a principio de modo a servir ás limitadíssimas conveniências comerciais dos primeiros tempos de sua fundação, tem-se extendido à medida do aumento de sua população, prolongando-se as antigas ruas até onde estas podiam chegar e formando-se outras sem subordinação alguma a um plano geral previamente estudado. No maior numero de casos os alinhamentos têm seguido a sinuosidade dos vales, acompanhando as fraldas dos morros. Em outros, e estes são os mais recentes, a única lei que preside à direção dos alinhamentos são o capricho e a conveniência dos proprietários dos terrenos em que se abrem as ruas. Não citaremos exemplos: eles ai estão espalhados por diversos bairros da cidade, onde quase todas as semanas se fazem leilões de terrenos para edificações em novas ruas alinhadas e abertas por qualquer agrimensor, sem sujeição algumas aos preceitos que deveriam ser impostos nestes casos.

As casas são construídas no mesmo estylo das antigas, sem arte, sem segurança e sem a mínima atenção ás condições especiais do nosso clima tropical; e se pelo aspecto exterior dão triste ideia de nossa civilização e de nossos sentimentos do beijo e do harmonioso, não pecam menos pela' falta, já não diremos de conforto, mas de acomodação sã aos que as habitam. Raras são as que têm quartos de dormir providos de janelas, quando nenhuma deveria existir com aposentos privados dessa condição essencial para a renovação do ar.

Aos que nunca viram senão o nosso sistema de construções, e nem ao menos tem-se dado ao trabalho de estudar seriamente o que se faz nos países em que se cura do conforto e da higiene das habitações, afigura-se impossível a edificação de um prédio com a largura que geralmente tem os desta capital, provido de janelas em todos os quartos.

Entretanto, nada é mais simples.

As casas na Inglaterra e nos Estados Unidos têm geralmente de 5 a 6 metros de largura, e ás vezes apenas 4m ou 4m5O, e no entanto lá se fazem os quartos com abertura para o exterior. Não é preciso para isso dar à casa extensão descomunal, transformando-a em longo corredor, com áreas de distancia em distancia: basta dividir-la em dois corpos separados por uma área, deixando um quintal na retaguarda. Ter-se-hão assim quatro, seis ou oito compartimentos conforme a largura do prédio: levante-se sobre o andar terreno um, dois ou mesmo três andares, e ter-se-a elevado ao duplo, triplo ou quádruplo o numero de aposentos.

Dê-se aos diversos andares de 3m0 a 4m50, de altura, e os prédios mais elevados ficarão apenas com 16 a 18 metros de pé direito, que já se observa em alguns construídos no Rio de Janeiro.

Outra causa de insalubridade reside na disposição dos soalhos em algumas casas.

Os do andar térreo são feitos a pequena altura acima do solo e por sua má construção deixam passar pelas juntas das taboas resíduos das varreduras, que acumulados por longo tempo entram em decomposição lenta e constituem focos de infecções miniasmaticas. Nos andares superiores o mesmo fato dá-se entre o forro e o soalho. Isto explica o mau cheiro que ás vezes se percebe em alguns aposentos depois de fechados por certo tempo.

Este mal é fácil de ser remediado: basta que haja todo o cuidado na junção das taboas que formam os soalhes, e que nos andares terreos, quando o vigamento não possa ficar bastante elevado para permitir a conservação do solo inferior em estado de asseio, se dê preferência ao ladrilho assentado sobre uma boa camada de concreto.

A comissão não exporá aqui as outras causas de insalubridade, das quais já tratou suficientemente em seu 1° relatório, e limita-se a aconselhar que na construção de nossos prédios se observam as regras que então propôs, repetindo mais urna vez:

Se queremos ver melhorado o estado sanitário do Rio de Janeiro, é absolutamente indispensavel acabar com esse sistema de distribuição das casas, em que se deixam os quartos de dormir sem janeiras e portanto sem os meios de renovar o ar. Cada uma dessas alcovas humidas e escuras, onde dormem varias pessoas, guarda-se a roupa suada, ajuntam-se águas sujas e outras inmundicias, é uma fonte perene de febre amarela, tifo, e outras moléstias, cujas causas se procuram alhures.

Seria, sobretudo, muito conveniente que a Ilma. câmara municipal fosse menos severa em suas posturas relativas ás fachadas das casas, e tomasse sobre si a tarefa de velar no sistema de construção e na distribuição interna das habitações para impedir que o espírito de ganância continue a atentar contra a saúde publica na edificação de casas para alugar.

Um pouco menos de exigência quanto à altura dos prédios e ás hombreiras e vergas de pedra permitiria aos proprietários de terrenos a substituição dos cortiços imundos por casas modestas levantadas no alinhamento de ruas secundarias, e destinadas ás classes menos favorecidas da fortuna.

Por outro lado uma inspeção quanto às condições de salubridade, conforto e segurança dos prédios, tornaria esta cidade mais habitavel, removendo muitos dos males que afligem a população.

Se no sistema de edificação das casas a necessidade de reforma importante, que assegure à população desta capital acomodações mais adequadas ao bem estar individual, não menos urgente se torna a adoção de um plano geral a que devam ser subordinadas as novas ruas que se abrirem, a fim de que em assumpto que interessa a todos não continue a preponderar a vontade arbitraria de cada proprietário de terrenos.

Na organização deste plano geral não se deve ter unicamente em vista satisfazer ás conveniências do presente sem atender ao progressivo aumento da população, comercio, e riqueza desta capital. Cumpre assentado sobre as largas bases do futuro a que está destinada esta grande cidade, ainda que a sua execução tenha lugar lentamente, acompanhando pari passu o desenvolvimento da população e com esta o de suas necessidades sempre crescentes, e pôr-se em pratica já o que for indispensavel com os recursos financeiros da época.

Nestas idéas assentou a comissão o seu projeto quanto ao traçado das novas ruas e retificação e alargamento das existentes.

O plano de uma cidade não pôde estar sujeito a uma norma invariavel, de aplicação constante, quaisquer que sejam as condições locais ou outras que possam ter influencia direta ou indireta nas conveniências sociais de cada povo. Os acidentes naturais do terreno, a natureza do clima, as conveniências do comercio e indústria influem necessariamente tanto nas disposições gerais do plano, como em cada uma de suas particularidades.

O traçado de uma cidade, diz Reynaud, é antes obre do tempo que do arquiteto.

O que este imaginará, será na forma regular; de geração simples, não comportando senão ruas dirigidas em linhas retas. Considerações de valor muito secundário dominarão em seu espírito, prevalecerão sobre o essencial de ordem mais elevada e delicada, e produzirão a aridez e a monotonia onde uma sã apreciação das verdadeiras conveniências teria dado amplidão e variedade. Será a convenção arbitraria substituída ao espírito vivificante.

Estas observações feitas sobre a criação de uma cidade se aplicam com mais razão ao plano de melhoramento se aplicam com mais razão ao plano de melhoramentos de uma já em grande parte edificada, porque o espírito preocupado com a idéa de uma fôrma geométrica preconcebida será necessariamente arrastado a desprezar vantagens reais que se prendem ao estado de cousas existentes, provocando despesas enormes e inúteis, e perturbando completamente a ordem estabelecida segundo as necessidades e conveniências dos habitantes.

Pensa, entretanto, o mesmo professor que é possível conceber o ideal de uma cidade em cujo plano se atenda ás circunstancias locais e ás diferenças de fortuna, de ocupação, de gostos e de modo de vida de seus habitantes. A comissão lisonjea-se de não ter-se deixado arrastar pela fantasia e supõe ter feito um projeto de possível execução.

Não foi sob a dominação de um ideal baseado sobre a regularidade das fôrmas geométricas, que traçamos o nosso plano geral de melhoramentos desta cidade. Em nosso trabalho tivemos principalmente em vista, obedecendo ás instruções que recebemos do governo imperial, indicar a abertura de ruas que melhor satisfaçam ás necessidades mais imperiosas do Rio de Janeiro, como sejam facilidade de circulação, mais rápido escoamento das águas pluviais e abundante ventilação, prejudicando o menos possível aos edifícios mais importantes, ou pelo menos cuja demolição não traria vantagens suficientemente compensadoras das despesas que dai resultariam.

No exame atento e minucioso de cada bairro, de cada rua e por assim dizer de cada ponto da cidade procurou a comissão reconhecer os defeitos de alinhamentos e de edificação relativamente não só à comodidade e facilidade de relações de diversos bairros entre si, mas ainda ás condições higiênicas, e descobrir os meios de remediar a esses defeitos quanto ás necessidades do presente, atendendo ao mesmo tempo ás exigências do futuro grandioso a que temos direito.

Um rápido golpe de vista sobre a planta geral da cidade fixará melhor as idéas sobre o que fica dito e sobre o que vamos expor.

Privada em grande parte de receber as brizas do oceano pelas montanhas que a circundam, mas recebendo destas todas as águas que correm pelas encostas, edificada geralmente a pequena altura acima do mar, acha-se esta cidade em condições difíceis de sofrer alterações importantes, tais como exigiria o seu completo melhoramento.

A parte comercial, condensada em acanhado espaço entre a praça da Aclamação, os morros de Santa Thereza, Santo Antonio e Castelo e o litoral, é a que mais precisa de ruas largas para facilidade da circulação que ali vai se tornando extremamente difícil de dia para dia, e é, entretanto, também aquela em que mais sacrifícios pecuniarios exigirá qualquer traçado de novas ruas.

Ali acham-se concentradas muitas repartições publicas, grande numero de igrejas, muitos estabelecimentos industriais e importantíssimas casas de comercio; e, por outro lado, é ali que os defeitos de edificação e alinhamento são mais sensiveis, sendo raras as casas que ofereçam acomodação decente, e muito poucas as ruas que possam dispensar correções em seus alinhamentos e que não careçam espaçosas, que de alguma forma serviriam de corretivo aqueles inconvenientes.

A expansão natural da população e a facilidade de transportes que oferecem a estrada de ferro D. Pedro II e os trilhos urbanos têm feito de dia em dia alargar os limites da cidade, fazendo-a recuar de todos os lados e criando assim novos bairros, onde a irregularidade das edificações é igualmente muito sensivel.

Nesses a única regra observada é a de dar ás ruas a largura mínima de 60 palmos marcada pela câmara municipal, sem ter respeito a tantas outras condições, que cumpria fossem observadas.

Naqueles lugares onde as construções não estão ainda muito aglomeradas é possível fazer, sem grande dispêndio, adotar um plano geral que fixe os alinhamentos das principais artérias de comunicação, modificando os defeitos mais salientes que já se notam na parte edificada E, se uma medida geral não fôr desde já tomada, será quase impossível obviar mais tarde os defeitos originados da falta de método e de sistema na criação de novas ruas nos bairros mais afastados, os quais se acharão assim em circunstancias pouco mais favoraveis do que os da antiga parte da cidade, cheios de quase todos os defeitos, a que se procura hoje dar remedio de difícil aplicação.

Eis porque a comissão apressou-se em apresentar o seu 1° relatorio, no qual indicou o plano geral que deve ser adotado em relação à parte da cidade que se estende da praça da Aclamação ao Andarai.

Voltando, porém, ao centro da cidade, onde, se no alinhamento de algumas ruas parece existir uma tal ou qual regularidade, pode-se, todavia, afirmar que nenhuma está isenta de defeitos, ou se atenda à sua largura, ou ao perfil longitudinal das calçadas, ou ao systema de construção das casas, diremos que ai nem sequer houve o mínimo cuidado de corrigir as pequenas desigualdades do terreno, que tanto concorrem para as irregularidades dos calçamentos, e prejudicam ao pronto escoamento das águas pluviais e até à limpeza das mesmas ruas.

Em tais circunstancias, qualquer plano, que tivesse por fim dar à cidade a regularidade desejavel, e que satisfizesse ao mesmo tempo a todas as condições de beleza e salubridade, importaria sem duvida a arrasamento quase completo do que existe, para sobre as ruinas elevar-se outra cidade inteiramente nova: pensamento este que não somos os primeiros a exprimir.

Sem se preocupar, porém, com a utopia de uma transformação tão radical, pondo mesmo de parte toda a idéia de aformoseamento, cuja execução não importe ao mesmo tempo a satisfação de outras necessidades imprescindíveis, procurou a comissão indicar urna serie de melhoramentos, consistindo quer no alargamento e retificação de certas ruas, quando isto lhe pareceu indispensavel para remover as dificuldades da circulação, ou para a renovação do ar no interior da cidade, quê na abertura de outras ruas e praças, tirando partido da excessiva extensão de certos quarteirões, que podem sem inconveniente ser subdivididos.

Fiel ás instruções que recebeu. Evitou a comissão, sempre que foi possível, incluir nas modificações propostas a arrasamento de templos e edifícios públicos, e dos prédios particulares mais importantes.

Do complexo de todos os melhoramentos se fará idéia à vista da planta geral da cidade, organizada pela comissão, na escala de 1 para 5000, onde está delineado todo o projeto, o qual passamos a descrever minuciosamente, fazendo todavia preceder algumas observações acerca dos alinhamentos e larguras de ruas.

Não se trata de edificação de uma cidade em seu começo, mas somente de alterações possíveis no alinhamento geral de ruas inteiramente edificadas, para remover, ou pela menos atenuar, os defeitos provenientes da pouca largura destas ou de irregularidades de alinhamentos. Se as novas ruas têm de ser abertas por conveniência da circulação ou com o fim de facilitar a renovação do ar no interior da cidade, as direções a dar-lhes estão de alguma sorte dependentes das ruas que já existem e da extensão dos quarteirões, não restando, portanto, muita liberdade na preferência das que mais poderiam convir.

Entretanto, na escolha das ruas que tem de ser alargadas ou retificadas, e mesmo no traçado de algumas novas que julgou necessario propor, procurou a comissão atender aquelas conveniências tanto quanto o permitem as circunstancias.

Quanto ás larguras das novas ruas, deve observar desde já não tomou urna mesma bitola para todas, mas faze-las variar dentro de certos limites, segundo a importância de cada rua em relação aos pontos entre os quais estabelece comunicações, tendo igualmente em vista os inconvenientes que poderiam resultar das excessiva redução dos quarteirões, as dificuldades opostas pelos acidentes do terreno, e outras razões que especificará quando tratar de cada rua em particular.

A largura que devem ter as ruas de uma cidade depende principalmente das conveniências de circulação, da necessidade de arejar as casas e de proporcionar espaço suficiente para construção de galerias de esgoto, colocação de encanamentos d'água e de gás; o pode-se na maioria dos casos fixar o limite mínimo. Não é, porém, tão facil assinalar as condições do máximo, que parece só depender da conveniência do melhor aproveitamento do terreno disponível.

Nas cidades antigas, que as conveniências de defesa obrigavam a encerrar em limitado perímetro, as ruas eram geralmente muito estreitas e pouco extensas. Entre os povos bárbaros, e entre outros pouco adiantados em civilização, as ruas são igualmente acanhadas e mal dispostas. O mesmo defeito ainda se nota em quase todas as cidades da Europa, que não têm sofrido alterações no século presente. É que os nossos antepassados não sentiam as necessidades que têm criado a civilização moderna, para satisfazer ás quais é necessário aumentar a largura das tuas. Assim, os novos boulevards de Pariz, Ringstrasse em Vienna, as ruas dos novos quarteirões de Londres, a avenida da Pensylvania em Washington tem larguras que em alguns casos vão além de 40 metros. Entretanto, esse foi a limite máximo que a comissão adotou; mas esse mesmo foi somente aplicado a algumas avenidas dos birros do Andarahy e S. Cristóvão e ao cais projetado da ponta do arsenal de guerra ao morro da Viuva, para receberem duas filas de arvores de cada lado da calçada, e proporcionarem passeio agradavel, sendo ao mesmo tempo largas arterias de comunicação.

Dimensões tão vastas não poderiam, entretanto, ser dadas ás novas ruas do centro da cidade, nem mesmo ás dos bairros em que a edificação já se acha muito aglomerada, e nem tais dimensões são necessárias para que as grandes arterias possam satisfazer é condição de proporcionar fácil comunicação entre todos os pontos da cidade.

Se para determinar o limite inferior de largura das ruas tivéssemos de atender somente à condição de poderem cruzar dois veículos nas calçadas, ficando dos dois lados passeios livres ás pessoas a pé, é fácil de ver que ficaria satisfeita essa condição dando ás ruas oito a nove metros de largura total; mas, já dissemos, outras condições podem e devem para isso influir, e bastaria citar a nossa própria experiência para se reconhecer que bem avisada andou a nossa municipalidade fixando esse limite em 60 palmos ou 13m20, para as ruas que de futuro se abrirem.

Entretanto, no projeto da comissão notar-se-ha que a diversas ruas nele compreendidas deram-se larguras abaixo desse limite; mas basta examinar a planta para se reconhecer que só por motivos especiais do lugar, ou para evitar grandes despesas em desproporção com a importância das mesmas ruas, foi a comissão obrigada a descer algumas vezes até o limite de 1 O metros, o que alias não tem grande inconveniente, quando se trata de ruas secundarias, de pouca extensão, indo terminar nas grandes arterias, por meio das quais ficarão satisfeitas todas as exigências da circulação.

Entraremos agora na descrição do projeto, que, como já fica dito, vai indicado em seu complexo na planta geral da cidade na escala de um para cinco mil (1:5000), podendo-se apreciai-o em seus pormenores nas folhas avulsas desenhadas na escala de um para mil (1:1000).

Todo o nosso comercio de importação e exportação acha-se concentrado na pequena zona do litoral que se extende da praça de D. Pedro II à Gambôa ou antes até a Saude. Ali estão situados a alfândega, o arsenal de marinha e o consulado, que ocupam numeroso pessoal e põe em movimento grande numero de vehiculos; dai em todas as direções, e dos que navegam para os vários portos do Imperio e de países estrangeiros; para ali, finalmente, convergem quase todas as cargas que recebe a estrada de ferro D. Pedro II.

De dia em dia cresce a importância dessa pequena zona, e cada vez vão se tornando mais frequentes e mais difíceis as comunicações entre seus diversos pontos e o resto da cidade.

Compreende-se que imensa vantagem traria uma larga rua que margeasse toda a extensão desse litoral, prolongando-se de um lado até Botafogo e do outro até S.Cristóvão e ramificando-se até a estação central da estrada de ferro D. Pedro II, de modo a formar urna extensa avenida que cingiria toda a cidade, lançando um ramal através da sua parte mais compacta.

Infelizmente sérios obstaculos de opõem hoje à realisação desse desideratum, ao menos na parte em que seria mais vantajosa. Sem enormes sacrifícios, talvez superiores ás nossas forças, e que pelo menos não encontrariam compensação imediata nestes anos mais próximos, não seria possível rasgar urna rua continua, de 20 a 25 metros de largura, desde a praça D. Pedro II até à Saúde.

É, pois, necessário resolver de outro modo o problema.

A estrada de ferro D. Pedro II tem imperiosa necessidade de urna estação marítima onde sejam recebidas e armazenadas todas as mercadorias e outros artigos da mesma estrada, que hoje transitam em pesados vehiculos pelas ruas da cidade, e não pouco concorrem para o atravancamento destas.

No seu primeiro relatorio propôs a comissão que parte dos terrenos, que têm de ser aterrados sobre a margem esquerda do prolongamento do canal do mangue em direção ao mar, fosse aproveitada para essa estação, que, uma vez ali estabelecida, deslocará parte do comercio, ou pelo menos aliviará o centro da cidade de grande numero de incomodas carroças. Esta solução, que trará também grandes vantagens para a própria estrada de ferro, facilitando-lhe o recebimento das machinas e do material que importa para seu uso, resolveria por outro lado as dificuldades que hoje existem de se abrir comunicação ampla e direta entre a estação terminal e a parte comercial da cidade.

A idéia que a muitos tem parecido de fácil execução, e cuja realização já foi concedida a uma empresa, de se prolongar a rua larga de S. Joaquim em toda a sua largura até o litoral, exigiria, para ser levada a efeito, tais sacrifícios que a comissão não se animou a propô-la. Basta, com efeito, considerar que esse prolongamento importaria a destruição completa de duas igrejas, uma das quais é sede de importante freguesia e a outra, se por não estar completamente acabada não se presta ao exercício do culto divino, nem por isso deixa de ser um magestoso edifício, que seria realmente pena demolir. Além disso todos os quarteirões de casas existentes entre as ruas do Visconde de Inhaúma e Theophilo Ottoni, da igreja de Santa Rita até a rua Primeiro de Março, teriam do ser inteirarnente destruídos, que a nova rua passaria entre aquelas duas primeiras, deixando do cada lado nesgas muito estreitas que mal poderiam ser aproveitadas para edificações.

A comissão pensa ter resolvido a dificuldade, propondo apenas o alargamento da rua estreita de S, Joaquim do lado direito descendo, sem tocar, portanto, na igreja de S. Joaquim. Essa rua depois de alargada ficará com 15 metros. e será prolongada em linha reta até a nova rua projetada entre as dos Ourives e Uruguaiana; dai até o largo de Santa Rita formar-se-há com este urna praça de forma trapezoidal.

Com essa alteração, que não será dispendiosa, pois são de pouco valor os prédios que tem de ser demolidos, ter-se-ha removido o principal obstaculo ao movimento de carroças entre a estrada de ferro D. Pedro II e o bairro comercial.

Como complemento, serão necessárias as modificações que seguem.

Da nova praça, em frente à igreja de Santa Rita, até a rua Primeiro de Março, será alargada a rua do Visconde de Inhaúma do lado esquerdo descendo; a rua Municipal será prolongada com a largura atual até a referida praça, para o que bastará apenas a demolição de algumas casas antigas de um lado da pequena rua que fica entre a travessa Santa Rita e o largo do mesmo nome.

A extremidade da rua dos Ourives entre o largo de Santa Rita e a rua da Prainha será alargada do lardo direito subindo. A rua da Prainha será alargada do lado direito descendo desde a dos Ourives até o mar e retificada do lado esquerdo entre a dos Ourives e a ladeira de João Homem.

O velho edifício que antigamente servia de pensão, chamado cadeia do aljube, será demolido, ficando ali uma praça, e a rua da Prainha será prolongada até a rua estreita de S. Joaquim segundo o alinhamento fronteiro aquele edifício. A extremidade dos Benedictinos, que atualmente forma um cotovelo ao chegar à do Visconde de Inhauma, será retificada até esta. A de S. Bento será alargada do lado oposto ao morro e prolongada em linha reta até a do Visconde de Inhaúrna. A da Saúde será alargada nos lugares em que é mais estreita, ora de um lado ora de outro, de modo a corrigir-lhe um pouco as sinuosidades, facilitando a circulação sem grande dispêndio.

A da Imperatriz será também alargada, ora de um lado aura do outro, entre a rua larga de S. Joaquim e a praça Municipal, A rua detrás dos Quarteis será prolongada em linha reta até encontrar a rua nova do Príncipe. Finalmente, a da Prainha entre a da Imperatriz e o Aljube será alargada do lado fronteira ao externato de imperial colégio de Pedro II e retificada até a nova praça do Aljube.

Se todas as modificações que ficam descritas pudessem ser executadas conjuntamente, muito ganharia aquela parte da cidade, onde mais fáceis se tornariam as comunicações entre seus diversos pontos, os trapiches de embarque e desembarque de mercadorias e a estação central da estrada de ferro D. Pedro II. Novas construções ali se ergueriarn mais apropriadas para armazéns e escritórios comerciais, e, se bem que diminuída a área destinada a edificações, é certo que se obteriam mais acomodações do que as que hoje existem, pelo melhor aproveitamento do terreno.

Basta, entretanto, que por ora se levem a efeito alguns desses melhoramentos, que são mais organetemente reclamados, como sejam o alargamento e prolongamento das ruas estrearas de S. Joaquim e Prainha, os quais não importarão em grandes somas, porque não ha ali prédios de muito valor, e ter-se-ha prestado grande serviço aquele bairro.

Ocorre mencionar aqui que muito facilitaria a circulação, da rua Larga de S. Joaquim até o litoral, se fosse possível suprimir a parte do externato do imperial colégio de Pedro II que avança fora do plano da fachada da igreja de S. Joaquim, formando-se ali uma praça.

O colégio ficaria com uma bonita fachada no alinhamento da igreja e poderia estender suas acomodações até a rua da Conceição. Tendo-se, porém, reconstruído ultimamente aquela parte do edifício, a comissão não propôs a referida alteração, a limitou-se a indicar que seja cortado a canto da rua da Imperatriz com a rua larga de S. Joaquim por urna reta tirada do novo alinhamento da rua da Prainha perpendicularmente à mesma rua de S. Joaquim.

A comissão indicou igualmente, para completar o melhoramento da parte da cidade em que se acha concentrado o grande comercio de importação e exportação, o alargamento e retificação parciais da rua Primeiro de Março e o alargamento da da Candelaria da Igreja até a do Visconde de Inhaúma; o alargamento da do Rosario em toda a sua extensão do lado direito descendo e o da rua do General Câmara também do lado direito descendo até a rua Primeiro de Março; mas reconhece que o enorme sacrifício de capitais que exigirá tão grandioso cometimento torna-lo quase irrealizavel, se bem não lhe pareça duvidoso que as vantagens pecuniarias, que resultariam das novas edificações, compensariam no futuro as despesas que se fizessem com as desapropriações e com essas novas edificações.

Entretanto, o plano ai fica organizado para ser levado a efeito gradualmente à medida que as condições financeiras o permitirem.

A comissão passa agora a indicar as alterações que projetou no resto da parte central da cidade.

(A partir deste ponto se descreve, com rigor, as obras sobre as ruas da Quitanda, dos Ourives, entre esta e a Uruguaiana, em prolongamento da rua da Guarda Velha, Sete de Setembro, Sacramento, Senhor dos Passos, Príncipe, Catete, Laranjeiras e outras; muitas das quais precisavam da derrubada dos morros de Santo Antonio, do Castelo e do Senado)*

A comissão projetou igualmente desde a praça em frente ao hospital da Misericórdia até o fim da Praia do Flamengo, no morro da Viúva, um cais continuo de 40 metros de largura, que no seu ponto de partida comunicará com o cais projetado na praia de D. Manoel por uma rua traçada entre o arsenal de guerra e o hospital da Misericórdia, e na outra extremidade ligar-se-ha à praia de Botafogo por uma rua traçada entre a do Senador Vergueiro e o morro da Viúva. A nova rua, que deve pôr em comunicação o cais e doca projetados na praia de D. Manoel com um novo cais em frente ao hospital da Misericórdia, terá também a vantagem de isolar completamente o arsenal de guerra, cuja área deverá ser ampliada até o alinhamento dessa rua, suprimindo-se as construções particulares que ficam atualmente entre esse alinhamento e o perímetro do arsenal. Quando o arsenal de guerra for removido para a Campo Grande, aquele edifício poderá ser vantajosamente utilizado para deposito de tropas ou outro fim de utilidade publica; em qualquer hipótese o seu isolamento e ampliação podem ser de suma vantagem.

O novo cais terá nada menos de 3.900 metros de extensão, e seguirá mais ou menos a direção geral da praia, corrigindo-lhe todavia as irregularidades por meio de curvas de raios não inferiores a 178 metros. Em frente à praça do mercado da Gloria, projetou a comissão uma pequena doca, cuja entrada fôrma o único ponto de interrupção da linha exterior do cais, sem, entretanto, obstar o transito, que se fará por detrás ou pela frente do mercado.

No bairro de Botafogo projetou a comissão o seguinte: (* Enumera-se as três ruas novas previstas para Botafogo e as suas características)

A comissão julga de seu dever ponderar que, não obstante ser atualmente muito fácil o traçado de ruas regulares naquela localidade, por estarem ali pouco aglomeradas as casas, anunciou-se, não há muito tempo, o leilão de um vasto terreno à esquerda da rua do General Polidoro, no qual se tinham marcado ruas alinhadas inteiramente a esmo e sem harmonia com as já existentes. Esse é mais ou menos o sistema que se tem seguido na divisão dos terrenos dos arrabaldes, e, se não houver um paradeiro a tão inconveniente arbitrio, os suburbios desta capital ficarão, como de fato estão ficando, em piores condições do que a cidade antiga, quanto à disposição das ruas.

Relativamente ás obras de cais da ponta do arsenal de guerra ao morro da Saúde, a comissão declara que incluio nos seus planos os trabalhos já iniciados e os projetados pelo ministério da fazenda e companhia das docas de D. Pedro II, limitando-se a projetar os meios de melhorar o litoral daquela parte da cidade nos lugares em que não lhe constou houvesse ainda plano algum assentado e aceito pelo governo imperial.

Assim, na extremidade da rua da Prainha projetou um pequeno cães para o serviço de escaleres e embarcações pequenas, ligado ao que deve ser feito do lado norte do arsenal de marinha.

Indicou igualmente os cais que podem ser feitos entre o limite da zona concedida à companhia das docas de D. Pedro II e o morro da Saúde, deixando uma. doca em frente à praça de mercado da Harmonia, e melhorando sensivelmente a disposição dos trapiches naquela localidade.

A comissão incluio nos seus planos o projeto de túneis através do morro do Livramento, segundo a concessão feita ultimamente pelo ministério da agricultura, e no traçado dos alargamentos e retificações de ruas entre a do Livramento e o morro da Saúde, considerou as alterações que necessariamente exigirá a perfuração do morro, se for realizada.

Apesar de já ter descrito no seu primeiro relatorio os trabalhos relativos ao lado da cidade que se estende da praça da Aclamação ao Andarai, a comissão fará ainda algumas considerações sobre esta parte do seu projeto. Já mencionou a alteração que, depois da apresentação daquele relatório, entendeu dever fazer no projeto de cais da Ponta da Chichorra à praia dos Lázaros. Dessa alteração resultou que a avenida atualmente em execução dentro da quinta da Boa Vista será prolongada em linha reta até à praia Formosa, sobre uma extensão de 1.700 metros, o que sem duvida muito contribuirá para o embelezamento daquele bairro.

Em São Cristóvão, a comissão, considerando que morro do Barro Vermelho poderá ser arrasado, para com as terras se fazerem os aterros ao longo do tronco do canal projetado em direção ao mar, traçou através desse morro, e até à praça de Pedro Primeiro , o prolongamento da avenida transversal projetada da rua do Engenho Velho à frente do Portão da Coroa, e indicou os alargamentos e retificações a fazer em algumas ruas daquela parte da cidade.

Do lado do Andarai Pequeno a comissão traçou as retificações e alargamentos que hoje pôde facilmente sofrer a rua desse nome desde o Portão Vermelho até a propriedade do comendador Figueiredo, sem comprometer os prédios de grande valor. A rua ficará naquela extensão com 25 metros de largura, tornando-se uma formosa avenida que será, em direção à Tijuca, o prolongamento da projetada em linha reta desde o campo da Aclamação até a rua do Portão Vermelho.

Esta avenida, com uma extensão de 4.870 metros em linha reta, devia ter 40 metros de largura, segundo o plano apresentado com o primeiro relatorio; mas essa largura foi depois reduzida a 35 metros para evitar grande escavação no morro, sobre o qual está situada a caixa d'água do Barro Vermelho.

Do lado do Rio Comprido a comissão indicou a retificação e alargamento da rua desse nome até o largo do Bispo, e o prolongamento da mesma rua, no sentido oposto, até encontrar as avenidas que devem margear o canal do mangue prolongado em direção ao Andarai. A essa nova rua deu também a largura de 25 metros, e projetou no eixo da mesma a canalização do Rio Comprido até o prolongamento do canal do mangue.

Quanto ao rio do Trapicheiro, pensa a comissão que pôde ser canalizado por baixo da rua da Fabrica das Chitas até a do Andarai Pequeno, sendo desta levado ao prolongamento do canal por baixo da avenida transversal projetada na frente do horto botânico e jardim zoologico, a qual começa justamente na bifurcação da rua da Fabrica das Chitas com a do Andarai Pequeno.

Do lado de Catumbi, a comissão projetou igualmente algumas pequenas alterações na disposição atual das ruas.

Do lado da Vila Izabel, limitou-se a incluir no seu plano o projeto de ruas já assentado naquele bairro, por lhe parecer este muito conveniente, limitando-se a modificar-lo na pequena extensão que tem de ser absorvida pela horto botânico e jardim zoologico e a prolongar o boulevard Vinte e Oito de Setembro em linha reta até a rua de S. Christovão.

Na exposição que precede foram incluídas as ruas, praças, avenidas, etc., sua abertura, retificação ou alargamento formam, com outras obras já mencionadas neste e no primeiro relatorio, como o aterro de pântanos, construção de cais, prolongamento do canal do mangue, etc., o plano geral de melhoramentos que a comissão submete à apreciação do governo imperial, em desempenho das instruções que recebeu com o aviso de 27 de Maio de 1874.

Não é certamente um trabalho completo e definitivo o que a comissão apresenta, e nem se poderia esperar que no espaço de menos de 21 meses pudesse ela estudar minuciosa e rigorosamente todas as necessidades desta extensa capital, quanto ao melhoramento de seus meios de, fácil circulação, e de suas condições higienicas e ao aformoseamento de suas construções: seria isso tarefa para alguns anos e que exigiria o dispêndio de não pequena soma de dinheiro.

A demora seria prejudicial, porque cada dia que se perde na adoção de uma medida eficaz para pôr um paradeiro aos erros que se cometem na edificação desta capital, é mais um obstaculo que se cria ao seu melhoramento. Com efeito, todos os dias abrem-se novas ruas, levantam-se novos prédios sem observancia das regras que em todo pais civilisado devem presidir ás construções dentro de uma cidade como esta.

Entretanto, a comissão cumprio o seu dever tanto quanto o permitiam suas forças e os meios de que dispunha: o que até agora fez é quanto basta para que alguma cousa de bom e de útil se emprenhada no sentido de dotar o Rio de Janeiro de alguns desses melhoramentos que seu estado atual reclama com mais urgência.

A comissão não foi até prescrever todas as ruas ou praças de terceira ou quarta ordem, e nem do seu projeto se deve desprender que outras ruas além das que indicou não possam ser abertas. O que fez foi apresentar um plano geral, ao qual devem ser subordinados os futuros arruamentos, servindo as novas ruas e avenidas projetadas de arterias principais, entre as quais poderão os proprietários de terrenos abrir outras ruas secundarias, sujeitando-as à aprovação da municipalidade.

Uma vez adotado esse plano, e resolvido que no futuro sejam todas as edificações a ele invariavelmente subordinadas, o Rio de Janeiro irá gradualmente mudando de aspecto e melhorando nos seus meios de circulação e no seu estado sanitário. Mas esse sistema será longo, e, se bem que deva ser adotado relativamente a todo o plano apresentado pela comissão, é de necessidade que em relação a certas ruas se faça desde já alguma cousa, quer pra tornar menos incomoda a comunicação entre vários bairros da cidade, quer para facilitar em alguns quarteirões a renovação do ar, que facilmente se corrompe neste clima tropical.

Se na designação da parte do seu projeto que de preferência deve ser desde já levada a efeito, tivesse a comissão de atender somente ás vantagens dessa parte sobre as outras, em relação aos beneficies que uma e outras devem trazer à cidade, não lhe seria difícil emitir seu juizo.

Mas outras considerações devem influir nessa designação, e quanto a essas não pôde a comissão avançar juizo seguro, porque qualquer decisão sobre tal assunto depende de dados que não pode apreciar com segurança. Se a exemplo do que se tem feito em Paris, Londres, Vienna, etc., o governo imperial ou a municipalidade pudesse tomar sobre si a tarefa de abrir, alargar, ou retificar as ruas desta cidade, fazendo todas as despesas com as desapropriações, e cedendo depois a particulares os terrenos disponíveis para novas edificações, não há duvida que a execução do plano deveria começar por aquela parte da qual resultaria maior soma de beneficies à cidade; mas nem o governo, nem a municipalidade dispõe dos meios indispensaveis para a realização imediata de obras com essas, que exigirão, o dispêndio de avultado capital, Forçoso é, por conseguinte, apelar para o espírito de associação, acenando-lhe com os lucros e vantagens que possa colher de tais empresas, mediante a concessão de alguns favores pelo Estado.

Sendo assim, o governa não pôde razoavelmente impor a execução desta ou daquela parte do plano de preferência a outra, pois é preciso deixar que as empresas particulares, consultando seus próprios interesses, realizem aquelas obras que ao seu entender melhor remunerem seus capitais.

Nestas condições, parece que o melhor sistema, uma vez aprovado o projeto, é oferecei-o à concorrência publica, para que dada um possa requerer a concessão daquelas obras que mais lhe convenham.

Mas ainda assim pôde o governo imperial atrair capitais para a execução da parte do plano que for mais indispensavel, oferecendo contribuir para essa parte com maior soma de auxílios do que para outra, qualquer. Nesta hipótese, e para cumprir as suas instruções, a comissão indicará quais as ruas ou praças que devem ser desde já abertas, ou alargadas e retificadas.

Se atende principalmente à conveniência de abrir faceis comunicações entre o centro do grande comercio de exportação e importação, os trapiches e a estação central da estrada de ferro D. Pedro II, é inquestionavel que as alterações mais urgentemente reclamadas são (* Enumera-se até 10 alargamentos e aberturas de ruas)

Considerando-se igualmente a conveniência de facilitar o escoamento das águas e conseguir o aterro dos pântanos por meio de capitais particulares, seguem-se (* Enumera-se 8 alargamentos e aberturas de ruas)

A comissão julga conveniente repetir que, indicando as ruas e avenidas que devem de preferência ser abertas, retificadas ou alargadas, não é sua intenção aconselhar que nenhuma outra alteração se faça no plano da cidade, sem que as referidas ruas e avenidas sejam levadas a efeito, e muito menos que a abertura, retificação ou alargamento de tais ruas e avenidas sejam executados simultaneamente, porque semelhante exigência poderia demorar, senão tolher inteiramente, a realização de alguns desses melhoramentos. Não podendo o Estado executar todas essas obras por sua conta e risco, é necessário que se deixe ás empresas particulares a faculdade de escolher, entre as que tem de ser feitas, aquelas que mais satisfaçam aos seus interesses.

A comissão pretendia ajuntar a este relatorio um orçamento completo e minucioso de todas as obras que projetou; mas reconheceu que não poderia chegar tão cedo a um resultado satisfatório, sendo a principal e talvez única dificuldade os embaraços que encontrou na avaliação dos prédios que têm de ser desapropriado em uma extensão tão considerável. Procurou, ao principio, tomar por base o valor locativo sobre o qual tem sido calculado o imposto da décima urbana; mas veio a final quase todo o seu trabalho perdido, pois semelhante base conduzia a resultados inteiramente errôneos, quer porque na maioria dos casos o valor locativo sobre o qual se funda o imposto não representa a renda real do prédio, quer porque, adotando-se essa base, deixam de ser considerados alguns elementos que influem para elevar o valor do prédio quando este tenha de ser desapropriado.

A comissão vai, entretanto, procedendo ao orçamento de algumas das ruas que têm de ser abertas ou retificadas e alargadas, e de cada uma apresentará separadamente, em ocasião oportuna, um trabalho completo, como já o fez em relação à rua do Sacramento.

A comissão entende, todavia, que em alguns casos, como seja, por exemplo, aquele em que uma empresa se ofereça para abrir ou melhorar uma rua, requerendo apenas alguns auxílios indiretos, não será indispensavel que o governo entre na apreciação exata dos valores das propriedades que têm de ser desapropriadas, uma vez que a empresa apresente garantias seguras de satisfazer aos termos da concessão.

Quanto ao dessecamento dos pântanos e canalização de rios, e a comissão já fez, em relação a algumas dessas obras, trabalhos completos que habilitam o governo a levaras a efeito, e prossegue na organização de planos e orçamentos definitivos em relação ás outras.

A comissão julga de seu dever declarar que, para facilitar a execução do plano de melhoramentos que ora submete à apreciação do governo, são necessárias algumas medidas legislativas que completem ou modifiquem as existentes relativamente ás desapropriações por utilidade publica. A lei de 12 de Julho de 1845, aplicável a esse caso, exige um processa tão longo que desanima a qualquer empresa e embaraça por este lado a realização de melhoramentos; além disto é deficiente em alguns pontos, e inteiramente omissa em outros.

O regulamento de 27 de Outubro de 1855, expedido para execução da lei de 10 de Julho do mesmo ano, sobre desapropriações para construção das estradas de ferro, não pôde ter aplicação nos casos de desapropriação por utilidade publica geral dentro de uma cidade como esta, porque, se de um lado pôde conduzir a verdadeiras espoliações vexatorias para os proprietários, do outro obrigaria as empresas a pagar muitas vezes quantia superior ao verdadeiro valor da propriedade, pela exigência que nenhuma indenização poderá ser menor do que o valor de 20 anos do rendimento do prédio, devendo ser calculado este rendimento pela décima que tiver pago no ultimo semestre imediato aquele em que houver de verificar-se a desapropriação.

É necessário, que, a par de algumas disposições, que facilitem o processo de desapropriação, tornando-o sumario, sem dar lugar a vexames, se incluam outras estabelecendo que na desapropriação poderão ser compreendidos os imóveis que se acharem fora dos novos alinhamentos, mas cuja aquisição for indispensavel ou para que se levantem construções salubres, ou para supressão de antigas ruas ou becos condenados como inúteis. Convém igualmente que todo o construtor de casas, antes de começar qualquer edificação, seja obrigado:

1. A requerer o alinhamento e nivelamento da rua na frente de seu terreno, e a sujeitar-se aos mesmos.

2. A apresentar à autoridade competente a planta e seções das construções, e a submeter-se ás prescrições que lhe forem feitas no interesse da solidez e da salubridade.

A comissão poderia ajuntar a este relatorio as bases que, em sua opinião, deveriam regular a concessão dos melhoramentos projetados ás empresas que se proponham realiza-los; mas acha preferivel que neste assunto se deixe aos particulares algumas latitudes na escolha dos terrenos em que posam fundar suas empresas reservando-se o governo o direito de conceder maior ou menor soma de auxílios, conforme a maior ou menor utilidade publica que resultar da execução da obra e os obstaculos que se oponham à realização.

A comissão conclue o seu 2° relatorio, propondo que seja litografada a planta geral na escala de um para cinco mil (1:5000) que o acompanha, a fim de ser distribuída juntamente com este e com o 1° relatorio.

Deus guarde a V. Ex. Ilmo. e Exm. Sr. conselheiro Dr. José Bento da Cunha e Figueiredo digníssimo ministro e secretario de Estado dos Negocios do Imperio. - Francisco Pereira Passos. - Jeronymo Rodrigues de Moraes Jardim. - Marcelino Ramos da Silva.

MELHORAMENTOS DA CIDADE PROJECTADOS PELO PREFEITO DO DISTRICTO FEDERAL DR. FRANCISCO PEREIRA PASSOS. PREFEITURA DO DISTRICTO FEDERAL

N. 30. - Commissão da Carta Cadastral do Districto Federal, em 13 de abril de 1903.

Sr. Diretor Geral de Obras e Viação

Apresentando-vos os planos e orçamentos da abertura de algumas avenidas, alargamento e prolongamento de differentes ruas actuaes e canalisação de rios organisados nesta commissão, segundo as instrucções do Sr. Prefeito do Districto Federal, cumpro a vossa determinação, precedendo-os de uma succinta exposição justificativa.

O problema do saneamento do Rio de Janeiro foi sempre considerado, por todas as auctoridades que delle se têm occupado, como dependendo em grande parte da remodelação architectonica da sua edificação e consequentemente da abertura de vias de communicação amplas e arejadas em substituição das actuaes ruas estreitas, sobrecarregadas de um trafego intenso, sem ventilação bastante, sem arvores purificadoras e ladeadas de predios anti-hygienicos.

Certamente não basta obtermos agua em abundancia e esgostos regulares para gosarmos de uma perfeita hygiene urbana. É necessário melhorar a higiene domiciliaria, transformar a nossa edificação, fomentar a construcção de predios modernos e este desideratum sómente pode ser alcançado rasgando-se na cidade algumas avenidas, marcadas de forma a satisfazer as necessidades do trafego urbano e a determinar a demolição da edificação actual onde ella mais atrazada e mais repugnante se apresenta.

Os differentes planos de saneamento da cidade que foram objecto de concessões do Governo incluiram todos, como parte principal, abertura de avenidas, tão arraigadas estava a convicção desta necessidade.

Dentre as muitas e mui relevantes consequencias desta medida sobresahem as seguintes:

a)dar maior facilidade de communicação entre os diferentes bairros da cidade, barateando os fretes e a taxa dos carros de passeio aqui tão caras;

b) permitir o estabelecimento de um traçado vantajoso para as grandes linhas de canalisação, evitando as frequentes aberturas de vallas em ruas estreitas;

c) impedir a valorisação constante dos prédios antiguados das ruas estreitas onde passa hoje o mais forte do movimento urbano, permittindo a sua substituição em época não remota;

d) facilitar o enxugo do subsolo da cidade pela arborização, impraticavel nas ruas estreitas;

e) despertar o gosto architectonico, pois, offerecendo as ruas largas e bem situadas uma renda compensadora aos prédios nella edificados, os proprietários animar-se ão a construil-os em melhores condições.

Entretanto se todos têm estado de accordo em que o saneamento da cidade deve iniciar-se pela abertura de avenidas, ninguem até hoje logrou realisar os planos imaginados ou explorar as muitas concessões decretadas, nem a administração publica póde fazer mais do que algumas ligeiras modificações de alinhamento.

É que a solução do problema não é tão simples como se poderia suppor. Estes trabalhos de abertura de ruas acarretando grandes desapropriações, são assaz dispendiosos e é necessaria muita cautela em planejal-os.

Os auctores dos planos de melhoramentos urbanos têm-se deixado levar pela beleza das suas concepções e, a força de aperfeiçoal-as, as tem tornado inexequiveis. Em logar de projectar obras de utilidade immediata, sonharam vastas transformações. A força de procurar o optimo, perderam os meios de conseguir o bom.

Não foi este o criterio da Prefeitura do Districto Federal, ao organisar o actual plano de melhoramentos da viação urbana. As necessidades do trafego foram attentamente consideradas e o custo das desapropriações devidamente avaliado para cada solução estudada, afim de se obter o mais proveitoso traçado com o minimo dispendio.

Foi posta de parte a pueril preoccupação de projectar longas avenidas em linha recta, tão pouco estheticas quão impraticaveis e limitou-se a largura das avenidas ao exigido pelas necessidades do movimento da cidade e pelas conveniencias do nosso clima, poupando-se o mais possível nas desapropriações.

A primeira necessidade que se impunha era dar um desafogo ao intenso movimento que se effectua entre a cidade e os bairros do Cattete, Botafogo e adjacentes. Não se podia pensar em alargar a actual unica via de communicação, formada pelas ruas da Lapa, Gloria, Cattete e Marquez de Abrantes. Dispendiosissimas seriam as desapropriações para se obter o alargamento destas ruas. O litoral ahi estava offerecendo campo para o lançamento de uma avenida a beira mar, por onde o trajecto se effectuasse de modo mais commodo, com o frescor da brisa maritima e o encanto pittoresco da nossa bahia. A avenida traçada entre o principio da Rua Chile e o fim da praia de Botafogo, acompanhando o litoral em toda a extensão, exceptuado um trecho de 220 metros atraz do morro da Viuva, veio satisfazer a uma antiga aspiração dos cariocas, resolvendo o problema acima alludido.

Tem a avenida a extensão total de 5.200 metros e a largura de 25, sendo separada das actuaes ruas marginaes da bahia por pequenos gramados de maior ou menor largura, conforme as sinuosidades da linha maritima actual. Quatro pontes de desembarque se acham projectadas e o trecho do cáes construido em Botafogo ha poucos annos é aproveitado no novo traçado.

O prolongamento natural desta avenida para o lado da cidade é constituido pela avenida de 33 metros de largura que o Governo Federal projecta abrir entre o principio da Rua Chile e o largo da Prainha. Por este motivo o plano da Prefeitura não inclue outro prolongamento.

As communicações do litoral e do centro da cidade com os populosos bairros do Estácio de Sá, Engenho Velho e outros situados além destes são assegurados no plano de viação por duas linhas leste-oeste, estendendo-se desde o mar até os largos do Estácio de Sá e do Matadouro.

A primeira linha é formada pelas ruas da Assembléia e Carioca, praças Tiradentes e da Republica, ruas Visconde do Rio Branco, Frei Caneca e Estacio de Sá.

Os trabalhos a effectuar para dar a esta linha de communicação as condições de largueza necessarias são os seguintes:

- alargamento das ruas da Assembléa e Carioca, demolindo-se todas as casas do lado par;
- alargamento do trecho da rua Frei Caneca desde a Praça da Republica até o canto da Rua General Caldwell, demolindo-se todos os predios do lado par;
- abertura de uma avenida de 17 metros de largura entre a rua Frei Caneca, canto da rua do Riachuelo, e o principio da Rua Estacio de Sá, seguindo a corda do grande arco descripto pela parte restante daquella primeira rua;
- alargamento da rua Estácio de Sá, demolindo-se todos os prédios do lado par.

As ruas alargadas ficarão todas com 17 metros e assim teremos uma grande arteria de 4 kilometros, estendendo-se desde o cáes Pharoux, ponto de desembarque de passageiros, até o largo do Estacio de Sá, centro de convergencia dos caminhos do Engenho Velho, S. Christovão e outros arrabaldes daquella zona, e passando no largo da Carioca e praça Tiradentes, centros de movimento intenso.

A outra linha de communicações leste-oeste é a formada pelo Boulevard de S. Christovão, rua Visconde de Itaúna, praça da Republica e rua Marechal Floriano Peixoto prolongada até o mar. O unico trabalho a effectuar é este prolongamento, que será feito do modo mais economico, demolindo-se os predios da antiga rua Estreita de S. Joaquim, alargando-a e prolongando-a até o largo de Santa Rita e demolindo os predios do lado par da rua Visconde de Inhauma e alargando-a em toda a extensão. Estas duas partes ficarão com 17 metros de largura e assim teremos uma grande linha estendendo-se por mais de quatro kilometros, desde o cáes dos Mineiros, junto á Alfandega, centro maritimo de cargas e passageiros, até o largo do Matadouro, outro centro dos caminhos que se dirigem aos bairros do Engenho Velho, S. Christovão e outros arrabaldes de oeste e noroeste, e passando na Estação Central da Estrada de Ferro.

Temos assim asseguradas as comunicações do centro da cidade com os arrabaldes desta parte, os mais populosos do Rio de Janeiro, desafogando-se o trafego das ruas estreitas.

Outra necessidade urgente é a das communicações com a zona da Prainha, Saude e Gambôa, centro de commercio maritimo, separada da cidade por uma cadeia de morros.

Duas grandes linhas ficam estabelecidas. Uma formada pelo alargamento da rua da Prainha, desde o largo deste nome até o canto da rua da Uruguayana, demolindo-se todos os predios e prolongando-a na mesma direcção até a rua do Sacramento, proximo a praça Tiradentes. Outra formada pelo prolongamento da rua do Sacramento até alcançar a rua Camerino e alargamento desta até o cáes da Saúde, demolindo-se quase todos os predios.

Ambas as avenidas terão a largura de 17 metros e ambas atravessam a rua marechal Floriano Peixoto, ligando-se pela Praça Tiradentes a outra grande arteria leste-oeste.

Satisfeitas estas necessidades de trafego da cidade, outra se apresenta não menos importante.

É consideravel o movimento de carros e carroças entre os bairros do Sul (Cattete, Botafogo, Laranjeiras, etc.) e os bairros do Oeste e Noroeste (S. Christovão, Engenho Velho, Engenho Novo, etc.) e além de ser muito grande a distancia entre as duas zonas, as avenidas da cidade não lhes aproveitam.

A cadeia de morros de Santa Thereza, alcançando o mar na Gloria, torna o largo da Lapa ponto obrigado de passagem. Delineou-se então uma avenida de 17 metros de largura entre este largo e a rua Frei Caneca canto da de Sant'Anna, passando sob os arcos da Carioca no ponto onde começa a rua do Riachuelo.

Esta avenida, que offerece uma bella perspectiva, vem encurtar notavelmente o grande percurso entre aquelles bairros, ligando a avenida a beira-mar ao largo do Estácio de Sá por um traçado directo.

Outros melhoramentos, de menor importancia, mas de igual urgencia, são conseguidos com o alargamento para 17 metros das ruas Treze de Maio e Santo Antonio, communicando o largo da Carioca com a grande avenida de 33 metros e com o prolongamento da travessa de S. Francisco de Paula até a rua da Carioca, ligando assim o largo de S. Francisco á grande artéria leste oeste.

Examinando-se attentamente a planta da cidade e tendo em vista o valor relativo da edificação nas differentes ruas, verifica-se que no delineamento desde plano de viação foram escolhidas as melhores soluções para se obterem linhas de communicação, directas e amplas, com a menor despeza. Assim as ruas da Assembléa e do Visconde de Inhauma são, dentre todas as que na Cidade Velha se prestam ao fim almejado, aquellas onde a edificação se acha em peiores condições e tem menor valor.

O mesmo poderemos dizer das ruas da Prainha, Camerino, Treze de Maio, Santo Antonio e Estreita de S. Joaquim.

A largura das avenidas foi fixada em 17 metros apenas por motivos da maior relevancia. Maior largura acarretará considerável augmento nas desapropriações sem vantagens correspondentes. O nosso clima não permite ruas muito largas e aquella dimensão satisfaz as necessidades do movimento permittindo a arborisação.

De par com a abertura de vias de communicação deliberou o Sr Prefeito do Districto Federal resolver o problema da canalisação dos pequenos rios. Nos bairros de Botafogo e Laranjeiras, os tres rios Berquó, Banana Podre e Carioca se estendem por muitos kilometros, mal canalisados e formando depositos de materias em putrefacção, fonte de molestias pestilenciaes.

O simples abobadamento das suas margens não os saneia: apenas encobre o seu máu aspecto. É necessário substituil-o por uma galeria de typo oval, perfeitamente estanque e correndo abaixo das linhas de canalisação subterraneas, de modo a manter secção constante e declividade regular. Assim todas as impurezas serão arrastadas sem demora e facilmente limpa a galeria.

O total de ornamentos attinge a 79.000 contos. Revela considerar, porém, que as desapropriações estão calculadas na elevada base da Lei vigente e que, uma vez effetuadas, ficará a Municipalidade possuidora de terrenos com cerca de oito mil metros de frente nas novas avenidas, terrenos cuja renda produzirá por certo elevada quantia, pois que terão inquestionavelmente maior valor do que actualmente têm.

As novas avenidas têm uma extensão total de cerca de treze kilometros e exigem a demolição de 1.040 prédios.

Saude e fraternidade.

Alfredo Americo de Souza Rangel, Chefe da Commissão.

PROJETO GRÁFICO E CAPA
Maria Pia Fontana e Miguel Mayorga

PESQUISADORES ASSISTENTES
Juliana Ting
Mabel Alarcón Rodríguez

MAPAS INTERPRETATIVOS
Elisenda Castellón Blanco
Mabel Alarcón Rodríguez

DESENHO SOBRE O PANORAMA DE EMIL BAUCH
Técnica mista: aquarela e tratamento em Photoshop.
Juan Pablo Saucedo

TRATAMENTO FOLHAS DA COMISSÃO MELHORAMENTOS
Maria Pia Fontana e Miguel Mayorga

TRATAMENTO DE ILUSTRAÇÕES
Carlos Henrique Moyna
Gustavo Traverso Lochmann
Marcos Rocamora
Patrícia Dodsworth

REVISÃO DO TEXTO
Carla Insfrán

Créditos bibliográficos das figuras

Pág. 15 em: Belluzo, Ana Maria de Moraes. *O Brasil dos Viajantes. A construção da paisagem* (Vol. 3) Metalivros/Fundação Emílio Odebrecht, 1984.
Págs 21 A, 51 em: Reis, Nestor Goulart. Imagens de Vilas e Cidades do Brasil Colonial. Editora da Universidade de São Paulo: Imprensa Oficial do Estado:Fapesp, 2000
Págs. 25 A, 25 B, 91, 146, 171, 180, 195 em Czajkowski, J. (org.) Do Cosmógrafo ao Satélite: mapas da cidade do Rio de Janeiro. Secretaria Municipal de Urbanismo. Centro de Arquitetura e Urbanismo. Rio de Janeiro, 2000.
Págs. 29, 86, 87, 89 A, 89 B, 115 em Berger P., Mathias G. H., Mello Júnior, D. *Pinturas e Pintores do Rio Antigo*. Rio de Janeiro, 1990.
Págs 31 A, 31 B em Czajkowski, J. (curador). *Rio Capital da Beleza. Géza Heller [Desenhos]*. Secretaria Municipal de Urbanismo. Centro de Arquitetura e Urbanismo-Casa da Palavra. Rio de Janeiro, 1999.
Pág. 39 A em: Nonato José A. e Núbia M. Santos.Era uma Vez o Morro do Castelo. IPHAN, 2000.
Pág. 39 B em: Catálago da Exposição "*Cidade Maravilhosa: uma iconografia carioca - 1920/1980*" Instituto Moreira Salles. Rio de Janeiro, s/d.
Págs. 93, 95 em: Cardoso, E.D.,Vaz, L.F., Albernaz, M.P., Aizem, M., Pechman, R. M. *História dos Bairros: Saúde, Gamboa e Santo Cristo*. João Fortes Engenharia-Editora Index. Rio de Janeiro, 1987.
Página 123 B em: Ferrez, Gilberto. *The Brazil of Eduard Hildebrand*. Impresso na República Democrática Alemã. Record. Rio de Janeiro, s/d
Pág.141 A em: Mendonça, Leila Lobo de (coord.)Centro da Memória da Eletricidade no Brasil.Cidade em movimento. Energia elétrica e meios de transporte na cidade do Rio de Janeiro.Rio de Janeiro, 2003.
Pág. 149 em: Cezar P.B. e Ana Rosa V. de Castro (org.), *A Praça Mauá na memória do Rio de Janeiro*. João Fortes Engenharia-Editora Ex Libris
Pág. 150 em: *A Bolsa de Valores do Rio de Janeiro, 150 anos. História de um mercado*. Bolsa de Valores do Rio de Janeiro. Rio de Janeiro, 1995.
Pág. 185 em: Gaspar, Claudia B. (pesquisa/texto) Marcos Sá Corrêa (edição de textos). Orla carioca: história e cultura. Metalivros. São Paulo, 2004.
Pág. 194 em: Lenzi, Maria Isabel Ribeiro e Bulhões, A. Pereira Passos: notas de viagens. Sextante Artes, 2000.
Págs. 205 A, 205 B, 206 em: Gutman, Margarita (edición). *Buenos Aires: 1910. Memoria del Porvenir.* Municipalidad de Buenos Aires-FADU. 1999.
Pág. 210 em: Taborda, F. , T. Taborda. *Paisagens Particulares*. Rio de Janeiro, 2000. (Fragmento retocado)

Agradeço a Claudia Escarlate, Cristina Micaêlo, Márcio Queiroz Ribeiro, Marco Antonio Meuser Zambelli, Murilo Santos de Medeiros, Piedade Grinberg, Sérgio Besserman Vianna e Vera Alencar, pelo fornecimento de documentos originais e informações cartográficas.

A Augusto Ivan de Freitas Pinheiro, Fernando Cavallieri, Francesc Magrinyà, Helena de Almeida Rêgo, Joaquín Sabaté, Manuel Herce e Maria Pace Chiavari, pela assessoria e conselhos sugestivos sobre o tema.

A Heloisa Bauzer Medeiros e Icléia Thiesen, pela ajuda e orientação no texto.

A Angela de Magalhães Branco, Antonio Luiz Barboza Correia, Isabel Gonçalves, Natércia Rossi e Vilma Hage Borges, pelo apoio e estímulo.

A Alfredo Sirkis e Paula Serrano, amiga desde a época do nosso Colégio Rio de Janeiro, pelo entusiasmo demonstrado.

CARACTERÍSTICAS DESTE LIVRO:
Formato: 23,5 x 23,5 cm
Mancha: 19,5 x 17,8 cm
Tipologia: Futura LtBT 11/18
Papel: Couché Brilho 115g/m² (miolo)
Cartão Supremo 300g/m² (capa)
1° edição: 2006

Para saber mais sobre nossos títulos e autores,
visite o nosso site:
www.mauad.com.br

Este livro, da MAUAD Editora,
foi impresso na gráfica Sermograf